全域精近教研，
支撑区域教育高质量发展

石景山区教研实践探索

李 文 ◎ 主编

图书在版编目（CIP）数据

全域精近教研，支撑区域教育高质量发展：石景山区教研实践探索／李文主编.—北京：知识产权出版社，2024.10. -- ISBN 978-7-5130-7526-8

Ⅰ.G420

中国国家版本馆 CIP 数据核字第 2024X4E481 号

内容提要

本书中的"精近教研"，是指教研精深，贴近教学实际和教师需要。本书从教研组建设、教学设计、大概念大单元教学、学科关键能力、作业及评价设计、课后服务实践等角度集中展现了北京市石景山区教研领域的创新实践和深入研究成果。本书覆盖语文、数学、英语、科学等多个学科，分析从幼儿园至高中各学段的不同主题教研活动，体现跨学科融合与学段衔接的教研实践；不仅探讨了教研活动如何促进教师专业成长和学生核心素养培育，还提供了丰富的教学案例和实践策略，能够为广大教育工作者提供较为全面、深入的教研实践参考。

本书适合中小学教师、教研员、教育管理者以及教育政策研究者阅读。

责任编辑：安耀东　　　　　　　　责任印制：孙婷婷

全域精近教研，支撑区域教育高质量发展——石景山区教研实践探索
QUANYU JINGJIN JIAOYAN，ZHICHENG QUYU JIAOYU GAOZHILIANG FAZHAN
——SHIJINGSHAN QU JIAOYAN SHIJIAN TANSUO

李　文　主编

出版发行：	知识产权出版社有限责任公司	网　址：	http：//www.ipph.cn
电　话：	010-82004826		http：//www.laichushu.com
社　址：	北京市海淀区气象路50号院	邮　编：	100081
责编电话：	010-82000860 转 8534	责编邮箱：	laichushu@cnipr.com
发行电话：	010-82000860 转 8101	发行传真：	010-82000893
印　刷：	北京中献拓方科技发展有限公司	经　销：	新华书店、各大网上书店及相关专业书店
开　本：	720mm×1000mm　1/16	印　张：	17.5
版　次：	2024年10月第1版	印　次：	2024年10月第1次印刷
字　数：	280 千字	定　价：	96.00 元
ISBN 978-7-5130-7526-8			

出版权专有　侵权必究

如有印装质量问题，本社负责调换。

编委会

主　编： 李　文

副主编： 赵慧娥　　赵志国　　王荣珍　　王晓军
　　　　　杨红兵　　崔　静

编　委（排名不分先后）：

高　飞	陈学义	焦　锟	陈冬华
陈　芳	陈燕昆	高天胜	甘育山
胡　洁	纪秋香	李　岚	刘　巍
刘晓昕	吕　伟	吕　芹	马震寰
南海涛	牛　静	孙　波	孙庆辉
孙晓丰	王洪云	王琼霞	王玉美
吴京涛	武　瑞	肖　莉	莘赞梅
闫云梅	殷晓松	于今育	张爱弟
张丹垚	张素元	赵文琪	钟淑梅
朱继宏	朱力军	朱琳琳	

前　言

教研制度是我国教育制度体系的重要组成部分，教研工作是保障基础教育质量的重要支撑。为全面贯彻落实党的二十大精神和习近平总书记在中共中央政治局第五次集体学习时的重要讲话精神，进一步加强教研工作是所有基础教育教研工作者的职责、使命与担当。

长期以来，北京市石景山区教研部门高度重视基础教育教研工作，结合区域教研精深、地域较小的特点，提出"精近"即精研近教的教研理念。该理念旨在发挥区域小而精、陪伴式研修、重视实践落地的教研特点和优势，以精益求精的态度和切近师生需求的理念落实新课改要求。

本书所呈现的理论研究与实践探索均来自北京教育学院石景山分院基础教育研修中心的教研员以及部分学校骨干教师（赵晶，北京市京源学校；潘晓霞，张静，北京市石景山区古城第二小学分校；王丽，北京市石景山区实验中学；李莹莹，北京大学附属中学石景山学校；刘恩娟，北京景山学校远洋分校）。

本书为近几年来石景山区围绕"双减""双新"要求开展全方位探索与实践的研究成果，汇集了本区教研工作的智慧与经验。本书内容涵盖从幼儿园到高中阶段、从单一学科到跨学科整合、从课堂教学到课后服务，全面展现了石景山区教研工作的创新思路和有效策略。希望我们的教研实践能够为同行提供参考，为教学带来专业启发，有效促进学生核心素养培育，提升区域教育质量，为我国教育现代化发展做出贡献。

目 录

第一章　区校协同推进学校教研组建设 …………………… 001

建设区域学前教研网络机制　提升园本教研实效 ……… 朱继宏 / 003

学习共同体视域下幼小教师联合教研的组织与开展 …… 朱琳琳 / 009

讲好教研故事　促进教研组建设与发展

　　——加强基层学校教研组建设的思考与实践 ………… 肖莉 / 015

通过课例研究推动教研组团队建设 ………………………… 马震寰 / 022

学习型教研组的建设研究

　　——以英语教学产出导向法的应用为例 …… 钟淑梅　赵晶 / 028

改进体育组教研内容和形式　提升体育教师专业能力的

　　实践研究 ……………………………………………… 高天胜 / 035

利用展评机制系统提升学校教研组研究实效 …………… 赵慧娥 / 039

第二章　强化教学设计促进核心素养培育 ………………… 045

幼儿情商培养的思考与实践 ………………………………… 殷晓松 / 047

家长教育观念在幼小衔接过程中的推动作用 …………… 陈燕昆 / 053

基于学科核心素养的小初高思政课一体化教学研究

　　……………………………… 刘巍　李岚　胡洁　赵文琪 / 060

深研学情　优化情境　精准设问

　　——道德与法治课培育学生核心素养的有效性策略 … 胡洁 / 067

深度学习在高中语文课堂的实现路径 …………………… 南海涛 / 072

让学生经历过程与思考的教学实践研究 ………………… 赵志国 / 080

iii

第三章　大概念、大单元教学的探索与实践 087

小初高思政课一体化视域下法治教育的探索
　　　　　　　　　　　　　　　　　　　李岚　刘巍　胡洁　赵文琪 / 089
基于大概念的初中历史教学设计优化路径　　　　　　　王洪云 / 095
基于大观念的初中英语单元整体教学设计　　　　　　　　陈芳 / 101
基于语文学习任务群的"读写结合"教学实践探索　　　纪秋香 / 110
学教评一致性理念下的对数概念教学　　　　　　　　　　焦锟 / 116
区域教研推进高中生物学单元教学的实践路径　　　　　王琼霞 / 124
高中化学大单元教学设计与实践　　　　　　　　　　　王晓军 / 130

第四章　综合提升学科关键能力的策略探索 137

浅谈中华优秀传统文化在幼儿园教育活动中的融入　　　王玉美 / 139
基于表现性评价培养学生数感的教学策略　　　　潘晓霞　闫云梅 / 145
发展学生符号意识，整体规划"字母表示"单元　　　　孙庆辉 / 151
运用表现性任务发展儿童关键数学能力的实践探索
　　——以"四边形的内角和"为例　　　　　　　　　于今育 / 157
关注音乐本体的课堂教学　　　　　　　　　　　　　　孙晓丰 / 163
小学美术课堂艺术实践之媒材研究
　　——中华本草篇　　　　　　　　　　　　　　　　朱力军 / 169
应用学科能力指标促进学生关键能力发展的高中化学教研探索
　　　　　　　　　　　　　　　　　　　　　　莘赞梅　王晓军 / 173

第五章　"双减"+"双新"背景下的作业及评价设计 179

"双减"背景下小学英语单元作业设计的理论与实践研究
　　　　　　　　　　　　　　　　　　　　　　　孙波　张静 / 181
信息加工视角下初中数学阅读作业设计研究　　　　　　吕芹 / 189
"双减"背景下目标导向的数学单元作业设计研究　　　张素元 / 195
基于AI作业平台的初中数学作业设计研究与实践
　　　　　　　　　　　　　　　　　　　　　　吴京涛　王丽 / 200

指向核心素养的初中信息科技主题单元作业设计
　　　　　　　　　　　　　　　　　　牛静　李莹莹　刘恩娟 / 206
"双减"背景下中学美术作业设计的问题与对策研究 ……… 吕伟 / 211
指向教师作业设计能力提升的教研系统设计
　　——以初中物理教研活动设计为例 ………………… 高飞 / 216
基于核心素养的高中生物学模块情境化试题命制 ……… 刘晓昕 / 222

第六章　多维度实施课后服务的实践与反思 ……………… 227

小学语文"理字本"作业的设计与运用 ………………… 崔静 / 229
基于课程整合的高中地理实践力培养策略探索 ………… 张爱弟 / 234
"双减"背景下学校课内课后课程一体化建设的实践探索
　　…………………………………………………… 杨红兵 / 241
"双减"视域下小学课内课后一体化实施探索 ………… 张丹垚 / 248
中小学校课后服务工作的发展阶段、概况、特点与反思 … 武瑞 / 253
学校课后服务中综合实践活动融合劳动教育的策略探究
　　…………………………………………… 甘育山　陈冬华 / 260
整合课后服务的中小学课程一体化设计策略与实施建议
　　…………………………………………………… 王荣珍 / 265

第一章
区校协同推进学校教研组建设

　　学校教研组是由学校学科教师组成的、开展教育教学研究活动的常设组织，它在提高学校教育质量尤其是教学质量方面有着举足轻重的作用。这一组织并非行政管理组织，而是专业研究组织。如何提升这一组织的研究效能，使教研活动充分发挥引领学科发展、促进教师成长的作用，是广大教育研究者和实践者都非常关注的问题。在学校教研组业务开展方面，还需要专业力量的介入和指导，区域学科教研员在这方面是一支非常有价值的专业力量，在区校协同推进学校教研组建设工作中发挥着重要作用。

　　2021年下半年，北京市"双减"政策文件发布后，"学校的减负提质的主阵地、学校教研组的研究质量是学校教育教学提质的关键"成为我区（石景山区）推动"双减"工作的重要共识之一。为此，我区启动了"区校协同推进学校教研组建设"研究工作计划，在文献梳理和访谈调研的基础上得出结论：学科教研员要在区校协同推进学校教研组建设工作中发挥重要作用。在此过程中，教研员作为外部专家参与和指导学校教研组的研究活动，通过指导开展"点对面"的组织化主题实践研究，明确参与定位，通过"职能+任务"指导模式充分调动组织的核心动能。教研员的介入提升了组织凝聚力和专题研究水平，进而使学校教研组形成可持续发展模式，有效强化了学校教研组工作的学科性、组织性和实践性，使学校教研组能够通过这一过程更持续、稳定地发挥组织功能。

在这个过程中，教研员的专业研究能力提高了教研组的研究成效。当然，受益的不只是教研组长及其团队，也有利于教研员深入了解学科教师的基础样态及生长点，这对后续的研究和指导也大有裨益。

建设区域学前教研网络机制
提升园本教研实效

朱继宏

区域学前教育研修体系的不断完善是实现幼儿园教研组建设、园所保教工作质量全面提升的重要保障。一直以来，我区（指石景山区，余同）民办园占比大，各类型园所教研组发展不均衡成为制约保教质量提升的瓶颈问题。近几年，我区围绕"普惠、均衡、优质、创新"的工作目标，着力发挥区域教研、集团教研与园本教研的多主体作用，构建全园所覆盖、全人员覆盖、全方位覆盖的区域学前立体教研网络机制，加大对薄弱园园本教研工作指导力度，坚持各类幼儿园协同发展，有效促进区域学前教研质量全面均衡提升。

一、一张协同网络，覆盖各类型园所

依据同质构建与异质构建相结合的原则，尝试编织"纵横"全覆盖立体协同教研网络，建立完善区域全覆盖教研指导责任制度，做到层层有人抓、园园有人管、优质传帮带、薄弱重点扶[1]，引领园所教研实践提质增效。

---

[1] 刘占兰.学前教育教研工作面临转型升级[N].中国教育报,2019-01-20(002).

(一)编织"纵横"立体协同教研网,实现区域教研指导全面覆盖

将区域内62所幼儿园划分为多类型教研指导责任小组,为园所搭建多主体、多维度、多层面联动研训平台,实现同伴互助效益的最大化。

(1)纵向覆盖教研共同体建设。基于辐射引领、层级帮扶的思路,根据区域内园所地域位置、师资基础和办园性质等多维情况,将全区幼儿园分成4个责任指导集团片区,每个集团片区再细分为3个园际联动小组。各集团片区内既有能承担示范引领作用的优质园,也有教研能力不足的薄弱园;既有教办、公办园,也有集体和民办等不同性质的幼儿园。每个集团片区由2所教办优质园担任集团片区长,负责带动非教办普惠优质园;3所非教办普惠优质园分别作为小组长,负责带动新建和薄弱园,形成"一带三"纵向园际教研共同体。

(2)横向覆盖教研共同体建设。基于群策群力、合作共赢的思路,根据区域内幼儿园的整体水平和特点,分别成立三个层级的横向园际教研共同体,围绕不同专题开展研训活动。"教办优质园"教研工作坊,重点探索对幼儿的观察、分析与支持;"非教办普惠园"教研工作坊,重点研究如何在五大领域教学活动中支持幼儿的主动学习;"新建和薄弱园"教研工作坊,重点学习半日活动计划制订的思路与方法。

(二)完善教研指导责任制度,保障区域联动研训活动质量

在编织"纵横"立体协同教研网的基础上,建立完善区域全覆盖教研指导制度和管理制度,明晰各级教研主体职责,进而有效协同、整体推进。

教育行政部门作为牵头者、助推者,进行方向引领和统筹规划。教育研究部门作为领航者、支持者,提供专业支持和业务指导。基层幼儿园作为实践者、受益者,积极开展园本教研活动,主动参与园际研修活动。

二、两条引领路径,提升园本教研质量

为全面提升幼儿园园本教研质量,建设高素质、善保教的教师队伍,

不断加大对幼儿园管理者和教师的指导与培养力度，切实提升管理者的教育教学引领能力和一线教师的科学保教能力，采用了以下引领路径。

（一）逐级辐射引领路径

园所业务管理者的教研领导能力会直接影响园所教研组建设和教研活动的成效与质量，对其有效的引领与指导是区域教研网络机制建设实践中的重要组成部分。

（1）构建区域教研指导辐射圈。依据园所业务管理者任职年限、经验水平的不同，分成骨干、成长和新任业务管理者三个阶段。通过教研员与骨干管理者、骨干与成长期管理者、成长期与新任管理者进行双向互动，实现教研指导全辐射，在持续、深度、高效的双向互助研修过程中，全面提升业务管理者的专业水平和教科研能力。

（2）开展层级业务管理者专题研修项目活动。区级教研室针对不同阶段园所业务管理者的实际需求，采用名师培训、研讨交流、对接实践、梳理反思、改进教研"五步式"研训方式，指导新任业务管理者尽快熟悉教研工作的目标、内容、方式，提升其主动开展教研活动的意识和能力；指导成长期业务管理者能够关注教师需求和困惑，在实践中感受和理解教研成果与教师教育理念和行为变化的关系；指导骨干业务管理者主动探索基于本园教师已有经验开展高效教研的多种形式与策略，实现教研理论与实践关系的重建，增强持续反思教研过程与引领行为的能力。

（二）分众研训引领路径

通过调研分析，了解本区骨干教师的个性特点、经验背景及发展需求等[1]，组成各具特色的区级教研共同体，分类制定研修目标，选择研修内容，激发骨干教师参与区级各层级教研活动的主动性，促进其专业理念与师德、专业知识、专业能力的全面提升。从而在本园所的教研活动中，起到带动引领作用。

---

[1] 崔岚.黄丽萍.如何当好教研组长[M].上海:华东师范大学出版社,2011:50-51.

（1）领域专长研训，实现依需同研。组织开展"课题引领下的领域教研"项目，重视骨干教师已有经验，尊重其对学习的选择支配权，依据自身的兴趣和特长参加课题研究活动，进而带动各园围绕课题方向开展园本教研。

（2）骨干培优研训，实现依能同研。由区教研员亲自带领组织开展"教师培养工作坊"项目，通过亲历体验、课例研讨、案例剖析和专题研训等多形式活动，加强对各级骨干教师的培养、塑造与引领。

三、三级共研平台，打造多元研训空间

（一）园际小组共研

各小组教研共同体成员通过共同绘制目标愿景、合作审议各园园本教研方案、互相走进教研现场等活动，激发业务管理者个体专业意识的觉醒❶，感受同伴合作互助带来的成效，从中汲取不同园所教研组的优势与经验，进而提升各园以园为本，依需自研的能力。

（二）集团协同联研

各集团片区成员在小组共研的基础上，自下而上调研收集各小组园所的困惑，聚焦提炼"真"问题，通过常态化开放展示、主题系列教研、书籍分享共读等多样化协同联研方式，实现园际经验交融与思维碰撞，达到共同学习与反思，合作解决教育实践问题的目的。

（三）区域专项领研

尝试采用"线上+线下+线上"的"三明治"领研法，组织开展多样化区级领研活动，引领园所深入学习、理解与落实新精神、新理念。首先，区级教研员组织开展线上培训或观摩；其次，主持人提出3~4个研讨问题，

---

❶ 任家熠.走向循证:教研组发展、问题与未来导向[J].重庆第二师范学院学报，2022,35(3):111-116.

各园所、各片组教师分组就研讨问题展开线下研讨，并形成共识；最后，请各片组代表回到线上分享研讨成果，主持人梳理园所研讨内容并进行总结，从而有效提升了新常态区级教研活动的实效。

学期末，各园所反思梳理实践经验，就本园及本集团片组教研活动的开展情况及研究成果向全区进行分享。经过多轮层级审议研讨，再形成优质活动范式在区域内进行推广，助力不同类型园所扩大研究视野、丰富研究策略、强化研究积累。

四、四维共享内容，赋能园所蓄力发展

教研部门结合区情现状以顶层聚力、园所合力为主要方式，充分挖掘和利用区域内各类人力和物力资源，为园所教研质量的持续提升赋能蓄力。

（一）优研共享

结合各园所优势与特色，通过现场教研、在线直播、录播回放等方式开展园际协作、同步研修等集团片区系列专题教研活动。薄弱园教师可以根据自己的实际需求，在本集团片组内跨园自主选择参加不同专题的教研活动，打破园所间壁垒，弥补本园教研短板，保证教研内容与教师需求联系更加紧密，让薄弱园的教师也能够获得更为优质、更有质量的教研引领。

（二）优课[1]共享

结合区级"萌芽杯"评展活动，通过开展"上优课，评优课，推优课，展优课、送优课"系列研修活动，助力教师学习和落实以游戏为基本活动的理念，深入理解五大领域学科特点与核心价值，提高活动组织实施水平。

（三）优师共享

通过各级骨干教师送训入园、送教到园等方式，为薄弱园业务管理者

---

[1] 这里的"课"指五大领域教育活动和游戏活动案例。

和教师创造与市、区级优师近距离学习、对话和交流的机会，不断提升环境创设、活动设计和家园沟通等多方面能力。

（四）优资共享

不断加强优质教学资源的开发与利用，利用信息化手段，实现多样资源共享。通过开发定制课件、微课资源光盘，利用公众优质资源组织开展多形式专题研修活动，引领园所提升依需自主学习与实践的能力。

我区在多维度立体研训模式构建中，不断优化环境、明确路径、创新形式、丰富资源，对区域园所保教质量均衡提升与发展起到了积极的推动作用，有效实现共研、共思、共成长，共享、共建、共提升。

学习共同体视域下幼小教师联合教研的组织与开展*

朱琳琳

为贯彻落实《关于大力推进幼儿园与小学科学衔接的指导意见》（教基〔2021〕4号，以下简称《指导意见》）和《北京市推进幼儿园与小学科学衔接攻坚行动实施方案》（以下简称《攻坚方案》），2021年6月11日，石景山区启动幼小衔接研究。经过一年多的研究与实践，在"建设幼小教师学习共同体"方面取得如下经验。

一、导师引领、成员稳定，构建分工合理明确的共同体团队

首先，在团队成员选择与角色定位上，结合园、校建议与个人意愿，选择了有一定能力或研究经验，且个人愿意参与的老师。其次，考虑到幼小教师之间和园、校教学负责人之间，在行政上属于平级，且教育背景、关注点不同，为了更好地团结、引领幼小教师，由区级教研员担任共同体导师，以充分发挥其在专业和身份上的优势，起到专业引领、指导，团队协调管理的作用。最后，园、校分别指定一位负责人作为园内、校内导师

---

* 本文为北京市教育学会"十四五"（2021年）教育科研重点课题"助力双向衔接——基于课题研究构建幼小教师学习共同体的实践研究"（编号：SJSZD 2021-009）研究成果，作者朱琳琳为课题负责人。

以及区级联络员，负责园内、校内研究小组的维护与督导、幼小之间的相互沟通与协调。因为在具体开展活动时，有时需要园内、校内分组，共同完成本学段研究任务，有时需要幼儿园与小学教师跨学段结对或结组，这样就需要园内、校内各指派一名负责人担任导师与联络员的角色。这种架构（见图1）使共同体成员稳定、搭配合理，职责明确，有利于活动的开展。

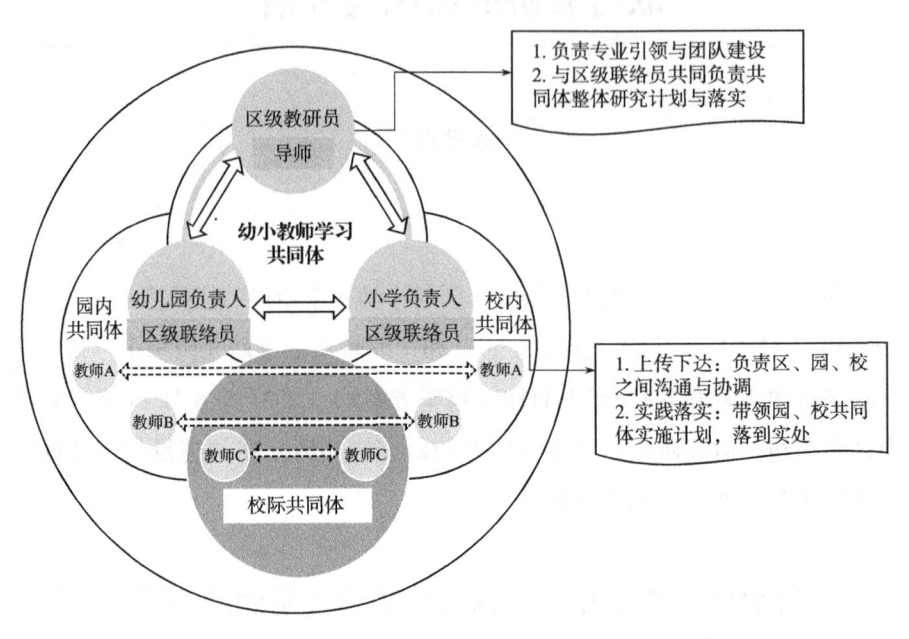

图 1　幼小教师学习共同体建构

二、注重内驱，建立机制，内外并行推动研究持续稳定开展

团队氛围与文化、活动制度与机制，一内一外共同维护与约束着共同体长期稳定存在与发展。

在团队氛围与文化建设上，石景山区幼小教师共同体建立之初，就注重团队归属感和共同追求职业精进的团队文化的建立。例如，建立微信群，每人每周至少推送或分享一个幼小衔接方面的专业资源，及时分享各自的实践经验、成果，形成共同关注研究领域前沿、热点，互相分享的学习氛围；随时分享参加相关培训时学到的精彩内容、分享学习感受；每次活动之前提前发布活动计划与分工，征求大家建议，活动后请大家接龙进行反思提出改进意见；定期组织研究成果、好文分享与互评，形成乐分享、乐提议、乐接纳的开放的学习心态；在活动内容、时间、形式安排上，经常利用接龙、在线填表发布意见等方式，给予每一位教师发言建议的机会，避免自上而下下达命令式的任务布置……

制度是团队活动的客观保证。石景山区在幼小教师学习共同体建立之初，就引领结对园校共同制定了联合教研制度，每对园校的联合教研制度各有特色，因园/校制宜，充分体现了每对园校利用双向沟通，一起合作共赢的巧思。例如，京源学校幼儿部和小学部制定了"同培训""双走近/进""常对话"的制度，分别侧重培训、互相观摩学习与研讨。实验幼儿园和实验小学制定了"双主体联动"活动原则、"三级联动"沟通制度、"三位一体联合教研"小组活动制度以及幼小互评评价制度。

除了制度约束，还需要探索开展联合教研的有效方式方法以及支持这些活动开展的保障和调控手段，形成机制，这样才有利于优秀经验的推广。因此，石景山区在幼小衔接落实的整个过程中都非常注重联合教研机制的建设。例如，在园校联合教研机制上，实验幼儿园总结提炼出了如图2所示的"双主体联动机制"，即以联席会议、联合教研、联合实践、联合评价的形式，形成幼小双主体介入、一体化的联动管理和教研模式。

又如，在区级联合教研机制上，通过探索与实践，笔者提炼出了如图3所示的区级联合教研开展模式。这些不同层级的联合教研模式，不仅为不同层面的幼小联合教研提供了可供参考借鉴的组织与开展模式，也为各级联合教研常态化、高质量、持续开展提供了框架基础。

三、项目促进，问题导向，以课题研究为抓手开展联合教研

共同愿景是共同体形成和发展的前提和基础。石景山区在幼小教师学习共同体的建设上，既注重长期愿景的建立，又注重短期研究任务的布置与达成。

图 2 实验幼儿园双主体联动机制

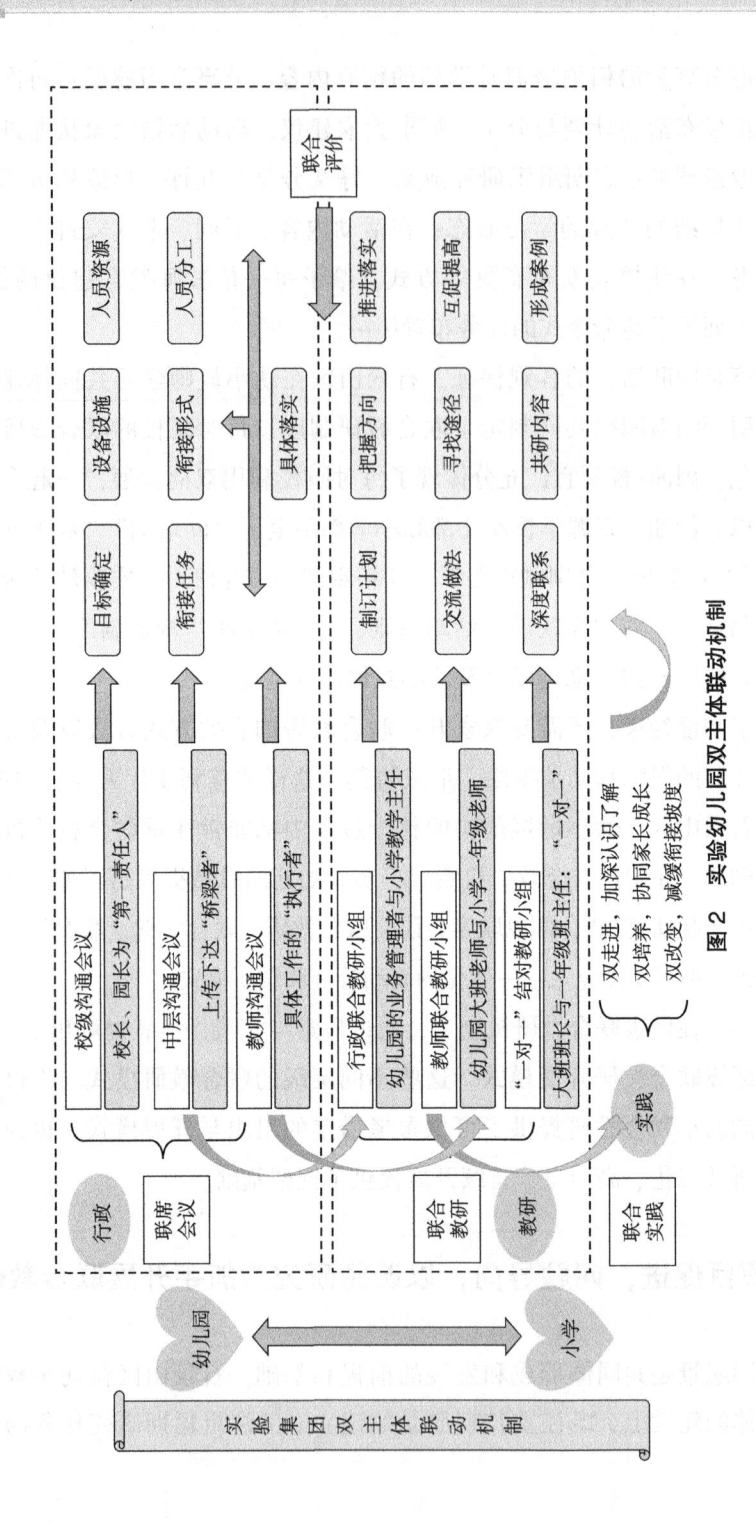

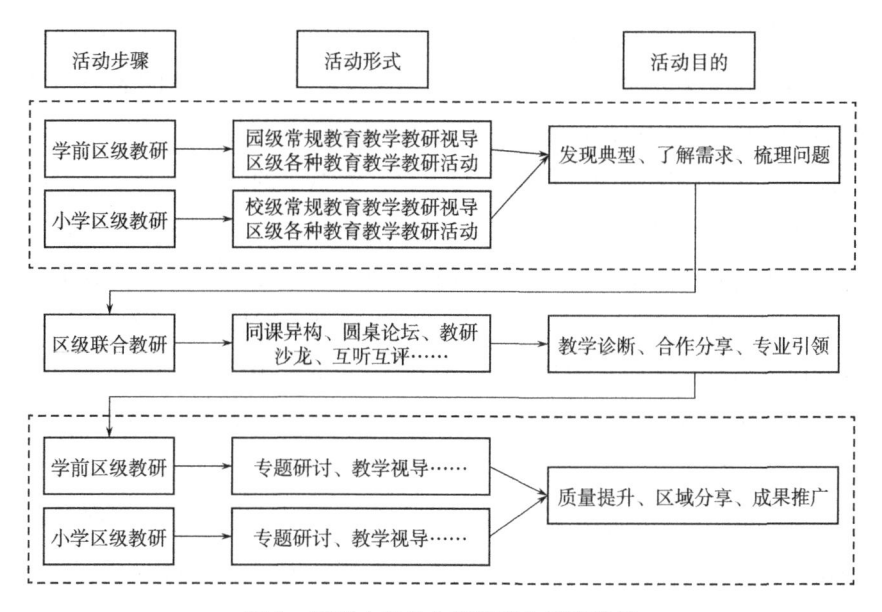

```
活动步骤              活动形式                           活动目的

┌─────────────────────────────────────────────────────────────┐
│ 学前区级教研 → 园级常规教育教学教研视导
│              区级各种教育教学教研活动    → 发现典型、了解需求、梳理问题
│ 小学区级教研 → 校级常规教育教学教研视导
│              区级各种教育教学教研活动
└─────────────────────────────────────────────────────────────┘
                            ↓
┌─────────────────────────────────────────────────────────────┐
│ 区级联合教研 → 同课异构、圆桌论坛、教研
│               沙龙、互听互评……        → 教学诊断、合作分享、专业引领
└─────────────────────────────────────────────────────────────┘
                            ↓
┌─────────────────────────────────────────────────────────────┐
│ 学前区级教研 → 专题研讨、教学视导……
│                                         → 质量提升、区域分享、成果推广
│ 小学区级教研 → 专题研讨、教学视导……
└─────────────────────────────────────────────────────────────┘
```

图3　石景山区幼小区级联合教研路径

在长期愿景方面，首先，召开了区级层面的"石景山区学前系统落实幼小科学衔接工作启动会"，发布《石景山区推进幼儿园与小学科学衔接实施方案》，明确了石景山区幼小衔接三年行动的共同愿景。其次，立项并启动了石景山区规划办重点课题"构建区域幼小双向衔接协同机制的教育实践研究"、北京市教育学会重点课题"助力双向衔接——基于课题研究构建幼小教师学习共同体的实践研究"，明确了研究方向与重点。

在短期目标方面，两对结对幼儿园和小学——实验幼儿园与实验小学、京源学校幼儿部与小学部，在区级教研员的引领下，以解决实际问题为导向，分别确立了各自阶段性的共同研究任务。例如，实验幼儿园和实验小学在区级教研员的指导下制定了幼小联合研究的目标——构建基于儿童发展的日常观察与评价体系，创造性地提出应把幼儿入学准备发展水平和入学适应水平系统划分为不同的台阶——可形象地称为儿童发展的阶石，并探索支持幼儿不断迈上更高阶石的教学策略。这一有创新性、前沿性的研究内容，极大地吸引和鼓舞了幼小教师开展联合教研的兴趣。又如，京源学校幼儿部和小学部在区级教研员的指导下，决定以课程为载体，将现有幼儿园和小学的幼小衔接活动系统梳理、形成一体化课程——"小豆包"

课程。这样,京源学校作为北京市知名的一体化学校,其一体化课程就实现了幼小初高全学段完善与贯通。这让参与幼小学习共同体的老师感受到强烈的责任感、使命感,积极投入联合教研活动。

此外,这种以问题为导向,以课题研究为抓手的活动形式,因为目标明确,研究内容来自大家共同关注并想解决的实际问题,所以非常有助于老师积极主动开展研究,并且随着对研究内容的不断认识,又会演化出更为深入、有意义的研究内容,乃至专业发展愿景。例如,实验幼儿园的××老师在研究前书写意识、习惯与能力的培养的过程中,对一年级儿童书写能力与习惯也进行了积极的学习与联合研究,并萌发成为幼儿语言教育幼小衔接方面专家教师的愿望。

总之,通过近一年的实践,我们发现应用学习共同体理论开展幼小联合教研,在健全的制度保障下,幼小教师围绕共同目标共同学习,互相分享,同获提升,教师的合作意识、团队精神得到了提升,学习主动性、自觉性得到激发,两个学段的教师在共同体中消除了顾虑,提高了主动性积极性,在参与中获得了专业成长,幼小衔接在教研上取得实效。如果能在团队机制、活动形式上因"队"(指共同体这一团队)制宜,将会更有利于共同体教研活动的持续开展及教研质量的提高。

讲好教研故事　促进教研组建设与发展
——加强基层学校教研组建设的思考与实践

肖莉

加强教研组建设，是提升教师教学能力、提高学校整体教学质量的重要手段，也是区域性教研工作顺利开展的重要一环。但由于多种因素影响，多年来，尽管我们一直在抓，但是基层学校的教研组建设始终不温不火，质量也参差不齐，这在一定程度上制约了区域教研水平的发展。

社会进入新时代，在加强和促进教研组的建设与发展上，我们可以利用新时代为契机，重新定位，寻找新途径。一方面，要总结老问题，发现新问题，找到教研组建设改进的突破口；另一方面，也需要学习新思想、新技术，提升教研组的整体水平，使其在新一轮的教育教学改革中发挥积极作用。

笔者常年参与基层学校的教研组活动，看到了每一次教研活动形成的过程，也深深感受到教研成果背后有太多难忘和感人的瞬间，我们可以称之为"故事"。正是这一个个教研故事，才保证了教研活动的有效性和深入性。

人们看到的是成果，很少看到教研故事，但这些故事的意义却不可小觑。于是，我们借鉴"团队建设"的相关理论，融入故事思维，尝试以"讲好教研故事"为主题，全面展示教研组开展教研活动的全过程，激励教师参与，展示真实教研，形成研究氛围，促进各学校基层教研组的建设。

一、教师个体：讲述教研背后的故事

长期以来，教研活动多以研究课、讲座、经验交流等为主，注重展示教研成果。这样的主导形式有其积极意义，却使教研过程隐性化，导致出现了"只见森林，不见树木"的现象。教研过程中教师的参与、成果形成的过程却鲜为人知。于是，教研活动的展示与参加活动的广大教师之间，存在着一个类似于隔板的东西，老师们除了可以获取有限的可模仿的做法，在教研的主动性、创新性方面难有大的收获。

近些年，叙事的互动功能已得到了社会的广泛关注，各种人物访谈节目被大家所喜爱。受此启发，我们借鉴"访谈"的思路，引入短视频形式，请老师来讲述他们做教研的过程，讲述亲身经历的教研故事，让其他教师了解教研中鲜为人知的另一面……此举并非传统的经验介绍，而是借鉴当下多元的信息媒介手段，让讲述方式更有现代感，更符合当下人们的接受习惯。安妮特·西蒙斯在《你的团队需要一个会讲故事的人》一书中说：数字和语言远不如记忆和图像更能代表事实。❶ 让教师面对镜头，讲述自己教研的过程，再通过短视频的方式发布出来，这比文字更具吸引力和感染力。

2021年9月，作为一种实验，我们开始筹划、磨合，推出了两位教师的教研故事短视频，都只有10分钟左右。

刘老师喜欢电子产品，在课堂教学方式变革的实践中，她是一位先行者，她的课堂早就有了新科技的参与。为了打造高效课堂，刘老师前前后后尝试了5年，手机拍照、平板投屏、各种软件功能的对比……默默研究，不断地实践。软件、设备不断更新，她的思考也不断深入。直到偶尔听她的公开课时，我们才了解到她的研究过往……

李老师爱好文学，平时喜欢写作。她为二年级学生开设了课后服务项

---

❶ 西蒙斯.你的团队需要一个会讲故事的人[M].尹晓虹,译.南京:江苏凤凰文艺出版社,2016:10.

目《读画〈山海经〉》。她先去书店找到不同版本的《山海经》翻看、对比，选择了最适合低年级小学生的版本；再细致阅读，选择其中相对容易理解的内容编排设计，形成了独特的《读画〈山海经〉》课程。

从个人喜好到对教师职业的热爱与责任，我们看到了普通教师的教育情怀。通过短视频方式进行传播，一石激起千层浪，立即引起广大语文教师的关注，调动了教研情感，也打开了老师们的教研思路。

凡人有微光，有幸被大家看见。因为这点点微光，可以帮助很多人照亮迷途。"故事反映了人们对事件背后的人、直觉和文化的理解。"[1]这是"看见"的力量。

接下来，我们继续思考用故事思维展示教研组的教研过程。

二、教研组整体：探寻教研组的教研故事

当下教研组建设遇到的瓶颈，很重要的一点是将组内的教研活动弱化成了小众化事件，多是教师个体参与，教研最后的成果也多是个人展示，少与教研组建设和发展有关。而我们想要的，是像电视剧《士兵突击》中钢七连那样的队伍，"人人都是尖刀"。

"教研"是个大名词，但是其过程又包含了很多小细节。就提升学校教研品质而言，过程的力量往往大于成果的安慰。接下来我们把"讲述"改成"探寻"。以"展示教研组教研过程"为任务驱动，通过记录教研组开展教研活动的全过程，展示教研组背后的真实故事。这样就从个体的故事讲述，上升到对教研组集体教研的展示，实现了由"点"到"面"的有效转化。

1. 明确任务

我们邀请了几所学校的教学负责人，建立研究团队，并明确任务：在学校选择一个教研组，制定一次教研活动，做好全程记录，最后通过短视

---

[1] 西蒙斯.你的团队需要一个会讲故事的人[M].尹晓虹,译.南京:江苏凤凰文艺出版社,2016:7.

频,将整个教研过程有重点地呈现。我们采用组长负责制,要求全员参与。目的是从教研组内部开始,通过任务驱动,调动所有成员的积极性,让整个团队中的成员都参与进来,成为教研活动的主体,避免走过场、走形式。

2. 记录过程

教研组日常的教研经常是随时随地进行的,但大多数教师意识不到其重要性,也就更加意识不到这些小细节带来的影响。因此,记录过程很重要。

通过视频、拍照、录音等方式留存所有资料,包括突发奇想的一个思路、一句话。这不仅仅是素材库的建立过程,更重要的是记录日常教研的经过,记录事实,记录教师参与教研的点点滴滴……从而去除日后总结的"表演",也为后面的总结、反思提供一手材料。

3. 关注反思

教研活动结束后,组内成员要做好过程的回顾和反思,以讲述的方式呈现出来。参与教研的经历固然重要,但是经历过后的思考更有价值。这一过程也有助于建设和谐、合作的教研组文化,为每个教师的成长赋能、助力。

4. 制作视频

视频的制作,需要集体共同筹划,包括脚本撰写、素材采集、视频制作等。参与制作短视频的过程,也是对集体教研活动的再次回顾与反思。看似只有短短十几、二十分钟的短视频,更是教研组集体力量与智慧的集中体现。

2022年3月至6月,我们向全区发布了4个短视频,包括课后服务管理、单元整体备课、单元整体作业设计和教研组专题研讨等。

短视频、讲故事都不是最终目的。我们要通过制作短视频的过程,达到教研组的建设积极向好。同时希望以此能够带动区域内更多教研组投入真实的研究中,相互借鉴、共促提升,以达到助力教研组的建设和发展的作用。

三、"讲好教研故事"带动教研组建设与发展

"讲好教研故事"让更多普通老师走到前台。用这种"树典型"的方式宣传教研组的潜心教研,无论是对教师个人的发展、基层教研组建设,还是对于区域范围的教研工作,都有很好的带动作用。

其过程更像是教研组的一个"团建"活动。在教研组长带领下,老师们参与研讨的全过程,为了一个研究主题,大家都积极思考、献计献策。然后,集体讨论视频的脚本,一起选择素材,分工协作各项任务,还要学习新的技能……讲故事的思维,短视频的制作,拉近了组内教师的距离,使其在感同身受中体味到教研的朴素与升华,在潜移默化中提升集体凝聚力。

"通过讲述故事的形式理解这个世界,那么你就拥有了更深层次的智慧,能帮助你沟通得更顺畅,更富真情实感。尽管我们数十年来都试图在工作中掩盖自己的个人感情,但是讲述故事的过程却证明,假如不掺杂个人感情,那么工作就很难进行得更加顺利。"[1]的确,工作与个人情感是不可分割的,没有情感的投入也无法做好工作。

1. 激发个人教研主动性

全员参与的集体教研才能引领个人成长,而且是每一个人的成长。日本佐藤刚在《组织管理》一书中说:"对于每个不完美的人类而言,形成集体、在组织中行动才能产生更加理性的行为。"[2]

这一新颖的教研形式让老师们觉得轻松有趣,所以主动性大大提高,在不知不觉间完成了教研任务,个人也得到了很大提升。一位平时少言寡语的老师参加完教研活动后说:"在组内老师严谨而又轻松的研讨交流氛围影响下,我也在不断进行深入的思考,也开始敢于在组内发表自己的意见……大家都很支持我这个想法,给了我很大的信心。"

---

[1] 西蒙斯.你的团队需要一个会讲故事的人[M].尹晓虹,译.南京:江苏凤凰文艺出版社,2016:序言.

[2] 佐藤刚.组织管理[M].胡静,译.北京:北京时代华文书局,2017:20.

2. 提升教研组集体凝聚力

讲故事、制作短视频的目的是展示真实的教研过程，看到的是集体的力量。当研讨真实存在了，研讨中集体的智慧慢慢显现出来。同时，这样的活动可以凝心聚力，调动教师的情感参与。

一位老师在总结中写道：让我感受最深的还是集体的力量。白天，大家各自的班级里有很多的工作要做，很难有整块儿的时间坐在一起研讨，于是同组老师们每天都会自发地下班以后留下来进行讨论。研讨时，大家各抒己见，又互相补充，思维的碰撞让我经常有茅塞顿开之感。

一位即将退休的老师说："在拍摄的过程中，曾经的那段教研活动时的场景历历在目。虽然那段时间确实比较辛苦，但是当你一路走来，你会发现其中还包含着很多快乐。特别是当看到剪辑的视频后，回忆满满，思绪又被拉回到那个时候，有感动、有欣慰、有快乐、有不舍……"

有人说：人在一起只是团伙，心在一起才是团队。我们借用团队建设的理念，利用故事思维、短视频的形式讲好教研故事，让教研集体增加了情感的凝聚力，充满了人情味。基层教研组的建设，教师凝聚力的培养，教师教研积极性的激发，需要的是团队意识，需要从"心"出发。

3. 教研组长成为真正的领头羊

利用短视频讲好教研故事，也使教研组长的工作更容易开展。教研活动由教研组长全权负责，一马当先，成为真正的领头羊，把教研活动安排得井井有条，组织教研的主动意识有了大幅度提高。

我想，若基层学校中的每一个教研组都能够"自立"，教研组长真正成为领头羊，那学校的教研活动就能够有序且高效地开展了。

四、"讲好教研故事"带来的思考

"讲好教研故事"为教研组建设带来了新气象。一方面使教研活动的真实性有保障；另一方面，教研组长的领头意识大大增强，组内教师的成长也十分明显。这项活动在促进教研组的建设与发展，提高教研组整体实力方面，起到了很好的作用。

但是，再好的理论或方法也会遇到问题。完成了短视频的制作和播出，在回访中，一位六年级的语文组长说："大家都觉得很难再遇到互相这么默契的组了。学生毕业，原来的教研组可能会被打散，那么，之前的经历是否烟消云散了呢？"基于此，对于这个活动我也做了进一步的思考：

①对于活动周期较长的教研，日常记录过程是否存在一定难度？

②由于工作繁杂等因素影响，教师的积极性是否可以长期保持？

③教研组不具长期性，一旦教研组解散，凝聚力是否会崩塌？

④故事思维、短视频制作如何被更多教研组接受并学习？

……

在未来的研究与实践中，我们需要继续深入探索，披荆斩棘，向着终极目标前行。

对于教研组长的感慨，我们不妨大胆假设：这个组的成员若分散到其他教研组中去，是否可以通过他们把其他教研组也带起来？因为他们都是通过教研实践成长起来的，他们熟悉教研活动开展的全过程，乃至各个细节。

同样的道理，我们打造好一个教研组，让组内每个人的能力都强起来，再把他们分到不同的教研组里去，这样用更多"点"成就更大的"面"，那么整个学校的教研水平就能上一个新台阶。

"讲好教研故事"只是运用一种外显的形式来引领教师真实地参与到教研过程中来，通过活动促进教师的个体成长，促进教研组的建设，再将这种力量分散、传播，最终让整个学校、整个区域的教师增强教研意识，提升教研能力。

通过课例研究推动教研组团队建设

马震寰

一、引言

《义务教育英语课程标准（2022年版）》（以下简称《英语课标》）强调："构建实践导向的学习和研究共同体，合力应对课程改革不断向纵深发展所带来的挑战。通过研究共同体的建设，帮助教师增进学术交流，拓宽专业视野，提高教学水平。"近年来，课例研究作为一种由教师主导、植根课堂的教学研究和教师专业发展模式，引起了学者和教师们的广泛关注。❶《英语课标》指出："教学研究和教师培训活动要聚焦课例，培养教师敏锐的洞察力，善于抓住关键问题，确立研究方向，依托理论指导，开展基于课堂真问题的小课题研究。"因此，笔者以校本研修的方式，与学校教师组成研究共同体，整合多方教研资源，开展基于课堂真实问题、指向问题解决的课例研究；同时依托课例研究，在团队合作中促进教师专业化成长、有效提升团队凝聚力，做好教研团队建设。

---

❶ 王蔷. 从综合语言运用能力到英语学科核心素养[J]. 英语教师, 2015(16):6.

二、深入解读文本，打磨教学设计，提升团队备课能力

课例研究的第一阶段聚焦于教学设计的有效性。王蔷教授指出："有效的教学设计取决于教师对教学材料解读的水平，它直接影响学生的学习体验、认知过程、情感发展和学习成效。"[1] 有效的教学设计离不开对文本的深入把握。文本解读不仅仅是针对某一课具体文本的解读，还应分析与思考单元整体设计、课时之间的逻辑关系，注重教材的整体性。团队成员齐心协力搜集文字、视频、图片等多模态的大量教学资源，并以教材中的功能、话题为主线，讨论并筛选与具体文本及单元内容相关的材料，从中提炼出具有育人价值的单元主题，并以此为基础进一步分析单元主题及具体文本的育人价值。

教研组的讨论活动能够帮助老师们逐步深入地把握单元和文本的主题，为主题引领的教学设计打好基础。

在一年级的主题引领下的单元整体设计教学研讨活动前，团队成员一起对北京版小学英语一年级下册第四单元进行了深入的分析与讨论。教师们凭借感受和经验，快速确定了单元主题为"Numbers"，各课时话题分别是：In the garden, In the park, On the farm.

为了切实引导教师备课过程中形成主题引领的意识，并能够提炼主题、分析主题意义及育人价值，我们组织了第二轮讨论，聚焦单元所蕴含的主题意义。教师经过思考认为，一个名词似乎不能传递出更多的意义与价值。教师分析发现"How many...do you have?"和"How many...are there?"句型，都引导学生数身边的物品数量。基于这样的认识，重新确定单元主题为"Count the numbers"，课时话题为"Count in the garden, Count in the park, Count on the farm"。

数数是对具体行为的培养。数数不是最终目的，而是为了让学生学会留意观察身边的事物，感受数字在生活中无处不在。第三轮讨论中确定单

---

[1] 王蔷.从综合语言运用能力到英语学科核心素养[J].英语教师,2015(16):6.

元主题为"The numbers around us",结合文本内容及课文图片信息,调整课时话题为"Count on the farm,Count in the park,Count in the village",复习课时话题为"I can count"(见图1)。

```
Numbers  →  Count the numbers  →  The numbers around us
第一次制定的        第二次制定的              第三次制定的
单元主题           单元主题                 单元主题
```

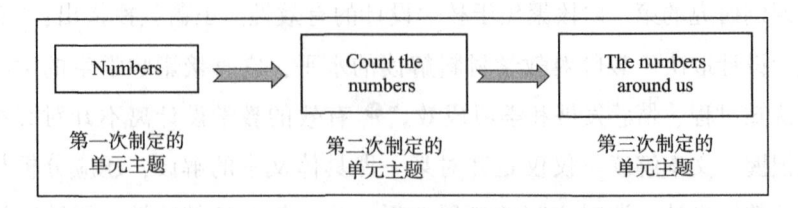

图1 单元主题制定的进阶性变化与提升

教研团队通过三轮的讨论与调整,最终确定单元主题,并引导学生留心观察生活,感受数字在生活中的重要性,这也是此主题所蕴含的育人价值。备课过程中,教师们从简单感受主题,到经过团队的分析、思考、讨论后提炼出单元主题意义及教育价值,教师的研究能力和思考能力得到了极大的历练。教研团队改进教学设计、交流经验体会,集体智慧得到充分体现,提升了团队备课能力。

三、基于教学设计,开展课堂试讲,提升团队教学专业化水平

课例研究的第二阶段聚焦课堂试讲。主题引领的单元整体设计强调围绕主题育人价值,整体设计单元学习活动。这需要教师借助团队力量,对教材内容进行整体、全面的分析,通过梳理、对比、归类、总结等系列方法发现单元内各课时之间、课时内各模块之间的内涵与逻辑,从而梳理出教学思路,整理并设计出更科学、合理、学生易于接受的学习活动。[1]

在一年级第四单元备课中,教师最初只关注了自己要讲的课时内容,并各自开展了一课时深入的备课及课堂试讲。但在团队讨论中发现,各自为政的方式在单元整体设计中并不可取。

---

[1] 李静.借助主题单元教学设计研究促小学英语教师专业素养的提升[J].英语学习,2018(4):40.

【课例呈现】

第一轮课例研究中单元主题范围较大，教师无法基于课时内容渗透主题，关注更多的是各自课时的语言技能，课时之间没有联系与过渡，也没有深化主题的拓展练习内容（见图2）。

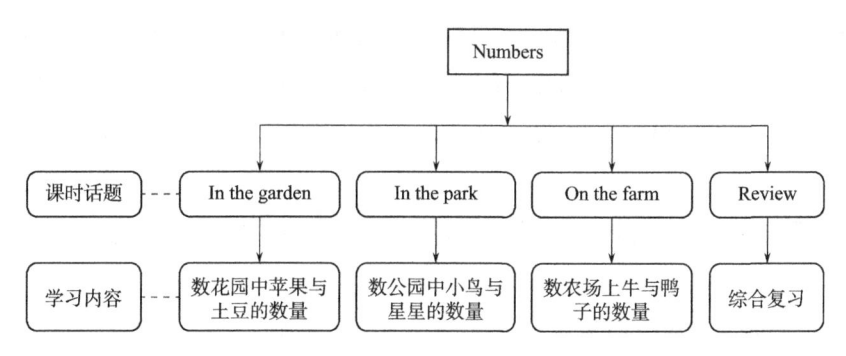

图2 第一轮课例研究呈现的单元整体设计结构

第一轮课例研究后，教师意识到要从学科育人角度思考单元的教育价值；从整体设计角度思考课时之间的关联与过渡；从语言运用维度设计封闭性与开放性的学习活动。单元整体设计结构图也发生了明显的变化。（见图3）

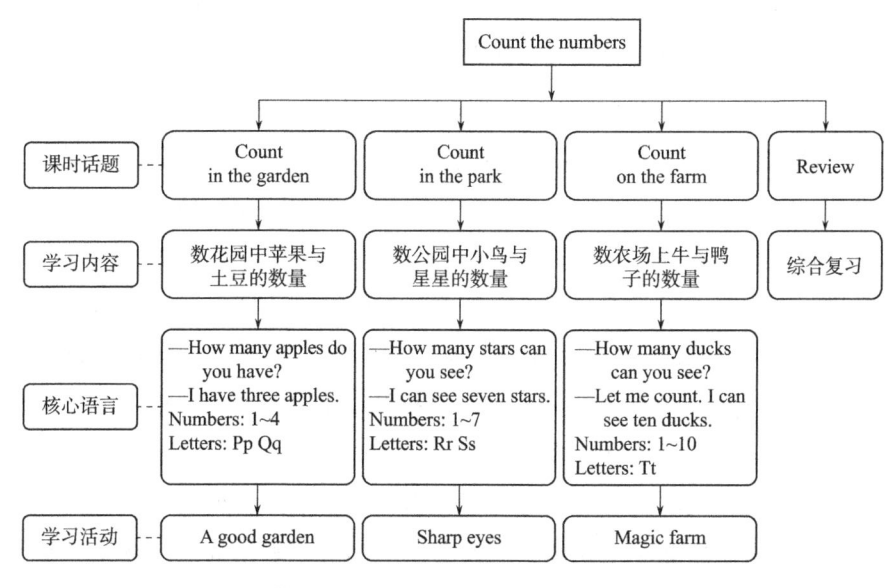

图3 第二轮课例研究呈现的单元整体设计结构

第二轮课例研究后，教师设计的学习活动也从课时单独活动，改成课时间进阶性活动，并结合低年级学生特点设计了系列"神奇的魔术"活动，在活动中不断深化对主题的理解。最终遵循"主题—任务—内容—语言—活动"的设计思路整体设计教学进程。团队教师在课例研磨中相互倾听、合作切磋、向专家同事不断学习，提升了教师的研课、磨课的意识与能力。同时了解了单元整体设计的路径与方法，有助于后续教学改进。此次课例研究，教研团队共同钻研，提升了团队专业化水平，提高了课堂教学效率。

四、改进教学设计，结合专家指导，提升团队学术意识

课例研究的第三阶段聚焦于实践与反思。教师在与学生共同建构课堂的过程中发现存在的问题，在专家的指导下，寻找问题症结所在，并思考解决问题的路径与方法。

此次项目推进过程中，依托北京版小学英语二年级下册第六单元"季节"话题开展了"聚焦文化意识渗透的单元整体教学设计"实践活动。前四课时中，学生对四季及天气特点有了初步了解，第五课时利用绘本引导学生感知北京四季的美好。从最初通过品读原版绘本感受四季的变化，到引导学生感受北京四季的美好。在专家指导下，教师再次聚焦单元主题与活动主题，引导学生在了解四季变化的同时，关注"北京"的四季变化。

团队依托原版绘本自编的绘本 *Beijing in four seasons*，从故宫寿康宫前一棵梨树的视角切入，通过记录梨树四季的变化，引导学生感受四季的不同之美。根据文本内容及结构特点，本次课采用了"从一棵树到一座城"的视角观察感受北京的四季。在整体阅读文本的基础上，引导学生通过观察一棵树的四季变化，感悟大自然的神奇，从"树"的视角迁移到"城"的视角。通过观察故宫冬天的特色，让学生学会描述一个景点在某个季节的特点。学生以此为例，寻找自己喜欢的季节或景点进行介绍，并从植物、动物、自然、人类活动等维度总结梳理出各个季节不同的特点。在读后活动中，借助视频拓宽学生视野，从四个景点辐射到整个北京。在此基础上利用学习单，巧妙地将北京四季置于学生眼前，学生置身其中，徜徉在北

京美丽的四季风景中，并与同伴交流讨论，最终形成个人观点。

在凸显人文内涵的文化主题引领下，借助结构和内容更加丰富的学习材料，教研团队通过课堂实践，不断调整完善教学设计，最终呈现出精彩的课堂教学，并在教学过程中激发出教师的潜力。教师的教育视野和备课思路经历了从封闭到开放的过程，教学理念和教学实践能力也发生了很大的改变。通过此次课例研究，教研团队互帮互学，青年教师快速进步，团队学术研究意识不断加强。

五、结语

在教师专业水平提升的实践课例研究过程中，团队成员共同经历了发散思维的头脑风暴、理论提升的学术讨论、多元素材的取舍筛选，以及实践后的惊喜、专家点拨后的顿悟与提升。教研团队在此次教研组建设专项研究活动中，通过开展基于课例研究的"共研、共享、共进"的研究方式，增进了团队的凝聚力，为教师培训者及一线教师提供了新的教研实践方式与教研发展方向。

学习型教研组的建设研究
——以英语教学产出导向法的应用为例*

钟淑梅　赵晶

当前，学校教研组建设存在行政职能增强，研究和学习功能弱化的现象。为了充分发挥教研组在教师专业发展中的作用，加强学习型教研组建设势在必行。学习型教研组❶是以教师学习为导向的学校基层教学研究组织，蕴含着教师关于教育的信仰、追求、价值观等精神能量，能够为教师的专业发展营造充满尊重、自由、平等以及活力的文化氛围。其建设需要以内容和任务为载体，以专题研究的方式有效促进教研组发展，增进教师之间的研讨交流，促进教师的学习与成长。因此，笔者以产出导向法在英语教学中的应用为专题，通过在教研组中开展专题研究，将教学法与组织建设相结合，探索学习型教研组的建设方法。

一、当前中学英语教研组建设存在的问题

综合考虑学校办学规模、教学师资力量、教研组工作特色、学生学业

---

* 本文为北京市教育学会"十四五"（2021年）教育科研一般课题"产出导向法在高中英语单元整体教学中的实践"（编号：SJSYB2021-035）研究成果，论文作者钟淑梅、赵晶为课题负责人。

❶ 胡艳.新中国17年中小学教研组的职能与性质初探[J].教师教育研究,2011,23(6):53.

成绩等因素，本文选取了石景山区两所具有代表性的高中校英语教研组为研究对象，学校 A 是传统大校，办学规模大，教师群体年龄跨度大，教研组老带新传承工作有特色。学校 B 是教学成绩突出校，教师平均年龄年轻，工作热情高，教师个人专业素养好。通过对当前教研组学习状况和教学方式状况进行调查问卷和个人访谈，我们发现了以下问题。

一是有少数教师比较反感理论学习，认为理论都是专家们总结的，与教学实践相距很远，不能解决实际教学问题，或者不能解决教师个人的教学问题；二是有些老师认为教研组是一个比较松散的组织，上传下达一些学校有关教学方面的要求和检查，谈不上组织文化建设。但是，大部分青年教师有学习的愿望，且相当大一部分的英语教师认为通过理论学习找到一个适合学情和教情的教学法，可以优化教研组学习共同体的建设。

针对以上问题，笔者尝试在教研组中通过共同学习一个有效的教学方式——产出导向法，从教师们最熟悉的课堂教学入手，激发大家的学习热情，为大家建立起一个共同学习研讨的平台，改进教研组建设。

二、基于产出导向法教学探索的学习型教研组的建设策略与方法

通过近两年的实践和完善，本研究总结出如下学习型教研组建设策略与方法。

（一）运用学习型组织理论指导教研组建设

通过文献调研与理论学习，我们发现学习型组织理论有助于本研究明晰研究过程，科学规划研究方案。学习型组织理论中的建立共同愿景、系统思考、团体学习、改善心智模式和自我超越等五项技能，可以指导教研组建设的研究（见图1）。[1]

---

[1] 郑丹虹.基于学习型组织理论视域下的学校教研组学习共同体的研究[D].深圳：深圳大学,2018:7.

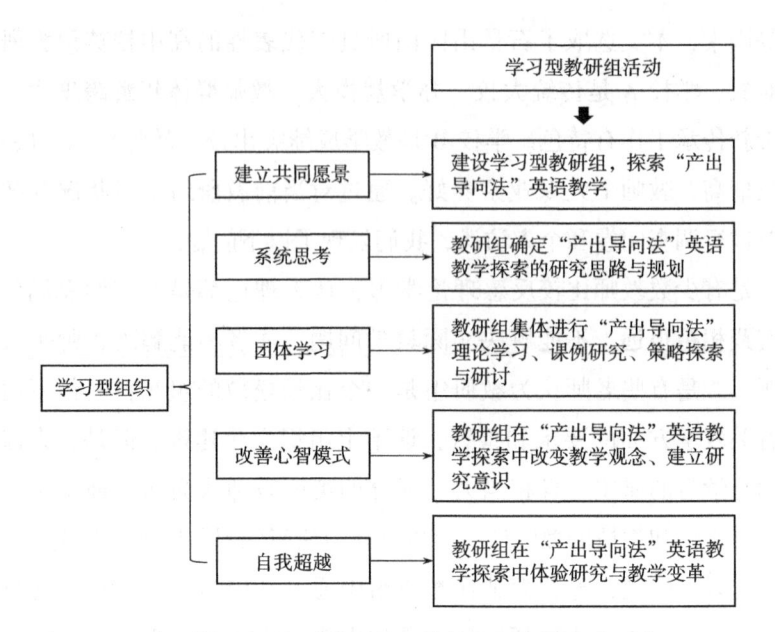

```
学习型教研组活动
                ↓
学习型组织 → 建立共同愿景 → 建设学习型教研组，探索"产出导向法"英语教学
          → 系统思考     → 教研组确定"产出导向法"英语教学探索的研究思路与规划
          → 团体学习     → 教研组集体进行"产出导向法"理论学习、课例研究、策略探索与研讨
          → 改善心智模式  → 教研组在"产出导向法"英语教学探索中改变教学观念、建立研究意识
          → 自我超越     → 教研组在"产出导向法"英语教学探索中体验研究与教学变革
```

图1 学习型组织理论框架下的教研组建设活动设计

（二）实践产出导向法，强化研究意识，开展课题研究

在教研组长的带领下，教研组全体成员共同学习产出导向法（Production-Oriented Approach，POA）[1]。产出导向法是北京外国语大学文秋芳教授在外语教学的"后方法时代"背景下创建的一种外语教学理论，该理论强调"以学生为中心"的教学理念，其目标是促进教学目标的实现和有效学习的发生。笔者将该理论运用于高中英语教学之中，以期在情境任务驱动下激发学生的学习动机，建构主题意义，完成场景真实、应用性强的产出任务，在语言实践与应用中提升英语语言综合运用能力，深化对文化、价值观等的理解，从而实现提升学科核心素养的目标。

研究之初，为了更加科学严谨地熟悉产出导向法这一教学方式，教研组长带领全组教师研讨了产出导向法，并结合英语学科开展教学模式的课题研究。学校A成功获批市级科研课题"产出导向法在高中英语单元整体教学中的实践"，学校B的区级课题正在研究过程中。

---

[1] 文秋芳.构建产出导向法理论体系[J].外语教学与研究,2015,47(4):547.

(三) 重视实践探索，改革教学方法，营造学习型教研组的文化氛围

在完成理论研讨和教学法课题之后，教研组长和骨干教师带领组员共同探索产出导向法的实践路径。组内每位成员都参与备课、听课、评课等教学研讨工作。通过案例分享帮助教研组全体成员在探索英语教学的过程中，改变教学观念，确立研究意识，形成了以研究为导向、以分享学习成果为手段，以提升学生实际获得为目标，教师们体验到了成就感，获得了归属感，实现了共同愿景。每位教师以开放的心态分享经验、深刻反思、互相协助、共同成长，形成了团结协作的文化氛围。

三、探索学习型教研组建设的案例分析

通过理论学习、集体研讨、制订计划、再学习、再研讨，我们逐步探索出了运用产出导向法探索英语教学，从而建设学习型教研组的路径，以下以一节研究课为例进行详细说明。

全组选择了一个单元的内容进行了集体备课研讨，运用产出导向法进行单元整体分析和课时设计，授课是一节视听说课，内容是北师大版高中英语必修第一册第三单元的 Viewing workshop。以下是几个主要教学环节。

(一) 第一课时，主要环节

课堂导入：

学生讨论图片内容，了解学习任务，预测视频内容，在情景中进入剪纸话题。

学习与理解：

1. 学生集体观看无字幕完整视频，回答问题。

2. 学生集体观看有字幕完整视频，记录关键信息后，将信息分类、归总完成思维导图，并在组内分享、复述。有疑问的学生可利用平板电脑多次观看视频，丰富笔记和思维导图。

3. 学生根据已有的思维导图开展小组讨论，回答问题。

应用与实践：

学生小组讨论，思考问题，完成任务。

课后教研组全体成员共同讨论，发现第一课时教学设计忽略了语言输出的语境真实性，学生的学习输出活动不理想。主要原因是课堂教学导入环节并未真正调动起学生表达的意愿；另外，教师在引导学生学习的过程中走流程，忽略了学生的实际获得。课后，全组教师共同讨论、发现问题、改进活动设计，进一步优化课堂教学，完成了第二次课堂教学实践。

（二）第二课时，主要改进环节

课堂导入：

发布课堂任务，了解学生所学知识。

课堂教学改进首先从导入环节进行调整，学习任务更加明确具体。调整过的教学过程，增加了自主学习并预设了合理的教学阶梯，让学生在了解自己语言输出需求的基础上，初步构建的思维导图框架，最终清晰表述对学校剪纸课程的理解。具体过程如下：

学生通过集体和个人两种方式观看四遍无字幕和有字幕的完整视频，每一遍都有一个学习任务，如回答问题、画思维导图、跟读模仿语音语调和推测演讲者演讲意图等。

（三）教师反思环节

第二节课完成后，学生完成作业的积极性明显提高，作业的语言质量与前一班的学生比有很大变化，有些学生的作品除了结构上层次相对比较清晰，细节内容上也借鉴了视频材料中的表达方式和信息点。以下是授课教师和同伴教师的反思。

授课教师：选择了这个单元和大家共同备课，利用组里学习的产出导向法进行单元整体设计和课时设计，运用产出导向法进行课堂教学，完成了一节尝试课和一节改进课。两节课堂教学的实施虽然结果不同，但都是我们集体智慧的结晶。看来理论学习一定要在实践中进一步验证，让理论真正落地。感谢全组老师的辛苦付出和无私指导，在他们的帮助下才有了这样两节课的成果。

授课教师的思考也是教研组全体成员探讨产出导向法实践应用的思考，两节课设计融入了集体的智慧，前后课堂教学环节的调整也是经过集体讨论共同完成的，每位教师都积极参与。以下是两位教研组教师的听课反思：

教师1：经过一个单元的整体备课、分析后，我得到很多启发。产出导向法应用到教研中，可以让老师从期望达成的语言教学目标入手，逐步深入，反推教学过程应该如何进行。这是整体单元备课教研过程中使用产出导向法的有效探索。

教师2：在本课的教学中老师通过一系列有层次、有导向的问题，引导学生主动探究剪纸的历史、用途及意义。同时本课也使学生感悟到中华传统文化之美，自然产生弘扬中华传统文化的责任感。本课目标清晰、环节紧凑，问题导向明确，是一节优秀的示范课，也体现了集全组之力，利用产出导向法教研的优势。

教研组通过一节课、一个单元的反复研讨，使全体成员明确了产出导向法的内涵，通过课堂实践进一步明确了要解决的问题及改进方式，提升了教师们的研究能力。同时，课堂教学的成果也是对教研组全体成员认真学习、积极思考和努力尝试的教学研究方式的一种鼓励。这样的研究方式不仅帮助全组教师深入理解和运用了新的教学理论，还使教研组通过集体研讨、团结合作，达成了共同愿景，鼓舞了教师们开展教学研究的信心。

四、基于产出导向法英语教学探索的学习型教研组建设效果与思考

(一) 产出导向法与学习型组织理论的结合

以往教研组研究一个教学法，通常就是利用教研时间学习教学理论，在组织形式和实施方式上考虑不多。本次研究将教学法研究与学习型组织理论相结合，通过建立学习型教研组形成了一个包容性很强的组织，帮助教师提升学科专业素养，为教师的专业发展营造充满尊重、自由、平等以及活力的文化氛围，这样更有利于某一教学法的学习与实践。

(二) 通过研究教学法，建设学习型教研组，形成良好的研究氛围

经过持续的学习和研究，两所高中校的英语教研组形成了良好的教研组文化，老师们的学习能力、研究意识、团队精神都有了明显的变化。产出导向法成为行动共识和认知共识，整个教研组的工作氛围、精神面貌、课堂状态、研究氛围都产生了积极的转变，受到了学校领导和其他教研组的一致好评。在学习和研究中协同进步、协同成长成为大家的共同愿景。这种积极变化，也为课题和研究的持续推进奠定了更好的基础。

总之，学习型教研组建设对于教师专业学习和成长至关重要，以产出导向法英语教学探索为载体建设学习型教研组、形成典型案例，有利于学习型教研组建设的深入研究。

改进体育组教研内容和形式
提升体育教师专业能力的实践研究

高天胜

2020—2022 年，各级教育行政部门连续发布关于体育教育的相关文件，对学校体育教育提出了新标准、新方向、新要求。只有高水平的体育教师队伍，才能适应新形势的要求。因此，要尽快找到提高体育教师专业能力的路径和方法。在诸多体育教师专业成长因素中，学校体育教研组发挥着基础性作用。然而，由于学校对体育教研组的基础作用重视不够，教研组的功能被弱化。笔者选择了三所学校作为考察对象，按照五个步骤规范体育教研组活动，构建学校体育教研活动的基本模式，形成体育教研活动的学校研究资源包，使学校体育教研组活动的内容结构化和系统化，从而实现体育教师专业化的发展。

实现强国战略、教育强国和健康中国等国家战略目标，需要高质量的人才。在教育的各项改革中，学校体育教育的改革受到前所未有的重视，目的是要树立健康第一的思想，高度重视青少年体质健康，强化学校体育锻炼，提高体育教学质量，让学生在体育锻炼中享受乐趣、增强体质、健全人格、锤炼意志。促进体育强国，实现健康中国，离不开高素质、高水平的体育教师。

教师成长是有规律可循的。每一位教师的成长，都需要群体的氛围。学校学科教研组是最基础、最核心的团队。在体育教师专业成长的过程中，学校体育教研组是最基础和最重要的组织。体育组的教研活动是实现学校体育工作目标最重要和最根本的技术、资源和人力的保障。

一、当前学校体育教研组的普遍问题

（1）对学校体育教研组助力体育教师专业成长的作用普遍认知不足：学校普遍重视体育教师个人专业成长，而对教研组的整体建设不足。学校可以通过营造学习型组织，利用体育教研组的团队力量促进体育教师成长。由于体育教研组的建设缺乏系统性和全面性，使得体育教研组教研活动内容针对性和实效性不足，从而导致体育教研组开展的教研活动长期形式化、事务化、单一化和碎片化，对体育教师成长的指导性不足。

（2）学校体育教研组缺乏灵魂性专业领军人物。学校体育教研组普遍重行政工作传达，而对教研组建设和教师专业成长的系统研究不足。体育教研组长往往缺乏提升教师专业的方式方法，工作中比较重视体育教学实践，而对体育教学实践缺乏整体系统的反思，使最为重要的教研活动的内容和形式失去了创造性、发展性。体育教师成长凭借自觉、自发，教师队伍参差不齐。

（3）学校体育教师数量不足，工作量大，体育教师从事研究的时间有限。学校体育教师普遍存在工作复杂多样，除体育教学工作，还承担德育、保卫、后勤等工作。伴随教育改革，学校体育受到国家和社会前所未有的重视，学校体育课课时增加，课外活动增加，大课间受到重视，但大部分学校体育教师的数量并没有增加，这造成有限的体育教师工作量过大。

二．学校体育教研组建设的"三个相结合"原则

学校体育教研组的建设，能构建学校体育教研活动的基本模式，形成体育教研活动的学校研究资源包，使体育教研组活动的内容结构化和系统化，从而促进体育教师的专业化发展。

体育教研组的建设要注意以下三个问题。

一是目标导向和问题导向相结合，促进教研组形成良好的研究团队。

在促进学校体育教研组建设的目标引领下，找到关键问题，寻找解决问题的策略。学校教研组通过各类教研活动达成目标。体育教研组教研活动是以提高体育教师教育教学专业能力为根本目标，其核心内容围绕体育教师教育教学所需的核心要素开展。按照现阶段体育教师的专业发展需要，教研组教研活动可分为教学基本功类、理论政策学习类、教材教法学习类、备课类、教学评价方法类、教学实践类六类。体育教研组教研活动形式大体上有两种：教研组内部活动和内外结合互动活动。根据教研活动需要和目的又可细化为主题学习研讨、集体实践练习、集体备课、集体反思、展示观摩研讨等形式。

二是系统性和重点突破相结合，学校体育教研组建设要形成线-面-体的整体提升结构。

要通过系统设计学校体育教研组教研活动，从重点问题入手，有序推进，由局部到整体，最终实现整体提高的目标。

三是针对性和学校特色结合，确保学校体育教研组教研活动既保持专业性也突出学校特点。每所学校都有自己的体育特色，有的课堂教学质量较好，有的课外活动和体育竞赛较好，还有的体育教科研较好等。

三、学校体育教研组建设的三个方向

（1）利用改革契机，围绕落实新课标理念和北京新义务教育体育考核方案的学校体育教研组活动。例如，某中学初中部体育教研组，结合学校体育工作优势和体育教师的实际特点开展内容为"新课标理念下的篮球教学方式的实践研讨"教研活动，采取集体设计—明确分工—实践展示—集体评价改进的方式，目的是打造优秀学习型组织，以期共同提高，促进中学体育教师的专业发展。

（2）以围绕教学理念在实践中具体运用为内容的活动研究。例如，某实验中学体育教研组开展以"新课标背景下的体育实践教学方式和方法的实践与研讨"为内容的教研活动，把更新教育观念、改变教学方式细化在实践中、细化在关键节点上，强化认知，转变习惯，为教研活动在内容和形式上提供新思路，促进专业进步。

（3）学校体育工作要有整体意识。例如，北京景山学校远洋分校以"落实教会、勤练、常赛理念下的体育大课间内容和形式的实践研讨"的活动，融入育人理念，提示老师把学生的身体健康发展视为学校体育工作的核心目的，提高体育教师自身教育认知和专业素养，明确好的大课间的内容和形式是体育教研组全体教师努力和智慧的成果，引领打造优秀教研团队。

五、结语

在新时代教育改革背景和精神下，改进学校体育教研组活动的内容和形式，促进体育教研组建设，提升体育教师专业能力，是非常值得研究的课题。本文中三所学校的体育教研组用具体的活动内容和形式体现了教研组的核心功能，推动了教研组的建设；活动各环节紧紧围绕新的体育课程育人理念和体育实践教学的专业技能，凸显了活动的核心意义；三个教研组行动积极，在活动结构和形式上精心设计。这是学习型组织的特征。但是三个教研组也有问题待改进，这也是我们今后实践研究的动力。

利用展评机制系统提升学校教研组研究实效

赵慧娥

中共中央、国务院印发的《关于深化教育教学改革全面提高义务教育质量的意见》中，把教研作为全面提高义务教育质量的关键领域，提出要"发挥教研支撑作用"。❶ 在整个教研体系中，学校教研组在提高教育质量方面具有基础地位，如何强化以学校教研组为依托的校本教研，充分发挥教师作为教学研究与实践的主体作用，是提高教育质量的关键突破点。要真正解决这样的难题，需要准确定位学校教研工作中存在的问题，进而开展针对性研究来加以解决。

一、锚定普遍问题背后的机制问题

学校教研组活动是教师开展教学研究与实践工作的重要载体，从学校常规工作及教师经验的角度来说，学科教研组活动一直都是学校"内部"的事，是教育教学"背后"的事。学校教研组活动开展的方式和质量也一直受到相关领域研究者关注，有论者指出，"教研组发展的困境在于教研活动设计与组织始终'基于经验'而非'基于证据'，具体表现为'主题偏

---

❶ 关于深化教育教学改革全面提高义务教育质量的意见[EB/OL].（2019-07-08）[2023-11-02]. http://www.moe.gov.cn/jyb_xxgk/moe_1777/moe_1778/201907/t20190708_389416.html.

离''引领缺失''经验侧重''学本游离'四个问题"❶,并建议通过引入校外专家团队针对学校教研活动现状与问题进行针对性解决。2020年,国家义务教育质量监测报告的相关数据显示,石景山区学校的教研活动同样存在上述问题,校内教研活动效果的部分数据低于全市平均水平,通过对全区中小学教研组现状的访谈调研发现,部分学校或学科的教研活动缺乏系统的规划和设计,有一定随意性倾向,当然也未对活动效果进行及时、合理的反思和总结。

显然,上述问题很难通过单纯的行政命令或教研指导加以解决,普遍问题的背后往往是机制问题。如前所述,教研活动作为学校"内部"和教学"背后"的事,相较于课堂教学,很少得到教学研究指导者的直接关注。以石景山区持续举办多年的教育教学培训与展示活动为例,我们对课堂的关注从说课到微课,从教学设计到教学实施,可谓面面俱到,但教研活动却始终未纳入视野。正如有论者所言,教学基本功比赛有六种功能,程序催化功能、引领功能、导向功能、凝聚功能、驱动功能和调适功能。❷基于以上考虑,石景山区充分利用教育教学培训与展示活动这一机制,在2021年第十九届活动中将教研组活动纳入展示范围,同时从研究角度,经过调研、指导、设计、实施、评估等各环节,进行了深入的推进和具体的考察,为这一机制有效运行提供了目标、路径、策略及相应工具的支撑。

二、明确教研组活动的根本任务

教研组的主要功能不是常规教学管理,而是研究并引领教育教学改革实践。教研组的研讨活动涉及教育教学的各个环节,正如有专家所指出的,教研活动的根本任务是充分挖掘课程内在的育人价值,认真研究培训学科素养的有效路径,探索信息技术和课堂教学的深度融合,深入开展教学评

---

❶ 任家熠.走向循证:教研组发展、问题与未来导向[J].重庆第二师范学院学报,2022,35(3):111-116.

❷ 苏红.教学基本功比赛的六种功能[J].中国教师,2014(18):75-76,80.

价研究，多维度系统研究作业与教学质量间的内在联系并持续改进作业设计。❶ 为了有效激发教研组的研究和引领功能，在本届活动方案中，明确引导参展教研组从学科课程建设、教学、作业和评价（学习过程评价、学习效果评价、考试评价等）等育人关键环节中自主选择、确定教研主题开展教研活动。

从各校教研组的理论研究与实践情况来看，上述各教学关键领域都得到了不同程度的关注。从各校教研组的理论研究与实践情况来看，上述各教学关键领域都得到了不同程度的关注。教育部在《关于加强和改进新时代基础教育教研工作的意见》中对校本教研提出要求："以实施新课程新教材、探索新方法新技术、提高教师专业能力为重点，着力增强教学设计的整体性、系统化，不断提高基于课程标准的教学水平。"❷ 石景山区的培训与展示活动在目标上与这一要求一致。对于作业研究、跨领域研究、评价和学科课程建设研究也有不少尝试。总的来看，借助原有平台的推进方式，石景山区的培训与展示活动有效发挥了机制建设的基础作用和引领教研方向的作用。

三、强化系统规划，实施教研活动的实践导向

孤立的教研活动很难对教师发展产生有效或长久的影响，教研组活动应依据成人学习规律，系统规划和开展教研活动，从而对教师发展产生长效引领作用。要实现这样的目标，需要为学校的教研活动提供可直接发挥引导和支持作用的实践工具。为实现这样的目标，石景山区研究团队研制了教研活动设计模板供参考。模板引导学校教研组和教师围绕某一主题对教研活动进行系列化设计，在设计过程中要明确思想或理论工具，以本学校学科现状及学生学习特点为基础进行活动设计，从宏观教育理念到具体教研目标都予以呈现，并明确教研活动的重点和需突破的难点。在系列教

---

❶ 刘月霞.质量大计,教研为先[J].人民教育,2019(21):14-17.
❷ 教育部.关于深化教育教学改革全面提高义务教育质量的意见[EB/OL].(2019-11-30)[2023-11-04].http://www.gov.cn/xinwen/2019-11-30/content_5457117.htm.

研活动中,要厘清多次教研活动之间的关系,层次清晰地分步推进,最终达成既定教研目标(或过程中合理调整后的教研目标)。为强化教研活动的计划性和目标意识,本模板就教研效果评价设计了三个不同维度的评价与反思内容,旨在通过这一过程性引导实现教研活动质量的有效提升。

从实际应用情况来看,参展教研组基于本校本学科教学实际情况,均采用此模板设计了适当的主题和活动目标。从提交的活动设计整体情况来看,从理念到流程,从方法到效果,从相关资源的开发与利用到本设计的创新点及特色,教师们都给予了高度关注和较明晰的表述。石景山区开展的系列培训与展示活动在引领教研组明晰活动规划、落实研究方法、关注组织策略、导向成果产出方面发挥了重要作用。

四、多维评价揭示教研活动的优势与不足

本研究开展过程中,来自区内不同中小学的教研组共设计实施了涉及中小学语文、数学、英语、体育和物化生劳及科任等教研组的 91 项教研活动,既有单一学科教研组的展示,也有多学科教研组的展示。在进行活动评估过程中,教研组既关注了活动设计,也关注了教研活动开展过程;评价指标涉及教研目标的制定、研讨活动的设计与实施、解决问题的方法与成效、教师的活动参与度和获得感等;对活动氛围和学科特色也予以了适当关注,旨在以评价引导学校和教师培养良好的教研生态。

从本次考察的教研活动整体情况来看,有以下突出特点。一是教师普遍认同和切实关注当前学科教育改革方向及"双减"工作要求,能够从学科本质出发围绕真实问题开展深入研究。比如,某校数学教研组所进行的作业设计研究,旨在解决作业布置中存在的强调"记忆"和"形式"两大问题。教师们借助现代信息技术,围绕特定主题或知识内容搭建作业设计模型,强调作业的导向功能和评价作用,旨在形成操作性强、推广价值高的研究成果。二是教研活动能以适当的理论为支撑,体系性强,关注教学实际,研讨交流深入,能够落实教研目标,真正解决问题,使教研成果具有较强应用价值和可操作性。比如,某校多学科教研组以多元智能理论为

指导，围绕需要共同完成的任务从本学科特点出发探寻实践路径，进而围绕共同目标进行调整、融合，最终形成了清晰、规范、便于应用且关注学生实际获得的研究活动方案。三是学校能够为教研组活动提供环境及技术支持，教研组的活动组织严谨，活动流程清晰、规范，活动过程中教师们精神饱满、乐于参与，体现出学校良好的教师文化和教研品质。比如，某校语文教研组通过优化学习单研究力图实现由教向学的转变，研讨过程中教师们互相启发、切磋、鼓励，同时借助微录仪记录、修改、展示研讨结果，研讨过程轻松、和谐、深入，目标达成过程和方法清晰。

在这样的研究过程中，也观察到一些后续研究中需予以关注和改进之处。比如，有的教研组活动有流于形式化的倾向，研讨过程中分享多、探讨少，难以实现实质性的提升和可具体应用的成果；有的活动关注的问题较为空泛，教研目标、研究方法和策略均不明确，教研活动只是完成了流程，并未取得明显的教研成效；有的活动属于教研乃至课题研究成果的展示，未能体现"研究"过程，更谈不到研究中的探索与生成，效果不好。

随着素质教育发展进入深水区，全面深化改革、整体提高教育教学质量成为新时代基础教育的中心任务，学校教研组作为这一变革的枢纽，在研究活动中需进一步聚焦核心任务。此外，教研组长作为教研活动组织者、指导者的"关键少数"的重要地位，也引起了研究者与参与者的普遍关注。下一阶段，本研究将从教研业务层面加强对教研组长的指导和培训研究，通过提升教研组长的业务能力和专业水平来进一步提升学校教研活动质量。

第二章
强化教学设计促进核心素养培育

我们正在经历一场深层次的教育变革，这场教育变革与国家发展目标和国家教育方针政策紧密相关。这场变革是创新人才培养的需要、是核心素养培养的需要。以这两个需要为目标的基础教育课程改革需要将观念和理论化为实施策略和行动方案，开展课程内的整合是开展行动研究和开展教学实施的一种重要的方式。

《关于进一步减轻义务教育阶段学生作业负担和校外培训负担的意见》明确提出，要积极推进教育教学改革，促进学生核心素养培育。北京教育学院石景山分院将此项工作作为重点课题进行研究与实践。本章内容聚焦从幼儿情商的培育到情境教学，从深度学习到学科实践，通过这一系列问题的研究，以期引导师生形成正确的教育观念与学习理念。

习近平总书记指出：要统筹推进大中小学思政课一体化建设，要"坚持问题导向和目标导向相结合，坚持守正和创新相统一"。石景山区聚焦中国特色社会主义和中国梦教育、社会主义核心价值观教育、法治教育、劳动教育、中华优秀传统文化教育等共同的教育主题，基于思想政治学科核心素养开展小初高思政课一体化教学研究，从"教什么""教到什么程度""怎么教"三个角度，系统梳理各学段教学内容，对同主题内容的教学目标进行一体化设计，研究同主题内容教育的一体化教学策略，从整体上提高思政课教学的实效。

课堂是教育教学的主阵地，课堂教学是发展学生核心素养的主渠道，优化教与学方式是强化课堂主阵地、提高课堂教学质量的重要保障。进行单元整体教学评设计与实施是全面深化教学改革的重要内容和表现之一，是落实课程核心素养的重要和有效途径。石景山分院各学科教研员一直坚持"研究—实践—评展"的方式开展教学或课题研究，这几年不约而同地把研究方向都转向了单元整体教学评研究与实践。力求通过单元整体教学，实现结构化、系统化学习课程内容，同时实现学生学习方式的转变，使学生能够在主体的、对话的、深度的学习活动过程中发现问题和解决问题，习得和运用知识，形成正确的价值观、必备品格和关键能力。力求通过单元整体评价设计，以学科的核心知识和关键能力为中心，设计真实情境问题，以真实问题情境中问题的解决建构知识、形成能力，体现课程内容的完整性和系统性，努力实现教学评的一致性，减轻学生过重的作业负担。

总体来看，开展课程内的整合工作，可以有效促进教师专业素养的发展，有效促进教与学方式的转型，有效促进学生核心素养的发展，有效减轻学生的课业负担。

幼儿情商培养的思考与实践

殷晓松

一、问题的提出

0~6岁是人格和心理社会能力形成的关键期。在这个特殊的阶段，儿童需要通过情绪体验获得正确的关键经验。心理学家研究表明，一个人是否具有较高的情商和童年时期的教育培养有着密切的关系，培养情商应从小开始。因此，我们抓住幼儿初入园的敏感时期介入，会对幼儿的发展有积极的促进作用。

二、研究的概述

我们依据情境认知理论、情绪智力理论、多元智能理论、社会支持理论，立足园（所）实际，依托研究小组，将情商教育融入幼儿的一日生活中，探究对幼儿情商培养的内容、途径和方法，梳理幼儿情商培养的有效支持策略，促进幼儿身心健康发展。

（一）研究的意义

本研究有助于幼儿积极情感的培养，从自我意识开始，愉快地融入集体生活，为幼儿未来发展奠定基础；有助于教师专业技能提升，梳理归纳简便易行、行之有效的培养幼儿情商的具体操作方法；对区域内园（所）进行幼儿情商培养具有普遍的指导意义。

（二）研究的内容

（1）创设体验环境：创设接纳幼儿、相信幼儿的心理环境。遵循适宜性、趣味性、开放性原则，创设动态的、满足幼儿需要的、开放多元的游戏环境。

（2）制订活动方案：依据幼儿的年龄特点，遵循丹尼尔·戈尔曼情商五要素设计、组织活动，实施情商培养活动方案。

（3）探究支持策略：探讨满足幼儿兴趣需要、符合幼儿学习特点的活动，在有效解决幼儿面临的问题中，梳理幼儿情商培养的支持策略。

三、研究的结论

（一）依据幼儿年龄特点梳理幼儿情商培养路径

幼儿情商培养的路径有多条，既可以同时进行，也可以依次交替进行，还可以相互融合进行。不管是哪条路径，都应建立在观察幼儿的基础上，依据幼儿的兴趣及已有经验适时推进，满足幼儿的发展需要。

基于情境认知理论的幼儿情商培养路径见图1。

基于情绪智力理论的幼儿情商培养路径见图2。

（二）依据幼儿年龄特点梳理幼儿情商培养支持策略

1. 情境体验策略

（1）游戏情境隐喻法。

教师创设能激发幼儿情感参与的区域游戏情境，引发幼儿对区域游戏的兴趣，积极主动地参与区域游戏活动，体验区域游戏的乐趣。

（2）游戏材料支持法。

教师提供游戏材料引发幼儿对认识事物的兴趣，在体验中管理情绪，建立自信。

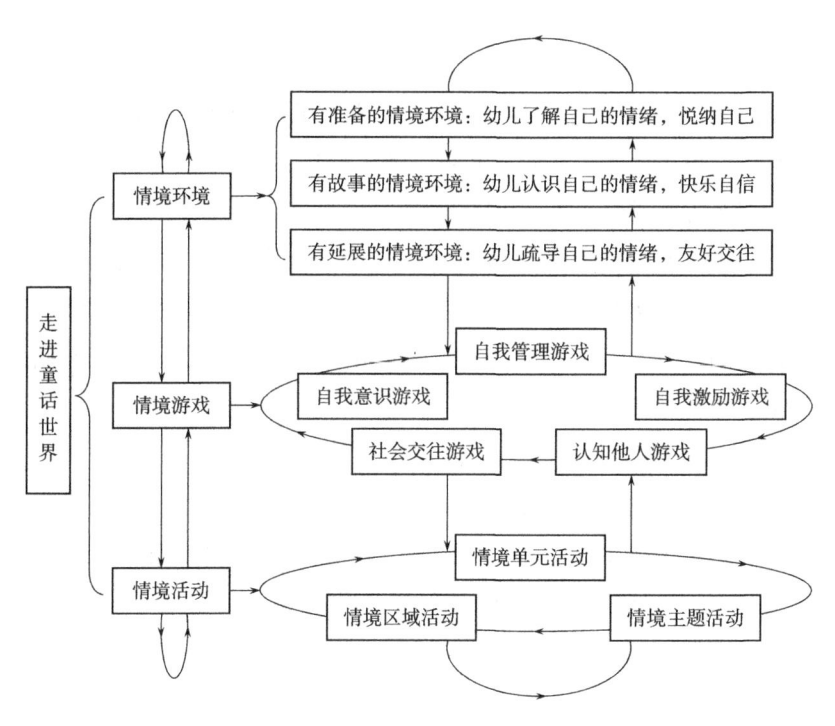

图1 基于情境认知理论的幼儿情商培养路径

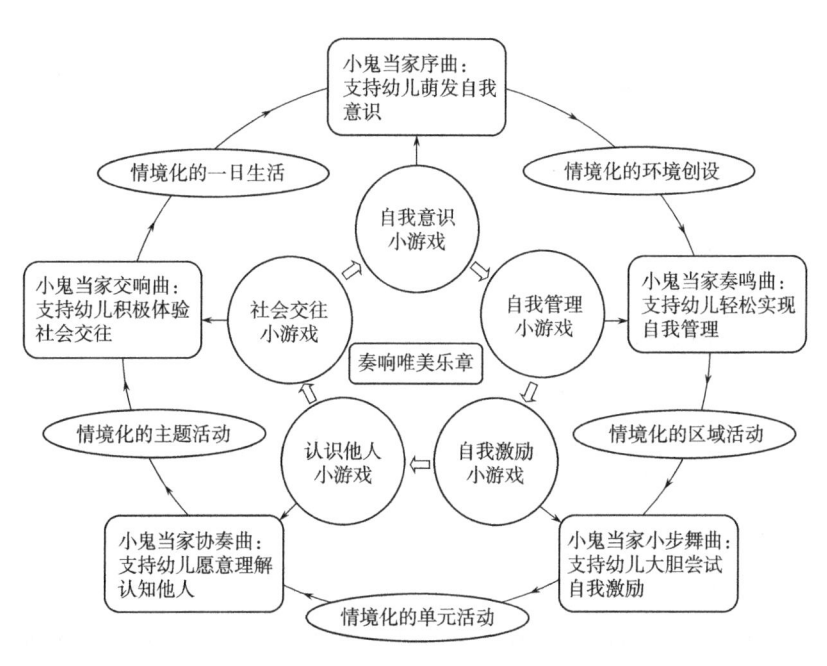

图2 基于情绪智力理论的幼儿情商培养路径

2. 行为引发策略

儿童间的了解程度比成人间的更为深刻,儿童间相互鼓励的效果比成人所能给予的更为巨大,儿童教儿童,教学相长。

(1) 游戏角色带入法——相互陪伴。

幼儿思维已经开始借助具体事物的具体形象或表象来进行,即由直觉行动思维向具体形象思维发展。幼儿移情能力有了很大的发展,他们开始能站在他人的立场上感受情境、理解他人的感情。小朋友间的相互陪伴产生了效果。

(2) 游戏情节延伸法——和谐共生。

幼儿的行为受情绪支配作用大,容易冲动,常会为了一件小事大哭大闹。虽然开始产生调节情绪的意识,但在实际行动上尚不能真正控制。游戏情节的代入与延展使孩子们友好相处、和谐共生。

3. 主题浸润策略

(1) 故事叙事法。

研究小组成员借助绘本故事开展主题活动,使幼儿在与主人公一起游戏时,体验认识自身及他人情绪、管理自身情绪的能力。

(2) 家园协同法。

家园共育是幼儿园不可或缺的教育合力。研究小组成员注重吸纳家长参与班级活动,特别是爸爸的参与给班级活动带来了另一番景象。主题活动"开心花宝贝"中的"爸爸的午间电台"是最受孩子们欢迎的一个内容。

四、研究的效果

(一) 幼儿获得积极的情绪体验——认识自我、主动、自信

1. 幼儿在有准备的情境化环境中了解自己的情绪,悦纳自己

幼儿入园初期,研究小组成员创设了可以让孩子们感到温暖、关爱,能够参与进去,自由、随意的环境。教师在有准备的情境化游戏区域环境中接纳幼儿的情绪,在满足幼儿发泄情绪需要的同时,帮助孩子们了解自

己的情绪，悦纳自己，树立自我意识。

2. 幼儿在有故事的情境化环境中认识自己的情绪，快乐自信

依据幼儿的年龄特点，研究小组成员创设了有卡通角色、有故事情境的环境，孩子们在自主选择、亲身体验中感受情绪的变化。教师在有故事的情境化游戏区域环境中，伴随幼儿的情绪，满足幼儿控制情绪的需要，帮助孩子们认识自己的情绪，快乐自信，获得成功的体验。

3. 幼儿在有延展的情境化环境中疏导自己的情绪，友好交往

小班幼儿以自我为中心，以具体形象思维为主，多数活动是情绪化的。研究小组成员创设了能够纵向深入、横向多元的环境，区域间相对独立又留有余地，孩子们可以天马行空，随个人意愿延伸自己的活动空间，让自己的想法得以实现。教师在有延展的情境化游戏区域环境中转化幼儿的情绪，满足幼儿管理情绪的需要，进一步帮助孩子们疏导自己的情绪，与同伴友好交往，获得归属感。

(二) 教师获得专业能力提升——相信幼儿，支持幼儿发展

随着研究不断深入，在不同形式的研讨中，研究小组成员注重不断转变教育观念，在观察幼儿中相信他们的力量，满足其发展需要。教师的收获如下：

（1）教师加深了对情商和情商教育的理解。

（2）教师掌握了研究方法的实践路径。

①编制调查问卷，做好研究的基础工作。

②聚焦问题，深入研讨，理解研究是不断解决问题的过程。

（3）教师对于幼儿能力和发展的理解更深入。

①观摩活动中互助式质疑，聚焦幼儿的能力。

②案例交流中问题式研讨，感悟幼儿的成长。

研究小组成员在"世界咖啡""关键在问""焦点访谈"等各种形式的教研活动中展开研讨。研究小组成员在教育实践中注重换位思考，理解幼儿的行为，支持幼儿的想法，捕捉适宜的教育契机，及时给予幼儿有效的帮助，放手给孩子自我成长的空间。

总之，经过近五年的实践与探讨，研究小组总结的行之有效的培养路径与教育策略促进了幼儿情绪智力的健康发展，推动了区域内园（所）积极开展幼儿情商培养教育活动，切实提高了区域内园（所）的保教质量。

家长教育观念在幼小衔接过程中的推动作用

陈燕昆

随着国家"双减"政策的落地，幼儿园教育中幼小衔接再次成为教育改革的重点问题。在幼小衔接的过程中，幼儿园结合幼儿年龄特点，从教学内容与教育方式等方面也在进行着改革。但在此过程中，一些家长却不顾幼儿的年龄特点，用机械记忆等不适宜的方式，让幼儿提前学习小学的知识，甚至将幼儿送到校外培训机构的"学前班"进行学习。这不仅让幼小衔接不能顺利进行，同时也使幼儿身心健康发展受到影响。因此，家长的不当教育行为反映了其教育观念的不科学性。家长的教育观念是影响幼小衔接改革步伐的因素之一。如何引导家长拥有正确的教育观念，就摆在了我们的面前。

一、家长的教育观念从何而来

所谓家长的教育观念，是指父母在抚养子女的过程中所持有的有关儿童发展、对儿童发展的期望及对儿童教育的看法和认知。它可以作为行为发生的心理源泉，以教养方式为中介，影响儿童的发展，或通过环境设置来构成特定的家庭生活环境，形成特定的期望氛围，直接或间接地塑造出不同发展特征的儿童。家长的教育观念的形成与其教育认知有重要的联系。

(一) 家长在个人成长经历中形成教育认知

"每个家长在各自成长的过程中，在自己的学习经历、环境适应等多方面作用下，对教育有不同的教育认知。教育认知及水平影响、决定了主体教育生活质量与身心和谐。从动态生成的角度来看，家长的教育认知主要包括教育知识、教育价值、教育决策、教育体验等内容。"[1] 在教育子女的过程中，家长做出的教育行为反映了家长教育认知的水平。在我区调查中发现，在幼儿园毕业前为孩子报名以拼音、计算为内容的学前班课程的家长，很多是本科及以上学历。与家长沟通中了解到，高学历家长秉承着"知识本位"的思想，认为自己就是通过读书得到现在比较稳定的生活，只有让孩子读好书将来才能够有稳定的生活保障。

(二) 环境的"内卷"使家长形成教育焦虑认知

当前，争夺优质教育资源成为社会竞争中的一个现象。好的教育资源在哪？首先就是学校。学校为了证明自己拥有很强的教育实力，不惜花重金聘请名校高学历毕业生到校任教，参与高端教育论坛，在学校门口张贴本届毕业生成绩等。这也导致"学区房"的问题出现。教育的内卷从高年级不断向低年级蔓延，因此很多培训机构应运而生。一些家长形成教育焦虑认知。

二、不科学的教育观念带来负面问题

学前阶段的家长受到已有经验和"教育焦虑"的影响，"小学化"的教育观念逐渐形成。这对于学龄前儿童（以下以"幼儿"表述）来说，不仅影响顺利进入小学、适应小学的学习生活，同时在不科学的教育观念影响下，对身心健康发展带来诸多不利因素。

---

[1] 杨巍.家长的教育认知研究[D].无锡：江南大学,2019:14-15.

（一）危害幼儿的身体健康

3~6岁是幼儿身体发育的关键期，在此阶段幼儿身体发展速度快，身体机能发展不成熟，可塑性强。5~6岁幼儿身体的控制能力、大肌肉的力量不断增强，但很容易疲劳，适宜活动时间在25分钟左右。如果保持一个姿势10分钟不动，幼儿的身体就会处于疲劳状态，进而使幼儿骨骼（脊椎等部位）因长时间的压力而变形或扭曲。小学阶段每节课时间是40分钟，对于5~6岁的幼儿显然超出了承受范围。另外，5~6岁幼儿正处于大肌肉动作向小肌肉精细动作的过渡阶段，在进行抄写等教学内容时，握笔动作需要控制小肌肉（手部），手部肌肉会处于比较紧张的状态，书写过程中幼儿会将速度放慢，眼睛放低，盯着笔尖的"痕迹"……长时间的练习，会导致幼儿手部肌肉疲劳、坐姿扭曲、视力下降等不良后果，危害幼儿的身体健康。

（二）危害幼儿的心理发展

正确的教育观念应是培养终身学习的习惯，让参与学习者能够从内心喜欢学习。只有学习的过程是愉悦的，才能够坚持下去。学前阶段幼儿的心理发展，处于具象思维向抽象思维转化阶段。幼儿对抽象的、难以理解的事物，通过机械记忆，短时间内能够记住，但在记忆的过程中不能产生愉悦心理，这使记忆过程成为幼儿的压力，进而产生紧张、厌烦、焦虑的情绪，抗拒记忆。另外，此阶段是幼儿建立与同伴关系的关键期，他们开始关注自己的同伴，喜欢通过各种活动或游戏与同伴进行交流。如果在此阶段提前进行小学化的课程，幼儿就没有更多的精力关注自己的同伴，从而错失了与同伴进行合作化共同学习的机会。因此，提前进行小学化的课程学习，不仅会让幼儿对今后的学习产生厌学的不良情绪、错失沟通能力提升的机会，还会影响幼儿心理的正常发育，危害其心理发展。

（三）扼杀幼儿的想象力与创造力

小学的教学内容与幼儿园最大的不同，在于小学教育有固定的课本，而幼儿园没有固定的课本。3~6岁的幼儿好奇心较强,对很多事物都充满了好奇。幼儿园以活动为主,虽然此时幼儿的生活经验不丰富,但在活动过程中喜欢尝试、探索,通过自己的想象力与创造力探索未知世界。幼儿教育小学化倾向,使幼儿提前被"课本"固化了思维,缺少观察与想象的过程,使幼儿失去了想象与创造的动力,不再问"为什么",不再想"还有什么",而是陷入"你告诉我,我来重复……"的恶性循环中,扼杀了幼儿的好奇心、求知欲及创造力。

三、正确的教育观念

在幼小衔接的过程中,对幼儿实施科学的教育,必须要在尊重幼儿成长需求与特点的基础上,树立正确的教育观。适宜的教育活动才能促使幼儿顺利完成幼小衔接。随着"双减"政策的落地,尊重幼儿生长发育规律,树立正确的教育观,也成为摆在幼小衔接这一阶段的关键问题。那么正确的教育观念应怎样树立?需要注意哪些方面呢?

(一)理解幼儿学习方式

3~6岁幼儿的思维方式是以直观形象思维为主,好奇心较强,喜欢通过感官了解周围事物。5~6岁幼儿的思维方式是由形象思维向抽象思维过渡的阶段,此时期的幼儿对自己周围的事物依旧保持好奇心,他们有自己的想法,有自己非常要好的同伴。此时非常适宜的学习方式就是合作化的共同学习。3~6岁幼儿的学习是以直接经验为基础,在游戏和日常生活中进行的。要珍视游戏和生活的独特价值,创设丰富的教育环境,合理安排一日生活,最大限度地支持和满足幼儿通过直接感知、实际操作和亲身体验获取经验的需要,严禁拔苗助长式的超前教育和强化训练。因此,要让家长了解如何科学进行幼小衔接。幼儿的学习是以直接经验为主,在游戏和日常生活中进行。要以"游戏"为基本活动,最大限度地支持、满足幼儿感知—操作—体验—思考—获取经验过程的需要。要在幼儿进行游戏的过程中理解、尊重幼儿,成为幼儿成长过程中的支持者、合作者。

(二) 为幼儿创设适宜的教育环境

5~6岁幼儿的学习方式是游戏，思维方式是由具体的形象思维向抽象的逻辑思维过渡的阶段，需要有适宜的教育环境，要以具象事物作为载体，在与环境的互动中完成。在幼小衔接过程中，需要从环境入手，让幼儿能够真实感受到幼儿园生活与小学生活的不同，对小学的生活产生好奇，愿意参与幼小衔接的活动；同时以游戏的方式，让幼儿在与环境的互动中做好入学前的准备。适宜的幼小衔接环境应怎样创设呢？需要从以下两方面做准备。

1. 物质环境

小学与幼儿园最大的区别在于小学的学生每个人有固定的课桌椅，每天都要坐在教室中上课，而幼儿园中的幼儿是在各种活动区进行游戏活动，没有固定的课桌椅。因此家长在家中可以与幼儿一同准备课桌椅，模仿小学上课的情形，让幼儿感受小学的学习生活，与幼儿一同"探讨"小学的学习需要哪些材料，并与幼儿一同准备，在家中玩"上课"的游戏。要让幼儿直观感受到小学学习过程的趣味，激发幼儿对将来的小学生活的好奇与向往。

2. 心理环境

有的幼儿升入小学后非常不适应，除了小学生活与幼儿园生活方式不同之外，最主要的是在小学中很多事情需要独自承担，这带来一定的心理压力，因此做好幼儿入学前的心理建设是非常重要的。如何让幼儿能够独立将各种事情处理好，并且能够按照学校的要求约束自己的行为，就需要家长帮助幼儿认真做好入学前的心理准备。

（1）培养幼儿独立性。

在日常生活中，家长包办代替的现象比较常见，幼儿动手能力较弱，不能独立做事。幼儿进入小学后，"独立"的心理建设就成为幼儿顺利适应小学生活的心理基础。作为家长应怎样培养幼儿的独立性呢？可以先从生活方面鼓励幼儿：独立睡觉，独立进餐，独立整理自己的物品；再从心理方面加强幼儿的自信心：独立完成一件事情或任务。让幼儿自己尝试制订完成任务的计划,家长不干预,只负责监督幼儿实施计划的过程。当按照制订的计划实施后,幼儿不能够完成任务,家长可让幼儿思考未能完成的原因,重新调整计划。当按照制订的计划实施后,幼儿完成了任务,家长可请幼儿把自己的经验分享给家人或伙伴,让幼儿感受到独立做事的快乐,增强自信心,建立独立的人格。

(2)培养幼儿规则意识。

古语云:没有规矩不成方圆。不论家庭条件如何,遵守规则是做人、做事的准则。如上小学后,要遵守的规则会越来越多。因此,规则意识的培养需要有适度的奖惩来强化。首先,是遵守时间的意识。入小学后每节课之间的时间是固定的,每个时间段都有固定的要求,因此,在家中家长可以与幼儿一同将日常的作息进行规划,对每个时间段提出要求,并在规定的时间内完成。其次,是要遵守规则。例如,睡觉之前必须刷牙,从哪儿拿的东西用完后要放回原位,在公共场所不能大声说话,别人说话时不能随意插话等。虽然这些规则意识不是一朝一夕就能够养成的,需要长时间的培养,但规则意识的培养是幼小衔接的基础。这样能够让孩子在做事前心中有规则,进而更加自律,为今后的生活、学习奠定良好的基础。

四、在家园共育中引导家长科学地幼小衔接

家长在幼儿的成长过程中起着非常重要的作用,家长的教育观念会伴随幼儿一生。因此家长的教育观念在幼小衔接的过程中会起到关键的推动作用。笔者在北京市级课题"基于幼儿园小学化倾向的家长观念转变策略研究"中发现,现阶段家长教育观念在幼小衔接过程中依旧有不适宜幼儿发展、小学化倾向的问题。因此在幼儿园阶段,园所通过家园共育引导家长树立正确的教育观非常重要。

家长的教育观念是如何形成的呢?作为专业的幼儿培养场所,幼儿园可以通过"幼儿园半日观摩"等活动,让家长了解幼儿在学习过程中的主要学习特点以及学习方式;通过教师与幼儿的互动,让家长了解如何在情感培养、人际交往方面观察、关注幼儿;通过家长—学校的沟通向家长宣

传如何全面了解幼儿，激发家长的教育责任感，进而树立正确的教育观。

作为"第一任教师"的家长，在幼小衔接中，要积极从幼儿的实际需求出发，通过物质环境与心理环境的创设与幼儿一同成长，使幼儿能够在更加自由、宽松的环境中了解自己，主动参与各种活动并提出问题，与同伴及家庭成员形成良好的互动，让幼儿具有健全的人格、良好的学习品质，为将来的学习打开自信、专注、勇于创新、大胆研究的大门，让他们成为将来更加自信、更加有创新能力的一代。由此推动幼小衔接的科学开展，同时为将来教育的健康发展奠定良好的基础。

基于学科核心素养的小初高思政课一体化教学研究

刘巍 李岚 胡洁 赵文琪

石景山区聚焦中国特色社会主义和中国梦教育、社会主义核心价值观教育、法治教育、劳动教育、中华优秀传统文化教育等教育主题，基于思想政治学科核心素养开展小初高思政课一体化教学研究，从"教什么""教到什么程度""怎么教"三个角度，系统梳理各学段教学内容，对同主题内容的教学目标进行一体化设计，研究同主题内容教育的一体化教学策略，从整体上提高思政课教学的实效。

一、问题的提出

2019年8月，中共中央办公厅、国务院办公厅发布的《关于深化新时代学校思想政治理论课改革创新的若干意见》指出：遵循学生认知规律设计课程内容，将思想政治教育规律、学生认知发展规律作为一体化建设的前提依据。

（一）明确小初高思政课一体化的概念内涵

大中小思政课一体化，普遍认为是指大中小学的思政课要按照立德树人根本任务总体设计安排，形成有机整体的过程，以实现不同学习阶段之间的顺序性、连贯性、衔接性，在内容的分布和深度上进行合理布局、科学分工。本文关注的"小初高思政课一体化"则是指义务教育阶段的道德与法治课和高中思想政治课,按照落实立德树人根本任务的总要求,在基础教育领域加强纵向跨学段的贯通研究,基于社会发展和学生成长的需要,以正确的政治思想、道德规范和法治观念对学生进行循序渐进的系统化教育,逐步提升学生思想政治素质、道德修养、法治素养和人格修养等,帮助学生确立正确的政治方向、增强社会理解和参与能力的整体教育推进过程。

(二) 区域在小初高思政课一体化工作中存在的问题

小初高思政课课程标准和统编教材均由教育部组织专家按照一体化的要求统一修订和编写,课程标准中"政治认同、法治观念(意识)"素养在本质上具有一致性。统编教材中也均包括"习近平新时代中国特色社会主义思想、法治教育、总体国家安全观、中华优秀传统文化和革命文化"等主要内容。这为小初高思政课依据课程标准、基于学科核心素养纵向贯通开展一体化教学奠定了基础。

然而,道德与法治、思想政治教材的编写分别遵循不同学段学生身心发展规律和特点,体现不同学段思政课的课程性质。道德与法治课程以发展学生的核心素养为导向,以"成长中的我"为原点,由"自我认识"到"我与自然""我与家庭""我与他人""我与社会""我与国家和人类文明",不断扩展学生的认识和生活范围。思想政治课程聚焦思想政治学科核心素养,讲述马克思主义基本原理,紧跟实践基础上的理论创新进程,阐明习近平新时代中国特色社会主义思想,课程设计兼顾基础性与选择性的要求,形成了必修课程和选择性必修课程的课程结构。以上教材的编写特点使得共同的教学教育内容在义务教育阶段和高中阶段教材中呈现不同的特点:义务教育阶段体现"显性与隐性相结合",高中阶段为"专题呈现与多册融入相结合"。这导致教师在教学中容易忽视某些共同主题的内容,错失对学生进行学科核心素养培育的时机。此外,如果小初高思政课教师缺乏对不同学段共同教育主题内容的系统了解和结构化认识,也难以准确把握本学段学生的认知基础,难以对共同主题内容进行一体化教学设计,进而影响学段思想政治教育的实效。

二、研究的内容

基于以上分析，本文首先聚焦中国特色社会主义和中国梦教育、社会主义核心价值观教育、法治教育、劳动教育、中华优秀传统文化教育等共同的教育主题。通过专题研究，从以上角度系统梳理各学段教学内容，明确教学主题与核心概念，加强教学内容的一体化研究，帮助教师明确"教什么"。

进而，依据中共中央宣传部、教育部2020年12月18日印发的《新时代学校思想政治理论课改革创新实施方案》（教材〔2020〕6号），按照循序渐进、螺旋上升的原则，立足于思政课的政治属性，研究对小初高思政课同主题内容的教学目标进行一体化设计：小学阶段重在培养学生的道德情感，初中阶段重在打牢学生的思想基础，高中阶段重在提升学生的政治素养，大学阶段重在增强学生的使命担当——帮助教师界定"教到什么程度"。

再次，研究小初高思政课开展同一主题内容教育的一体化教学策略，既要把握道德与法治、思想政治作为落实立德树人根本任务关键课程的共性特征，又要深入思考不同教育主题内容的独特性，以及对身心发展具有差异性的中小学生进行思政教育的特殊要求，创造性地落实课程标准从课程实施角度提出的教学建议，在小初高阶段分别引导学生进行启蒙性学习、体验性学习、常识性学习，帮助教师选择"怎么教"。

三、实践研究

课题组采用课题研究常用的文献研究法、访谈法，进一步明确课题研究的实际价值；运用行动研究法，按照"研究示范—推广实践—分主题研究"的步骤，组织开展一系列专题研讨活动，形成研究成果。

（一）研究方法

在课题的整体设计中采用文献研究法。通过文献资料的搜集和研究，了解、追踪国内外与本课题有关的研究现状，作为本课题研究的基础和借鉴。在研究过程中，通过访谈法，了解小初高思政课教师对于"基于学科核心素养的小初高思政课一体化教学研究"认识的状况，以及小初高教师所在校目前开展相关教学实践的程度及遇到的问题，以便及时调整研究方案、对策，提高研究的实效性。课题组成员通过行动研究法共同设计、互相观摩、研讨交流等，总结出基于学科核心素养的小初高思政课一体化教学实践的有效策略，总结教与学的模式。通过案例研究法和经验总结法发现教育教学中的个案和成功经验，并加以总结提炼。

（二）实施步骤

1. 文献与调查，明确研究价值

（1）文献研究。

课题组通过中国知网检索相关文献，以"思想政治学科核心素养""思政课一体化教学"为关键词分别进行文献检索，共有74篇研究成果，其中9篇是关于"思想政治学科核心素养"的研究，65篇是涉及"思政课一体化教学"的研究。

以"思想政治学科核心素养"为关键词进行文献检索，发现多数论文仅涉及高中思政课或者初中、小学道德与法治课教学改革与创新的思考，关于小初高思想政治课一体化教学的研究基本没有。

以"思政课一体化教学"为关键词进行文献检索，从文献涉及的学段看，多为大中小学思政课一体化、高中与初中思政课教学衔接或者中学德育课程一体化研究，涉及小初高思政课一体化教学的研究可谓凤毛麟角。从一体化研究的具体范畴看，多为课程设置、教材编写、教学改革、教师培养以及考核评价的全流程要素研究，涉及内容全面但缺乏针对思政课一体化教学实践的精深研究。从专注思政课一体化教学的文献看，多为以某节课为例做实践探索，缺乏大量研究数据作为支撑，也没能形成系统的教学实践路径与教学操作模型。

（2）调查研究。

经调查统计，92.4%的教师听说过"思政一体化教学"的提法，95.4%的教师认为开展"小初高思政课一体化教学研究"有必要或非常有必要，87.9%的教师认为现行思政教材中有涉及"小初高一体化教学"的内容；只有60.6%的教师在实际教学中真正关注过"思政课一体化教学"，54.5%的教师所在学校开展过"思政课一体化教学"实践。基于"课时和教学任务重，研究精力不足""各学段教师对其他学段教学内容不了解""缺少跨学段共同研究的平台"等实际困难，教师亟须研究、实施一体化教学的引领者，来系统把握小初高学情、进行思政课整体教学规划和设计。

经过文献研究与调查分析，"基于学科核心素养的小初高思政课一体化教学研究"是有研究价值的选题。

2. 行动研究，形成研究成果

课题组与小初高思政课教师一起展开行动研究，总结教与学的模式；分析教育教学中的个案和成功经验，并加以总结提炼。

目前，按照"研究示范—推广实践—分主题研究"的步骤，已组织开展4次大型区域专题研讨活动。

（1）研究示范。

由北京教育学院石景山分院思政教研室组织的"百年恰是风华正茂"小初高思政课一体化建设党史学习教育主题研讨活动，围绕"中国共产党为什么能？"这一总议题，小初高三位教师分别以《改革创新谋发展》《坚持党的领导——以脱贫攻坚伟大胜利为例》《始终走在时代前列的中国共产党》为课题，做课堂教学现场展示。小学"了解改革历程，感知改革成就"，初中"回顾脱贫历程，展现脱贫成就"，高中"回顾建党百年，推荐党史印记"，由此创设不同的教学情境。小初高分别设计了"谈变化说成就，感受改革创新的意义""交流学习成果，领悟党的初心和使命""探究党历经百年依然风华正茂的奥秘"的学习任务，各自采取启蒙性学习、体验性学习、常识性学习的学习方式。教学目标由"形成爱党爱国的美好情感"到"产生拥护党领导的思想意识"，再到"形成坚持党领导的政治认同"。在一体化教学目标的引领下，分别通过教学培养学生的道德情感，打牢学生的思想基础，提升学生的政治素养。

（2）推广实践。

为了促进石景山区思政课教师开展思政课一体化教学研究，课题组利用石景山区第二届"守正杯"思想政治教学设计与展示活动的契机，以"学习习近平法治思想，弘扬法治精神"为主题开展分学段教学研究，通过教学设计与课堂实施呈现研究成果。高中结合北京市高中教师教学基本功展示活动要求，展示课题为"法治国家"；初中和小学基于法治主题课程内容显隐结合的特点，由参赛教师自选课题进行法治教育主题展示。参加展示的教师约占全区专职思政课教师人数的26%，展示活动面向全区思政课教师开放，实现了课题研究经验的初步推广。

（3）分主题研究。

为了推进课题研究的进一步深入开展，课题组按照"中国特色社会主义和中国梦教育、社会主义核心价值观教育、法治教育、劳动教育、中华优秀传统文化教育"五大主题，把研究任务分别布置给石景山区四个小初高教育集团，从以上角度系统梳理各学段教学内容，明确教学主题与核心概念，加强教学内容的一体化研究，实现学段的纵向衔接、逐层递进。

第一次分主题尝试，以"中国特色社会主义和中国梦教育"为主题、以"圆梦奥运"为话题，小初高三位教师依据课程标准、立足学段学情，把教学目标设定为由"萌生为中国梦奋斗的责任感"到"树立理想信念，坚定四个自信"再到"形成坚持党领导的政治认同"。基于各学段的教学目标和学情实际，分别创设复杂程度不同的教学情境，设计出"谈个人梦想与追梦故事，感知中国梦的内涵""交流国家成就和青年追梦历程，领悟时代责任和历史使命""探究中华民族伟大复兴进入不可逆历史进程的原因"等由浅入深、螺旋式递进的学习任务，切实提高思政课一体化育人的实效。石景山区小初高思政课教师采取线上与线下相结合的方式全程观摩了本次专题教研活动，北京市其他区思政课教育同人近400人在线观课，课题研究经验得到进一步推广。

第二次分主题尝试，以"爱国主义教育"为主题，小初高三位思政课教师分别以"走进新时代，争做好少年""伟大时代呼唤中国精神，中国精神托举伟大梦想""中国共产党对爱国主义的弘扬与实践"为题，进行了3节微格课展示。在此前小初高思政课一体化教学研究的基础上，本次活动邀请大学思政课教师参与，以帮助我区小初高各学段思政课教师进一步加深对相邻学段、同主题教学内容的准确认识，增强对不同学段思政课的教学方式、教学目标和教学策略的理解。

四、结语

后期在进一步推广研究之后，课题组将对课题相关研究结果进行分析、整理，做进一步的总结提升。同时在区域范围内推广研究成果，提高区域小初高思政课教师基于学科核心素养的思政课一体化教学实践的施教能力，进而实现学生学科核心素养的可持续培养。

深研学情　优化情境　精准设问
——道德与法治课培育学生核心素养的有效性策略

胡洁

《义务教育道德与法治课程标准（2022年版）》明确了初中道德与法治课程核心素养，主要包括政治认同、法治意识、道德修养、健全人格和责任意识等。道德与法治教师在教学实践中如何培育初中生核心素养成为重要课题。

一、深入研究学情，准确把握教学起点，推动因材施教

（一）依据课前静态的学情分析确定学生学习起点

《义务教育道德与法治课程标准（2022年版）》要求："突出学生主体地位，充分考虑学生的生活经验。"[1]教师应以学生需求为出发点，对学情进行多角度分析，将课前静态与课中动态的学情结合起来，着力实现教学有效性与学生实际获得相统一。

课前静态学情分析是教师准确把握教材内容、明确教学内容的重要前提。只有对学生精神成长的生长点、个性发展起点及困惑点有全面、深入、科学把握，才能深入梳理教材内容层次，挖掘和拓展教学内容。在《爱在

---

[1] 中华人民共和国教育部.义务教育道德与法治课程标准(2022年版)[M].北京：北京师范大学出版社,2022:3.

家人间》原始教学设计中，教师基于对初一学生家庭生活的个别访谈，以及社会上对初中生亲子关系复杂原因的惯性认识，获得初中学生亲子关系的大致印象。据此，教师设计了如下教学过程：

【导入】以"Family"公益广告视频，引出"爱在家人间"的话题。

【教学环节一】学生分享活动："'00后'吐槽大会——爸妈的哪些行为让你'神烦'？"

学生辩一辩：爸妈为什么管那么多？我们为什么那么烦？

教师分析讲解亲子冲突的三大原因。

【教学环节二】学生讨论活动：出现冲突，我该怎么做？思考怎样才能让自己与父母的关系更和谐。

教师在讨论后讲解：沟通与传递爱的技巧和方法，如何接纳和理解父母等。

从教学设计看，原始设计以"是什么、为什么、怎么样"三段式呈现课堂教学逻辑，凸显了"知识本位"的取向。在试讲中出现两种现象：一种是就亲情之爱谈亲情之爱，陷入列举事例体会父母之爱的老套路，学生倍感乏味；另一种是课堂分享交流演变成了学生对父母"神烦"的吐槽大会。很显然，这两种现象都无益于学生的精神成长，可谓低效的学习。究其原因，就在于未能准确分析学情，仅从经验上判断猜想，缺乏科学性具体性，并未触及学生的学习成长需要、待发展的认知能力与践行指导经验等，从而影响了教学目标的制定与教学内容的取舍，迷失了教学方向。

在教学设计改进阶段，教师利用网络问卷星开展学情分析，为了通过对比发现问题，特向学生和家长均发放了问卷，调查问题包括：①你觉得父母对你最大的期望是什么？②请描述你感受最深的父母对你爱的表达方式。③你生活中亲子之间发生"碰撞"的表现是怎样的？你认为产生碰撞的原因是什么？④回忆并记录你最不能接受的家人做过的一件事，当时你最想对父母说的是什么？⑤与父母沟通解决冲突时，你都会注意哪些问题？教师通过学生卷和家长卷调查结果的对比分析，准确把握了学生进入教学前真实的状态，如通过问题②，就发现了学生对于日常的父母亲情因太熟悉而忽视、因忽视而疏于表达的问题。

(二) 依据课中动态的学情分析确定学生的真实需求

课中学情分析是从学生的视角，来发现学生学习时可能产生的困惑、问题、期望等。所谓"学生的视角"就是要善于发现学生看到但教师未看到的东西，而不是仅仅关注教师想让学生发现的东西。如在试讲中教师提出"冲突发生后，你愿意主动解决吗？"这一问题时，约 1/5 的学生表示"在冲突发生后从不愿意主动解决，又不是我的错"，约 1/3 的学生表示"有时候想主动和解，但没什么方法"，一半的学生在冲突发生后选择"直接说出来"的沟通方式，但感觉效果不太好。由课堂上一个问题生成的多样态度和认识，表明学生既需要矫正对亲子关系矛盾冲突发生原因的片面认识，又需要有效解决亲子冲突的方法指导。基于此，教学中要创设真实的问题情境，引导学生在讨论中达成共识，增强解决亲子冲突的信心和策略指导。

二、巧用学情分析结果，优化生活情境，使"教"指向"学"的需求

(一) 创设能激发参与性和趣味性的活动情境

活动情境源于现实生活，具有现实的基础与合理性。在教学环节一"体味家中爱中"，教师创设对比测试活动情境，利用学情分析中关于学生对于父母亲情的表现描述多为生病时的陪伴与照顾这一情况，设计课堂限时对比小测试："父母带给你_____的瞬间"及"你给父母带去_____的瞬间"，随机请学生自主填入"感动的、难忘的……"形容词并列举实例。创设此活动情境的目的，在于通过学生分析亲情实例过程中暴露出的问题，引导学生体悟到亲情之爱是双向的，需要亲子双方及时、经常表达。

(二) 创设具有典型性和普遍性的体验情境

教师不能把生活原原本本地照搬到课堂上，而是要根据教学任务和教学目标对真实生活情境进行加工。在教学环节二"审视反思爱"中，教师

创设情境"最近有点烦":"生活中有时不免出现一些不愉快。七年级小林同学最近有点烦:爸妈总是让我多吃点多穿点,我写作业时他们老在旁边唠叨,还总是用出其不意的家庭活动打乱我的周末计划……"此情境创设的目的,在于用生活中的小事让学生感受到家庭生活中亲子碰撞具有普遍性,进而引导学生认识到,不论亲子碰撞形式有何不同,都需要在理性分析的基础上加深理解:摩擦和碰撞的存在源于亲情之爱和父母的期待。

(三) 创设富有启发性和思考性的生活化情境

富有思想张力的情境应蕴含有价值的问题,期待和引导学生从多个视角去发现、探究,培养学生的思维品质。在教学环节三"沟通传递爱"中,教师借助试讲中学生口述的亲子冲突事件进行结构化处理,保留关键性的事实与特征,创设了亲子冲突情境:周末小林在家学习,妈妈在帮小林整理物品时,看到夹杂在其中的周测试卷上红笔标出的"53"分。小林冲过去,生气地抢回试卷说:"跟你说过了,别翻我东西。"妈妈生气地说:"你不是说这周没考试吗?""战争"一触即发……此情境看似寻常,实则聚焦了两个导火索式的问题:其一是小林妈妈该不该翻小林的东西;其二是如果你考"砸"了,会不会主动告诉爸妈。这种具有开放性的情境具有不确定性,所以更复杂。此情境的学习任务是安排学生续写结果,学生愿意基于自身生活经验对情境结果积极进行推测、分析与讨论,利于激发学生与同伴深入探究亲子冲突问题。

三、以问题引导对话,助力生成观点,促进学生思维品质发展

(一) 以典型问题激发参与,利于展开对话

教师在导入环节抛出了问题:"有人说,真实的人生皆为相遇。与谁的相遇是今生无法选择却是无比重要的相遇?"此问题清晰明了,直指亲子关系的特殊性,有效激发了学生的关注和兴趣。再如,对比小测试之后抛出问题:"你是否经常这样做呢?"再出示课前学情调查中收集的"爸妈珍视的瞬间"作比较让学生谈启示,引导学生体悟到自身的问题:对于父母的

关爱习惯了被动接受，主动表达得少。

（二）以核心问题引发共鸣，利于达成共识

"最近有点烦"的情境设置如下问题：

核心问题1：你有类似的烦心事吗？小时候遇到这种情况时，你也这么烦吗？如果父母没有唠叨或者替你安排，你想怎么做呢？这里"变"与"不变"分别是什么？

核心问题2：许多时候父母明知道我们烦，为什么还是坚持那样做？产生亲子冲突的原因仅仅是源于父母，还是也出在我们身上？

这两个核心问题旨在调动多数学生产生思想共鸣，让学生有选择地说而不仅仅是竞相"吐槽"；让学生在与同伴分享不同行为及原因的过程中反思自身的变化，而不仅仅是旁听旁观；让学生从不同角度分析产生问题原因，而不仅仅从父母身上找原因。经由教师适时引导、多角度的辩证分析，学生逐步达成共识：只有从成长过程中自身需求的变化和与父母在心智、学识、经历上存在的差异两个角度，理性认识到亲子碰撞产生的原因，才能转变一味地从父母身上找原因的片面认识，才能愿意从父母种种让人心烦的事情中正视、理解父母给予的别样的爱，进而接纳而非误会甚至反感父母的做法。

（三）以思辨问题引发思考，利于培育思维品质

在教学环节三中，围绕亲子冲突情境抛出一系列思辨性问题。如在"妈妈该不该翻小林的物品？"的问题讨论中，一开始部分学生纷纷指出妈妈的行为涉嫌侵犯小林的隐私权，这是不可忍受的越"界"行为。也有学生发出不同的声音：其实小林妈妈的本意只是帮助小林整理房间，这说明小林不自立，自理能力差。还有学生指出：小林是因为妈妈发现了自己不好的考试成绩而乱发脾气。这个问题引发的不同看法，印证了理查德·保罗关于强弱批判性思维的分类，即弱批判性思维是仅捍卫你当时想法的批判性思维，强批判性思维则是用于评价所有的主张和想法。很显然，不同的声音表现出来的是一种强批判性思维，有效激发了学生的独立思考，使课堂不被一边倒的偏执认知所控制，避免了绝对和盲从。

深度学习在高中语文课堂的实现路径

南海涛

随着《普通高中语文课程标准（2017年版2020年修订）》（以下简称《高中语文课标》）的颁布与实施，"学习任务群"理念受到广泛关注，但一线教师对于如何有效设计与实施任务群教学普遍感到困惑，由于概念不清、认识错误等原因，教学中"非语文化""浅表化"问题也随之出现，高中语文教学的特点与规律需要进一步澄清。

因此，我们开展了"深度学习导向的高中语文学习任务设计与实践策略"课题研究，力图研究深度学习作为学生核心素养发展重要路径的理论内涵与实践策略，思考、探索深度学习导向的高中语文学习任务设计与实践策略，有效落实《高中语文课标》理念，培养全面发展的人。

一、"深度学习"的内涵阐释

郭华对"深度学习"内涵的阐释是："所谓深度学习，就是指在教师引领下，学生围绕具有挑战性的学习主题，全身心积极参与、体验成功、获得发展的有意义的学习过程。在这个过程中，学生掌握学科的核心知识，理解学习的过程，把握学科的本质及思想方法，形成积极的内在学习动机、高级的社会性情感、积极的态度、正确的价值观，成为既具独立性、批判性、创造性又具有合作精神、基础扎实的优秀的学习者，成为未来社会历

史实践的主人。"❶

基于上面的阐释,我们认为:在"深度学习导向"的教学中,学生能根据当前的学习活动调动、激发以往的知识经验,对学习内容加以组织,在活动与体验中建构出自己的知识结构;在学习的过程中展开了积极的合作与沟通;能够抓住教学内容的关键特征,全面把握学科知识的本质联系;能将学到的知识迁移与应用,能在积极的认知与情感活动中收获"人"的成长。

这样的认识是我们进一步研究高中语文学习任务设计与实施策略的重要思想基础。

二、深度学习导向的高中语文学习任务的典型特征

本文的"学习任务"概念来源于《高中语文课标》,是指高中语文学习任务群背景下,学生在真实而富有意义的情境中开展的,具有代表性价值的,促进语文核心素养发展的语言实践活动。具体包括阅读与鉴赏、表达与交流、梳理与探究三类活动❷,其中既包括单元整体教学设计中的大任务与系列任务,也包括课堂教学中具体的学习任务。

深度学习导向的高中语文学习任务的典型特征可以从目标指向、启动定位、内容选择、过程策略和评价标准五个维度加以描述。深度学习导向的高中语文学习任务的目标指向学生的深度发展和"人"的成长,任务启动定位于以真实情境激发深度学习动机,任务内容指向对文本的深度理解、对学习对象的深度加工,任务策略指向调动高阶思维的探究式体验式学习等,任务评价融入学习过程,着眼于优质学习成果和真实问题解决。

上述五个维度的典型特征大致勾勒出深度学习导向的高中语文学习任务设计与实施的基本路径与可行策略,具有实践指导价值。

---

❶ 刘月霞,郭华.深度学习:走向核心素养[M].北京:教育科学出版社,2018:32.
❷ 中华人民共和国教育部.普通高中语文课程标准(2017年版2020年修订)[M].北京:人民教育出版社,2020:3.

三、深度学习导向的高中语文学习任务设计与实施路径

（一）目标与启动：指向深度发展，激发深度动机

深度学习导向的高中语文学习任务首先表现在设定指向深度发展的教学目标，即关注学科素养的发展、学习意义体悟、生命价值体认、生命境界提升，最终实现"人"的成长；而这样的目标往往与学习动机深度激发密切关联，即基于真实精准的学情设计有挑战性的探究问题，或基于需要解决的真实问题设计有针对性的学习任务，建构真实、富有意义的学习情境。

例如，我们的学习之"为己"与"为人"《论语》专题学习案例。❶ 在学习之初，教师组织学生结合《论语》相关章节完成了三项学习任务：首先，结合《论语译注》对18个章节进行翻译。其次，布置"学习小论"，让学生论述自己的学习观，大部分学生回答："我学习是为了高考考出好成绩，能上个好大学。""学习是为了找个好工作，将来有立身之本。""我认为学习对我来说很难，并不快乐。"一些学生的学习观存在偏差。最后，引导学生找出学案材料中最能共情和最无法理解的章节，大部分学生聚焦于"古之学者为己，今之学者为人"一章。通过三个层次的学前调研，教师得以充分把握学情，精准定位学生的真实问题，确定了如下教学目标：

1. 通过研读、探究、交流，能够比较准确地概括孔子"为己"之学的内涵，辨析"为己"之学与"为人"之学的关系，领会孔子关于学习修身丰富而深刻的思想，提升语言与思维素养。

2. 联系现实与自身体验，思考、领悟"为己"之学的现代意义，澄清认识，形成正确的学习观与人生观。

这样的教学目标，来自学生的真实学情，针对学生当下关注的真实问题（为何而学），着眼于指导学生辨析"为己"与"为人"等观点、思考

---

❶ 设计者、实施者为人大附中石景山学校安凯文。

学习的意义与方向、解决思想困惑，有效地激发了学生的深度学习动机，为整节课的良好教学效果打下了坚实基础，也能自然地促进学生的思维发展、心灵成长。

另一个例子是《你和你站立的地方》高三记叙文写作指导课。❶ 此课教学对象为在模拟考试中选择记叙文写作的同学，教师对学情进行了深入分析，发现学生大多能写出一个符合题意、主旨清楚的故事，但设计故事的能力不足，主要表现为不能以矛盾冲突为核心，尤其是以人物内心波澜为核心来结构作文。基于对学情的精准分析，教师确定了如下教学目标：

1. 通过揣摩、评析例文一，发现、提炼写好考场记叙文的关键知识、核心策略（通过巧妙点题、细节描写，写好内部波澜）。

2. 运用发现的写作知识与策略，评析、修改例文二，在迁移运用中内化记叙文写作知识，切实提升记叙文写作能力。

3. 深化对"你和你站立的地方"话题的认识与思考，增强责任感、使命感、奋斗意识与奉献精神。

上述教学目标，针对学生的核心问题（内部波澜不足），提炼出指向核心素养的教学目标，为实施指向深度发展的教学打下了良好基础。

（二）内容与过程：围绕深度学习对象，采用深度策略

对于高中语文教学来说，深度学习对象既指学科本质知识及思想方法，也包括可深度解读的经典文本、可多维度对比的探究学习资源等。深度学习策略则内涵更为丰富，包括指向关联结构与抽象拓展结构的学习任务、焦点呈现法等可调动高阶思维的思维工具、采用体验式学习、在协作与沟通中学习、通过迁移与应用进行学习等。❷

例如，前述《论语》专题学习案例。教师设计、实施学习任务时，始终注意精选可引发深度解读、对比探究的经典文本作为学习资源：

---

❶ 设计、实施者为北京景山学校远洋分校邵世民。
❷ 吴欣歆.高中语文学习任务群教学笔记[M].北京:北京师范大学出版社,2020：47.

【预习任务】请你对比自身的学习观,谈谈你与孔子观点的差异,提出你的困惑。

子曰:"古之学者为己,今之学者为人。"(《论语·宪问》)(译文与注释略,下同)

【任务一】请你根据以下材料及其他参考资料,尝试概括孔子认为的"学"是指学什么?有哪些含义?

子曰:"弟子入则孝,出则弟,谨而信,泛爱众,而亲仁,行有余力,则以学文。"(《论语·学而》)

【任务二】请根据学案上的相关材料进一步思考"为己"之学与"为人"之学的区别,并尝试概括两者的关系。

【相关章节】略。

【相关文献】此处只列举二则,余略。

"为己,欲得之于己也。为人,欲见之于人也。"(《四书章句集注》)

"为己,履而行之;为人,徒能言之。"(《论语正义》)

【相关探究资料】此处只举一则,余略。

"为人,务欲治人也。但学治己,则治人之用斯在。专学治人,则治己之本斯亡。若于正心修己以善自治之道不用力焉,而乃专学为师教人之艺,专学为官治人之能,不明己德,而务新民,舍其田而芸人之田,凡如此者,皆为人之学也。"(《论语集释》)

可以看出,教师设计的系列学习任务均着意指向关联结构(辨析二者关系)的学习结果,提供的是多角度精选的学习资料,相关探究文献来自有高度有深度的名家观点,均有助于启发学生对比探究"为己"之学与"为人"之学的关系,有效激发了学生的深度思考,保证了深度学习的发生。

又如,前述《你和你站立的地方》高三记叙文写作指导课。此课精选了一篇学生考场作文(见附录一)作为学习范例,组织学生探究此文在矛盾设置上的突出特点,并从中提炼出有关记叙文写作的关键知识:

【着重描写人物内心世界中的内部矛盾】希望调动工作时的犹豫不决

(辗转难眠)—下定决心（煤油的熏味儿）—反思调动工作的决定，再次犹豫（沉默）—坚定了坚守岗位的信心（敬礼）

【学科关键知识】

人物的内心波澜是记叙文矛盾冲突的灵魂所在；人物内心波澜通过有层次的、逐渐达到情绪饱和度的细节描写来呈现。

人物每一次内心的变幻都必须以活生生的、有特点的、真实的细节为基础，构成可信的逻辑。

可以看出，教师组织学生实施学习任务时，围绕精选的学习资源，着意引导学生提炼出记叙文写作的关键知识（以饱满细节突出内部波澜，塑造人物，表现主题），在深度解读文本、对比探究（外部矛盾与内部波澜）中，实现了深度学习。

随后，教师提供了精选的例文二和《守卫英阿特》学习资源，组织学生迁移运用知识修改例文二，这也是深度学习的重要一步。

【任务三】我们已经发现，例文二点题生硬，内在矛盾冲突不够明显。在不改变原文样貌基础上，应在哪些地方增加内在矛盾冲突？请选择矛盾冲突的一个层次，结合学习资料（《守卫英阿特》一文）和"修改提示"，改写或重写一个片段。

【修改提示】

(1) 注意设置内在心理冲突，制造"矛盾"，因果关系要合情合理。

(2) 注意心理冲突的层次，要使心理冲突及解决能推动情节发展。

(3) 要能体现"你"和"你站立的地方"的关系。

（三）评价：形成深度表现

最理想的深度学习表现包括融入学习过程、指向学科核心素养的评价量规，形成统整性、纵贯性的学习任务链和结构化知识体系，实现真实问题解决等。实际教学中，实现这样的深度表现也许还有难度，但至少可以追求较高的情感与认知投入、比较优质的学习成果、可迁移的学习策略的建构。

例如，前述《论语》专题学习案例，课堂上学生对"为己"之学与"为人"之学展开了比较积极深入的研讨，最终建构出对二者关系的较准确认识（见图1）。

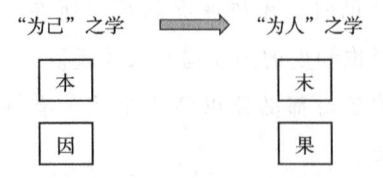

"为己"之学 ⟶ "为人"之学

| 本 | | 末 |
| 因 | | 果 |

图1 《论语》专题学习课堂板书

在记叙文写作教学课上，学生在教师的指导下，形成了较优质的例文修改成果，学科关键知识的迁移运用初见成效，学生也在潜移默化中得以厚植家国情怀，实现人格成长。

四、结语

深度学习带来学习意义体悟、内在动机激发、生命境界提升，是立德树人理念的深度落实。设计与实施深度学习导向的高中语文学习任务，有助于优化语文教学，培养学生掌握并迁移运用学科核心知识解决复杂问题、批判性思考、合作与沟通、自我指导和反馈的能力，❶使学生成长为适应时代与国家发展要求的人才。

【附录】

你和你站立的地方

（北京景山学校远洋分校2022届一班 陈子然）

"你听说了吗？村口的老严换工作了，调到城里去了！"

老计向来是不愿听村口的妇女讨论别人家事的，但这次他稍稍放慢了脚步。

"听说了。就是嫌咱这儿工资低、环境差，主动巴结领导，就去了城

---

❶ 刘月霞,郭华.深度学习:走向核心素养[M].北京:教育科学出版社,2018:19.

里了……"

老计的脚步还是慢，慢慢地走向深夜里的家。

夜静了，但老计却辗转难眠，他的耳边再次响起了几十年如一日的汽笛声——是啊！几十年了，一个工人和那站立的一个小小的圆台。清晨，他总踏着第一缕阳光出门，走上近三个小时的山路，站立在早已褪色的红白水泥圆台上，等候火车的驶过。几十年了啊，可以说，太阳升过几次，火车就经过几次；火车经过几次，他就走过几次山路，磨秃过几次鞋底。老计长长叹了一口气，为了啥？他转身看着月光沐浴下的儿子、老婆，淡淡的月光隐隐勾勒出糊满泛黄报纸的土墙——那个并不富裕的屋子。早上妇女的话又与汽笛的声音混在一处了，老计想烦了，就沉沉睡去了。

老计又站在那一方圆台之上了。火车呼啸而过，煤油的熏味儿使他惊醒。去！俺也要去找领导！

晚上回了家，老计在一旁剥着菜，儿子在写作业。余光所见——儿子的作业用笔写了擦，擦了写。老计不解，起身去看。儿子刚上小学，用铅笔在练1~9的数字写法，那"8"字儿子总是不满意。老计一看说："这8写得多圆乎啊，干吗还擦呢？"儿子头也不抬："不，爸爸，这写得不漂亮，我得再写！"老计一笑随口一说："行，你倒真认真了。"儿子转头向老计憨憨一笑，说："今天我们老师上课说了，我们要像写字一样，把每个字写好，每件小事做好，长大了就会有出息！"

老计沉默了。灯光映着那件工装，很旧的一件。

"是啊，是啊孩子！你要加油！加油吧！"

老计再看着灯火前努力写好字的孩子，灯光离得他很近，把儿子的影子照得大大的。

把一件事情做好，用一生去做好，足矣！

老计又踏着晨曦出门了。清晨的露水让圆台显得更加澄净，老计郑重踏上圆台，静穆站立许久。火车夹杂汽笛而过，如同对老计敬礼。

老计脱帽回礼，向自我回礼、向站立几十年的圆台回礼。

让学生经历过程与思考的教学实践研究

赵志国

基础教育改革的核心是"人的培养",两个方向是"立德树人"和"核心素养":立德树人是根本任务,是为谁培养人、培养什么样人的问题;核心素养是培育的目标,是怎样培养人的问题。中共中央、国务院在《关于深化教育教学改革全面提高义务教育质量的意见》中指出要坚持立德树人,着力培养担当民族复兴大任的时代新人;要坚持"五育"并举,要强化课堂主阵地作用;要按照"四有"好老师标准,建设高素质专业化教师队伍。课堂是实现这些目标和任务的主阵地,而优化教与学方式是强化课堂主阵地、提高课堂教学质量的重要保障。

一、问题提出

在实践研究前,区域学科教师教学面临着共同问题:一是缺少对教学的系统、整体研究和探索,忽视教学目标、内容、方式、评价的系统设计,忽视学科本质的东西和育人规律;二是教学方式一时难以转变,讲授占据主体地位;三是教学观念短时间内难以提升,课堂教学重知识、重结论,导致学生学习只知道"是什么"、不清楚"为什么",忽视能力和实践,忽视思维过程,学生的思维水平难以提高。

二、研究概述

从2015年9月开始，围绕教与学方式改革，课题组团队进行了较为深入的教学研究与实践。

（一）逐步实现教研方式和内容的转型，促进教研质量的提升

一是以学生的实际获得和学习力提升作为教学研究的聚焦点和着力点；二是研究领域从课堂教学的单一课题研究转变为学科课程的整体性研究；三是从个人研究向"合作共同体"式的研究方向转型；四是教研从常规向基于"以问题解决为核心"的主题研究方向转型；五是教研向"研究—实践—评展"一体化方向转型。

（二）逐步实现教与学方式的转型，促进教学质量的提升

教与学方式的转型需要由认识到实践再到转型的渐变过程，最终目标是实现以"生"为中心，体现以"学"为中心。为此课题组制定了三阶段研究规划：第一阶段，是教师先减控讲授（以下简称"控讲"）的阶段，主题为"关注学生学习过程和思维培养的教学研究与实践"；第二阶段，是设计任务型课堂阶段，主题为"让学生经历过程和思考，有实际获得的教学实践研究"；第三阶段，以单元整体教学研究为突破口，主题为"指向核心素养发展的教学实践研究"。通过三个阶段的教学研究与实践，让教师经历研究过程，不断改变教师的教学观念和教学方式，引导教与学方式转型，从而实现以"生"为中心的课堂教与学方式落地，使学生有真正的实际获得，具备一定的学习能力，为其进一步学习和终身发展奠定良好的基础。

三、研究过程

（一）第一阶段（2015—2016年），控讲型课堂实施阶段

采取研课的形式，成立以青年教师为主体的团队，将教龄5年（含）

内的青年教师全部纳入,每学期从中确定8名教师为研课教师,并为每名研课教师选聘一位指导教师。8名研课教师每学期精心研一课(包括一份教学设计、一节课堂实录、一份说课、一篇教科研论文)。研课内容与过程包括:设计初稿;指导教师进行指导;第一次集体研讨,进行修改;第二次集体研讨,进行修改;试讲,指导教师指导;正式讲,教研员评课;学期末进行集体说课展示;每学期末完成一篇教科研论文或总结。

本阶段目的是教师先控讲。每节课的教学模式:设计活动(或提供素材)与核心问题(或问题串),让学生身体动起来、头脑转起来。下面以《三个"一"的变化》一课为例说明,课例源自人教版九年级化学第一单元课题1《物质的变化和性质》,主要的教学过程见表1。

表1 《三个"一"的变化》的主要教学过程

环节	活动	问题	意图
一张纸的变化	活动1:让一张纸发生尽可能多的变化	对这些变化进行分类,你的依据是什么?	初步认识物理变化和化学变化
一根镁条的变化	活动2:将镁条折断、点燃、加入稀盐酸	哪些发生的是化学变化?观察到哪些现象?	进一步认识化学变化及其伴随现象
一瓶溶液的变化	活动3:向3支试管中倒入澄清的石灰水,分别滴加酚酞,吹气,滴加硫酸铜溶液	观察到哪些现象?这些现象能说明发生的是化学变化吗?	建立变化与现象之间的关系

本节课通过三个活动让学生动手实践,虽然第二和第三个活动是在教师的指导下完成的,但整个活动过程中学生参与其中,活动后又设计了一定思维深度的问题引发对活动的思考,从而关注学生的学习过程和思维培养。

通过2年的研究与实践,这种教学方式得到教师的普遍认可。通过活动的参与、问题的思考,逐步实现课堂向以"生"为主的模式转型,在学生的活动、思考、交流、表达中,自然就减少了教师的"讲"。

(二) 第二阶段（2017—2018 年），任务型课堂实施阶段

本阶段是实现以生为本的教学方式研究，突出学科知识的获取方式转变，能力和思维的培养，以经历过程、获取知识、形成能力、提升思维品质为研究主线。

本阶段实施的前提是，教师已经能控讲，在坚持第一阶段活动和问题设计模式的基础上，又将部分课题设计成任务型课堂，让学生参与任务的解决过程，在完成任务的同时获得知识，体现知识的应用价值。下面以《制作金属画》一课为例进行说明，课例源自人教版九年级化学第八单元课题2《金属的化学性质》，主要的教学过程见表2。

表2 《制作金属画》的主要教学过程

环节	任务	意图
认识金属的化学性质	任务1：探究金属能与哪些溶液反应	初步认识金属能与酸和盐溶液反应
制作作画的金属板	任务2：制作覆盖蜡膜的金属板	制作作画的金属板
应用性质制作个性金属画	任务3：制作金属画	进一步认识金属与酸和盐溶液反应的性质

本节课通过完成制作一幅金属画这样一个大的任务，让学生动手实践，学生有明确的目标（制作个性化的金属画）、有动力、有兴趣，经历了完整的学习过程，同时在完成任务的过程中习得了知识。

(三) 第三阶段（2019 年至今），单元整体型教学实施阶段

本阶段研究以单元整体教学研究为突破口，指向核心素养发展的教学实践研究，突出核心素养在学科教学中的落实。单元学习具体落实学科核心素养具有四个方面的特征：情境性、主体性、对话性和深度性。[1] 下面以

---

[1] 熊梅,李洪修.发展学科核心素养:单元学习的价值、特征和策略[J].课程·教材·教法,2018(12):88-90.

《地球碳循环》单元整体教学为例进行说明。本课例对人教版九年级化学第六单元、第七单元的教学内容进行了整合，共计 6 个课题，以 "碳循环" 为主线贯穿每一节课，以资料查询、实验探究、模型推理、演绎论证等为研究方法。对学生科学探究能力和科学思维的培养层层递进，渗透变化观念与平衡思想、证据推理与模型认知等学科素养。教学内容围绕二氧化碳从哪里来、又到哪里去展开，如图 1 和图 2 所示。

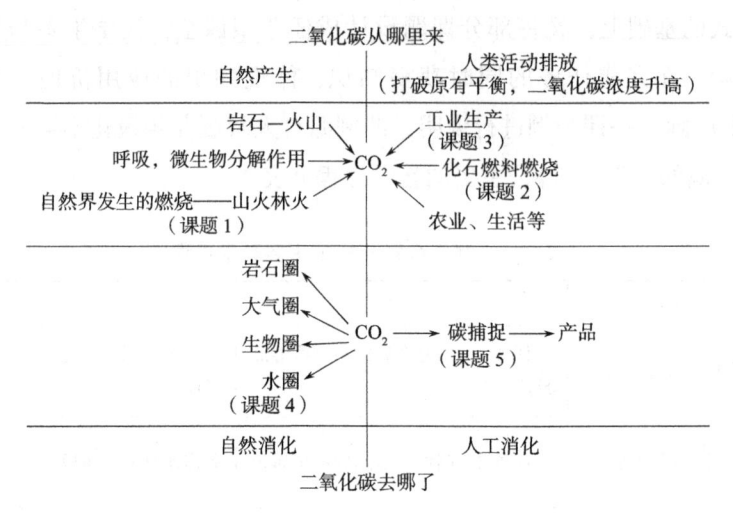

```
                        二氧化碳从哪里来
        自然产生              │      人类活动排放
                             │   （打破原有平衡，二氧化碳浓度升高）
        岩石—火山      工业生产
                        （课题 3）
        呼吸，微生物分解作用 →CO₂← 化石燃料燃烧
                                   （课题 2）
        自然界发生的燃烧——山火林火
        （课题 1）           农业、生活等

        岩石圈↖
        大气圈↖
              CO₂ →碳捕捉→产品
        生物圈↗      （课题 5）
        水圈↗
        （课题 4）
        自然消化              │      人工消化
                        二氧化碳去哪了
```

图 1　教学内容间的关系

四、研究的价值

在教与学转型的研究与实践中，我们基于核心化学知识进行教学实践研究，因为核心化学知识能够承载化学学科本质和思想方法，已经积累了 50 多节单一课题、10 个单元整体教学设计和课堂实施案例。在这个过程中，无论是青年教师还是骨干教师均积极参与研究与实践，并通过展示与交流带动区域教与学方式正在转型，教学正在走向以目标为本、以学生为本、以素养为本，从而不断增强学生未来发展需要的复杂能力。研究过程中也形成了区域学科一节好课的视角：一是情境化，二是活动化，三是合作化，四是思维化，使学生每节课都有真正的实际获得。

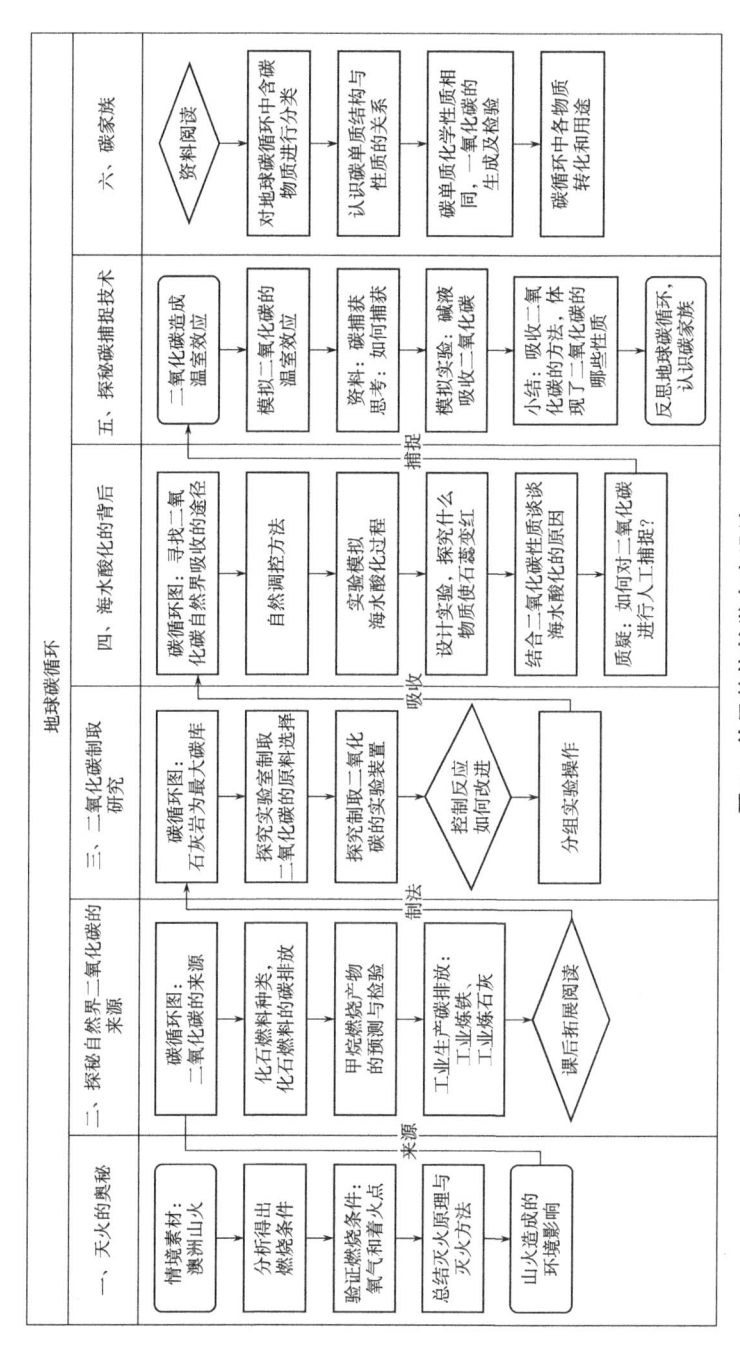

图 2 单元整体教学内容设计

第三章

大概念、大单元教学的探索与实践

《普通高中课程方案和语文等学科课程标准（2017年版2020年修订）》进一步精选了学科内容，重视以学科大概念为核心，使课程内容结构化，以主题为引领，使课程内容情境化，促进学科核心素养的落实。《义务教育课程方案（2022年版）》坚持问题导向，坚持目标导向，坚持创新导向，明确要求深化教学改革、改进教育评价、强化教研、科研的专业支撑。各课程标准针对"内容要求"提出"学业要求""教学提示"，细化了评价与考试命题建议，注重实现"教—学—评"一致性，不仅明确了"为什么教""教什么""教到什么程度"，而且强化了"怎么教"的具体指导。

针对区域教学中的真问题，区域教研和学校联动，深入研究培养时代新人的要求，围绕大概念组织和开展教学活动，以大观念、大任务、大问题统领整个学习过程，以任务为导向，以学习项目为载体，整合学习情境、学习内容、学习方法和学习资源，促进学生建立合理的学科认识框架，为学生在新情境下分析问题和解决问题奠定基础；探索大单元教学，积极开展主题化、项目式学习等综合性教学活动，促进学生举一反三、融会贯通，加强知识间的内在关联，促进知识结构化；通过表现性评价，将学生内隐的思维外显出来，使用评价量规等工具，将学生外在的行为表现诠释为他们所拥有的内在学力的评价范式，强化过程评价，着力推进评价观念、方式方法改革；推进小初高一体化教学研究，对标课程内容梳理教学内容，依据课程目标重构教学目标，落实教学建议优化教学策略；梳理符合我区学生学情的单元教学设计有效途径及实施策略，提升教师开展单元教学设计等专业素养能力，积累各模块具有代表性的单元教学设计案例，逐步形成区域单元教学设计指南，促进单元教学理念在课堂教学中的真正落实。

教研员是连接理论与实践的桥梁，和教师一起钻研课程标准、教材，以大概念、大任务、表现性评价等为依托，促进教师观念的转变，助力教学改进。教研员是问题解决的催化剂，深入学校、课堂、教师和学生之中，及时发现、分析与解决问题，促进学生学习方式的转变。"双减"教研在行动，"双减"教师在行动，区域全体教育工作者坚持守正创新，加强系统思考，为建设区域高质量教育体系而共同奋斗。

小初高思政课一体化视域下法治教育的探索

李岚　刘巍　胡洁　赵文琪

推进全面依法治国,必须重视对全社会开展法治教育、普及法治精神。教育部统一编写的义务教育《道德与法治》和普通高中《思想政治》课程标准,均明确要求培育学生法治观念(意识)素养,引导学生树立宪法法律至上、法律面前人人平等、权利与义务相统一的法治理念,将尊法学法守法用法、自觉参加社会主义法治国家建设作为共同追求和自觉行为,这为小初高思政课纵向贯通开展法治教育提供了依据。作为区域思政学科教研员,笔者引领学科教师依据课程标准,基于法治观念(意识)素养开展小初高思政课法治教育一体化教学研究,从"教什么""教到什么程度""怎么教"三方面进行了如下探索。

一、明确"教什么":对标课程内容,梳理法治教育教学内容

在基础教育阶段对中小学生开展法治教育,其目的并不是培养法律专业人才,而是使广大青少年顺应法治中国建设的要求,从小培育法治观念,养成自觉守法、遇事找法、办事靠法的思维习惯和行为方式。学法、知法、懂法是尊法、守法、用法的前提和基础,道德与法治课程标准、思想政治课程标准从"课程内容"方面,培育学生法治观念(意识)素养,对不同学段分别提出了有关法治知识和法律常识的学习要求和教学提示。

（一）基于课程内容梳理法治教育具体教学内容的必要性

依据课程标准，统编小初高思政课教材中提供了丰富的法治教育内容，共涉及《中华人民共和国宪法》和《中华人民共和国民法典》《中华人民共和国未成年人保护法》《中华人民共和国义务教育法》《中华人民共和国环境保护法》《中华人民共和国劳动法》等几十部法律法规的相关规定。但由于《道德与法治》的法治教育内容采用"分散嵌入式与法治专册相结合"的编写方式，呈现出"显性与隐性相结合"的特点；而《思想政治》的法治教育内容也具有"专题呈现与多册融入相结合"的特点，这使教师在教学中容易忽视法治教育的某些内容，错失对学生进行法治观念（意识）素养培育的时机。因此，基于法治观念（意识）素养的培养，系统梳理小初高思政课各学段法治教育具体的教学内容，有助于教师明确各学段培育学生法治素养的学理依据，精准把握各学段法治教育的教学起点和内容契合点，科学设计一体化的教学目标和活动任务，选择恰切的教学方法和策略，整体提高小初高思政课法治教育的实效。

（二）基于课程内容明确法治教育具体教学内容的基本方法

在研究过程中，笔者基于课程标准中法治观念（意识）素养的"内容要求"，对统编《道德与法治》《思想政治》教材中法治教育的主要内容进行了梳理。例如，法治观念（意识）素养均要求学生树立宪法法律至上的法治理念，课程标准根据不同学段学生的身心发展规律，从课程内容角度对各学段提出了不同要求：义务教育第一学段关注"前法治教育"，引导学生初步形成规则意识，为后续进行法治教育奠定基础；第二学段帮助学生初步知道法律能够保护我们的生活；第三学段引导学生认识法律的概念、特征及作用，初步了解宪法的主要内容及其法律地位；第四学段引导学生进一步了解宪法基本知识、地位与作用，树立宪法法律至上观念；普通高中则从建设法治中国的高度，引导学生深入理解如何坚持宪法法律至上的理念，推进法治国家、法治政府、法治社会的建设。

对标课程内容，教师便可以从各学段统编教材中梳理出培育学生宪法法律至上的法治理念的教学内容。

二、界定"教的程度"：依据课程目标重构法治教育教学目标

学生成长规律的阶段性和顺序性决定大中小学思政课课程目标必须具有递进性。中央宣传部、教育部制定的《新时代学校思想政治理论课改革创新实施方案》在"课程目标体系"中明确提出：按照循序渐进、螺旋上升的原则，立足于思政课的政治性属性，对大中小学思政课课程目标进行一体化设计。

以此为指导，道德与法治课程标准、思想政治课程标准围绕学科核心素养，确定了课程总目标和课程学段目标。应当澄清的是，课程目标是人们对于整体课程教学预期的结果，具有宏观性、统整化的特点；而教学目标则通常指的是课堂教学目标，即课堂教学活动实施的方向和预期达成的结果，具有微观性、具体化的特点。笔者认为，基于法治观念（意识）素养，重构小初高思政课法治教育一体化的教学目标，应关注以下两个方面。

（一）清晰把握课标确定的法治观念（意识）素养课程目标

关于法治观念素养，道德与法治课程标准从课程总目标角度提出：学生能够具有基本的规则意识和安全意识，理解宪法的意义，知道与学生生活密切相关的法律，能够初步认识到法律对个人生活、社会秩序和国家发展的规范和保障作用；形成宪法法律至上、法律面前人人平等的观念和权利义务相统一的观念；遵守规则和法律规范，增强自我防范意识，掌握基本的自我保护方法，预防意外伤害，养成自觉守法、遇事找法、解决问题靠法的思维习惯和行为方式，初步具备依法参与社会生活的能力。从学段目标角度，基于学生的身心发展水平，课标对法治观念素养提出不同程度的要求。

关于法治意识素养，思想政治课程标准从课程目标角度提出：理解法治是人类文明演进中逐步形成的先进的国家治理方式，全面依法治国是国家治理的一场深刻革命，明确建设社会主义法治国家的基本要求；树立宪

法法律至上、法律面前人人平等的法治理念；懂得权利与义务的关系，养成依法办事、依法行使权利、依法履行义务的习惯；拥有法治使人共享尊严，让社会更和谐、生活更美好的认知和情感。

以上阐述为培育新时代期许的具有法治观念（意识）素养的青少年描绘了一幅生动的"画像"，也为中小学思政课教师开展法治教育指明了努力方向。

（二）结合教学内容和学情对课程目标进行微观、具体的表达

小初高思政课课堂教学的时长和教学内容是有限的，法治观念（意识）素养的课程目标不可能在一节课内全部达成。这需要教师结合具体教学内容、立足学情实际，融入教学情境和学习任务，聚焦法治观念（意识）素养课程目标的某个或某些方面，以"情境+任务+预期结果"的基本范式表达课堂教学目标；按照课堂教学目标前置设计评价任务，提供证实达成教学目标的评价依据和测量工具，使教学目标有路径、可测量；在表达教学预期结果时，应同时兼顾知识目标、能力目标和情感态度价值观目标。

三、践行"怎么教"：落实教学建议，优化法治教育教学策略

教学策略是教师在特定教学情境中，为完成教学目标和适应学生认知需要而制订的教学程序、计划和采取的教学实施措施。中小学思政课教师优化法治教育的一体化教学策略，既要把握道德与法治、思想政治课程的共性特征，又要深入思考法治教育内容的独特性，以及对身心发展具有差异性的中小学生进行法治教育的特殊要求，创造性地落实课程标准提出的教学建议。

（一）兼顾法律知识的科学性和政治课程的价值性

中小学思政课开展法治教育，培育学生法治观念（意识）素养，必须引导青少年了解、掌握个人成长和参与社会生活必需的法律常识和制度，明晰行为规则。法律是一种特殊的行为规范，具有很强的专业性，法律知

识在语言表述、逻辑结构等方面非常严谨规范，这要求教师要不断完善法治教育本体知识，重点学习《中华人民共和国宪法》《中华人民共和国民法典》《中华人民共和国未成年人保护法》等进入教材内容的法律，力求语言表达科学规范、案例选取和分析典型合规，确保法律知识的科学性。

同时，法治观念（意识）是中小学思政课凝练的学科核心素养要素，具有鲜明的价值性、政治性和思想性要求。教师应有机融合法育和德育，寓价值观引导于法治教育之中，注重以法治精神和法律规范弘扬社会主义核心价值观，引导学生做出激浊扬清的价值判断和行为选择，成长为懂规矩、守规矩、有德行的现代公民。

（二）以法治案例为载体创设生动恰切的教学情境

案例教学是中小学思政课教师开展法治教育的最常用方法。这里所说的法治案例，可以是具体的法律案件，也可以是包含有问题或者说疑难情境在内的真实发生的典型性事件，其中包含有一个或多个疑难问题，以及运用法治思维解决问题的方法。

以法治案例为载体创设生动多样的教学情境，案例的选择至关重要。在选择案例时应坚持以下原则：一是贴近学生生活，既充分考虑不同学段学生的经验阅历和认知基础，又富有思想张力和可探究空间，可供学生多视角发现和研究、多维度体验和感悟、多层面探索和建构；二是价值导向积极，即选取那些能够弘扬社会主义核心价值观和法治精神，感染性强，能使学生受到深刻教育的案例；三是内容真实典型，即选取能有效地支持、服务于法治观念（意识）素养的培育，能帮助本学段学生发展依法办事能力和品格的案例。

例如，教师在《身边的国家机构》《凝聚法治共识》《法治国家》的教学设计中，基于小初高学生经验和认知，以案例为载体创设了以下教学情境：引导小学生结合熟悉的班委会的组建，联想国家的正常运转需要设立国家机构；引导初中生从"老楼加装电梯"工程入手，提供政府运用法治思维和方式解决"利益调节、资金筹集、审批流程、安装纠纷"等现实难题的案例；引导高中生透过我国在推进宪法实施、民法典编纂、环境治理、疫情防控等方面的多组"法治镜头",评议法治国家良法善治的举措及意义。上述案例情境激发了学生的认知同化和情感共鸣,有效提升了法治教育的效果。

(三) 在真实的法治实践中实现学生的知行合一

学生法治素养的培育离不开教师深入浅出的讲授,离不开学生的积极思考和主动探究,更离不开法治实践和亲身体验。中小学思政课课程标准在教学建议中均提出:走出教室,迈入社会实践活动的大课堂,将学科内容的教学与社会实践活动相结合,帮助学生在实践中扩展视野,提升能力,学以致用,知行合一。

培育学生法治观念(意识)素养的实践领域非常广泛,遍布家庭、学校、社区、社会等,教师应尽可能带领学生开展法治实践,如组织学生参加基层法院庭审、参观区禁毒教育基地展馆、为学校设计"国家宪法日"实践活动并积极参与其中等;或在课堂教学中模拟法治实践场景,将课堂教学与法治实践有机结合起来,提高中小学学生尊法、学法、守法和用法的主动性。

青少年是祖国的未来,民族的希望。加强青少年法治教育,是全面依法治国、加快建设社会主义法治国家的基础工程。开展思政课一体化教学研究,协同培育学生法治观念(意识)素养,我们一直在探索!

基于大概念的初中历史教学设计优化路径*

王洪云

大概念是指那些能够将分散的知识、技能和观念等联结成为整体，并且赋予它们意义的概念、观念。❶《义务教育历史课程标准（2022年版）》中指出，教师要围绕大概念来组织和开展教学活动，促进学生建构合理的历史认识的框架，并为学生在新情境下分析问题和解决问题奠定基础。

一、多维视角下提炼初中历史教学的大概念

历史教学中的大概念主要包括三个层次：首先是能够统领整个学习板块的大概念❷，可以帮助学生掌握长时段历史发展的基本规律和趋势，如中国古代史中的"统一多民族国家的发展"；其次是学习单元中的大概念❸，可以帮助学生梳理特定时期的发展线索，理解阶段特征，如隋唐时期可将"繁荣与开放"作为这一学习单元的大概念；最后是课时教学内容中的核心概念或重要观念，可以帮助学生建构和理解历史事件、历史现象之间纷繁复杂的联系，如世界近代史中"西欧经济和社会的发展"一课，可将"转

---

* 本文为北京市教育科学"十四五"规划2023年度一般课题"基于历史理解的初中生家国情怀素养培育的策略研究"（课题批准号：CDDB23342）的研究成果。

❶ 义务教育历史课程标准：2022年版[M].北京：北京师范大学出版社，2022：4.

❷ 同❶.

❸ 同❶.

型"作为大概念，使学生从这一视角认识中世纪晚期欧洲在生产和经营方式以及社会阶层等方面的发展与变化，理解人类社会正走向近代。

大概念的提炼路径有很多，主要包括以下几条。

(一) 依据课程标准把握大概念

学科课程标准是构建大概念的重要渠道。《义务教育历史课程标准(2022年版)》在教学建议部分明确指出了能够统领整个学习板块的大概念(详见第57~58页)，认真研读课程标准可以帮助教师准确把握各学习板块的大概念，方便后续进行单元教学设计和课时教学设计。

(二) 深入分析教材提炼大概念

统编历史教材每个单元都有单元标题和单元导语，用简练、通俗的语言，对单元的主要内容进行高度概括，突出主干知识和历史发展线索。单元标题和导语是帮助学生提炼大概念，建构学科知识体系的重要工具。除单元导语外，每课正文之前还有一段导语，简要叙述本课的主要线索，这里面也包含着一些概念。教师在进行教学设计时可以通过充分地解读单元标题和导语，以及每课的课前导语和正文子目，梳理单元和课的相关概念，并依据教材内容之间的逻辑关系，提炼核心概念，从而帮助学生实现知识的结构化。

此外，教师通过广泛而有深度的阅读，通过深入分析教学重难点以及生活价值等，都可以找寻和提炼大概念。只要是学科知识的核心，需要产生持久理解的内容，就可以作为大概念。

基于大概念的教学设计优化，可以从单元教学和课时教学两条路径进行。

二、基于大概念的单元教学设计优化路径

基于大概念的单元教学设计既可以在不打破教材原有课时顺序下将大

概念融入其中，也可以根据大概念重新组织课时。❶ 相较而言，后者更能围绕大概念展开教学。下面以统编教材七年级下册第二单元"辽宋夏金元时期：民族关系发展和社会变化"为例进行说明。

(一) 分析课标变化，把握核心

与《义务教育历史课程标准（2011年版）》相比，《义务教育历史课程标准（2022年版）》更强调"统一多民族国家发展"的历史主线，更凸显从整体上认识这一时期的社会发展与变化，如要求"通过这一时期的城市和商业发展、科技创新、文学艺术成就和对外交流，认识宋元时期繁荣的经济、文化在中国历史上的重要地位，认识中国古代的重要发明和对世界文明发展的贡献"。通过分析课标要求的变化，就可以很好地把握这一学习单元的核心，即在统一多民族国家发展的主线中认识辽宋夏金元时期的时代特点。

(二) 解读教材，确定大概念

本单元的标题是"辽宋夏金元时期：民族关系发展和社会变化"。在单元导语中提到"两宋时期，各民族之间在更大范围内交融，社会经济蓬勃发展，国内外贸易空前繁荣，科技发明取得重大成就，文学艺术硕果累累。蒙古族建立的元朝，疆域空前辽阔，各民族间交融得到进一步发展，东西方交流得到加强，对以后统一多民族国家的巩固和发展产生深远影响"。通过对照课标对照，可以提炼本单元的大概念，即民族关系发展和社会变化。

(三) 整合教材，凸显发展与变化

明确大概念之后，结合单元导语和教材具体内容，可以发现此时期民族关系的发展可以分成两个阶段，即民族政权并立时期和大统一时期，而不同阶段民族关系发展的表现是不一致的；同时整个时期在政治、经济、文化、社会生活及科技等、对外交流方面较前代都有所发展。基于以上分

---

❶ 刘徽.大概念教学：素养导向的单元整体设计[M].北京：教育科学出版社，2022：3.

析和认识，笔者指导授课教师进行了教材整合。围绕"民族关系发展和社会变化"的大概念，将原有学习单元中的8课时整合为6课时，第1课时侧重时序，整合了第6课、第7课和第10课的部分内容，主要讲解宋元时期的政权更迭，为学生后面的学习奠定基础。第2课时至第6课时围绕大概念展开，其中第2课时整合了原学习单元中的第7课、第8课和第11课中的相关内容，围绕本学习单元的其中一个大概念"民族关系的发展"展开，主题鲜明，而"政权并立时期民族关系的发展"和"国家统一时期民族关系的发展"两个阶段的划分，既体现了历史发展的时序性，又是中国古代史学习板块大概念"统一多民族国家的发展"的衍生概念。第3~6课时则分别从政治制度、经济发展、都市和文化以及科技和交通等角度总结了宋元时期的社会变化，体现本学习单元的另一个大概念"社会变化"，其中第3课时也整合了第6课和第10课的部分内容。

上述案例是在中国古代史学习板块大概念之下，提炼特定学习单元的大概念，并以此为核心整合教材内容，重新建构学习单元，设计和开展教学活动，帮助学生认识历史现象之间纷繁复杂的联系，从而实现知识的结构化。

三、基于大概念的课时教学设计优化路径

基于大概念的课时教学设计与传统的课时教学设计一样，也要对课标、教材和学情进行分析和解读，在此前提下构建概念体系，开发学习活动，形成宏观认识等。下面以九年级上册第五单元"走向近代"复习课为例进行说明。

（一）构建概念体系，识别关键问题

"走向近代"单元包括四课内容：西欧经济和社会的发展、文艺复兴运动、探寻新航路和早期殖民掠夺，分别从经济与社会、思想、世界市场的出现等角度叙述了14~17世纪的历史。通过单元标题及导语，可以定位本单元的大概念是资本主义的产生和发展。本节课是单元复习课，因此就要

在这个核心概念之下构建单元概念体系，形成对这一阶段历史的系统认知。基于以上认识，教师用"转型""发现""扩张"三个子概念串联和整合本单元重要史实，整体认识14~17世纪世界历史发展的主要特点，并根据复习课的特点设计了关键问题，帮助学生认识和理解历史事件、历史现象之间的联系以及对历史发展进程的影响，由此充分体现了复习课的价值。

(二) 立足核心素养，开发学习活动

复习课的知识容量非常大，教师必须更加精心地开发学习任务，设计具体的探究问题，更好地帮助学生提升核心素养。在本课中，教师设计了较为丰富的学习活动和层次分明的探究问题，如让学生依据新航路开辟示意图描述地理大发现的概况；依据欧洲文艺复兴简表概括文艺复兴运动的特点；依据材料说明文艺复兴与新航路开辟这两个重大历史事件之间的联系等。学生通过叙述、概括、比较、分析说明等活动，不断加深对历史的认识，时空观念、史料实证、历史解释等学科核心素养得到了很好的涵养。

(三) 锚定学习板块，宏观认识历史

本节课是一节初三的单元复习课，学生在之前已经学习完了所有中国史的内容和世界史前四个单元的内容。因此，教师在备课时就要考虑打通中国史与世界史两大学习板块，在本节课最后进行拓展提升，引导学生回忆中国史相关内容，启发学生在联系与比较中认识历史。

通过对比同时期中外历史的相关内容，学生既找到了中外历史间的联系，如明朝时期甘薯、玉米等美洲高产作物的引进与新航路的开辟密不可分，而葡萄牙攫取在中国澳门的居住权也是西方早期殖民活动的一个例证。他们还发现了同时期的中国与欧洲主要国家走上了截然不同的发展路径。随后，教师又引导学生站在九年级上册整册书的角度思考单元间的逻辑关系，认识本单元内容在书中的地位：走向近代是一个重要转折，资本主义经济产生并不断发展，人们的思想突破了封建教会的束缚，对世界的认识日渐丰富，世界市场也开始出现。从纵向看，人类的生产方式和社会形态出现了变化，人类社会逐渐从封建社会向资本主义社会过渡；从横向看，世界各地日益联结成为一个整体，互相影响，共同作用于人类历史的演进。由此学生的视野被进一步打开，原有的知识体系也得到扩充和完善。

综上，基于大概念进行教学设计可以帮助教师实现教学质量的提升，从注重知识的数量走向关注知识的质量和价值，从零散的碎片化学习走向结构化的深度学习，从注重知识学习走向关注学科核心素养培育，从注重结果性评价走向过程性评价和增值性评价。教师在教学设计时要深入思考，从多种途径提炼大概念，运用大概念对教学内容进行整合，统领整个学习过程，引导学生发现问题和解决问题，并最终形成对历史的正确认识。

基于大观念的初中英语单元整体教学设计

陈芳

《义务教育英语课程标准（2022年版）》强调要培养学生的核心素养，要"发展学生的语言能力、培育文化意识、提升思维品质、提高学习能力"[1]。要想真正落实学科核心素养，就必须解决目前初中英语教学目标扁平化、内容碎片化、过程模式化和评价表面化的问题。基于大观念的单元整体教学设计可以有效解决上述问题。大观念的单元整体教学设计是指教师基于课程标准，围绕特定主题，深入解读、分析、整合和重组教材等教学资源后，结合学生的需求，搭建起的一个由单元大主题统领、各语篇子主题相互关联、逻辑清晰的完整教学单元。[2]它是指向学科本体的语言大观念和具有跨学科特点的主题大观念的融合统一。[3]下面以北师大版义务教育教科书《英语》九年级第六单元"Role Models"为例，具体阐述如何在初中英语教学中实施基于大观念的单元整体教学。

---

[1] 中华人民共和国教育部. 义务教育英语课程标准(2022年版)[M]. 北京：北京师范大学出版社，2022：5-6.

[2] 王蔷，周密，蔡铭珂. 基于大观念的高中英语单元整体教学设计[J]. 中小学外语教学(中学篇)，2021(1)：1-2.

[3] 王蔷，孙万磊，赵连杰，李雪如. 大观念对英语学科落实育人导向课程目标的意义与价值[J]. 教学月刊·中学版(外语教学)，2022(4)：10-11.

一、基于学情分析，确定单元教学的起点和生长点

1. 确定学生学习本单元的起点

首先，学生对"Role Models"的话题比较感兴趣。其次，对人物传记类的文体有了一定的了解，能用简单的词汇和句式介绍学过的名人，如发明家达·芬奇、航天员刘洋等。

2. 挖掘单元教学的生长点

在文化意识和思维品质方面，学生对于什么样的人可以成为榜样、如何评价和学习榜样缺乏价值判断和辩证思考。在语言学习上，运用形容词、动词短语、动词不定式等描述人物、推断人物性格的能力还有待提升。在学习能力上，对于如何按照时间先后顺序描述人物与事件的能力还有所欠缺，通过事例支撑观点的能力也有待提升。

二、基于单元学习内容和语篇主题意义，建构单元大观念

1. 探究语篇背后的思想观念和文化价值，建构主题大观念

主题大观念包含在人与自我、人与社会、人与自然三大主题范畴之中，为学生学习语言和探究主题意义提供语境，并在学习内容中有机渗透情感、态度和价值观，以使学生在完成学习后能够基于主题建构并生成新的认知，解决问题的思想、方法及正确的价值观念。❶

第六单元的主题是"Role Models"，属于"人与社会"主题群下的"对世界、国家、人民和社会进步有突出贡献的人物"。*Getting Ready* 部分开启关于"榜样"的主题探究。Lesson 16 介绍了姚明的生活经历及个人品质。Lesson 17 通过三名同学的独白，介绍了各自身边的榜样。Lesson 18 介绍了 Steve Jobs 的个人成就及工作与生活经历。*Communication Workshop* 语篇讲述的是作者母亲的性格品质及其对女儿的影响。*Check Your Progress* 语篇传达

---

❶ 王蕾,孙万磊,赵连杰,等.大观念对英语学科落实育人导向课程目标的意义与价值[J].教学月刊·中学版(外语教学),2022(4):10-11.

了榜样并非完美之人的观点。*Fun Zone* 语篇引导学生思考自己可以成为怎样的榜样。

各部分内容从不同角度围绕"榜样"主题展开，逐步呈现并深化关于"榜样"的结构化认知，即"什么样的人可以成为榜样—如何学习榜样—通过努力成为他人榜样"。本单元主题大、小观念如图1所示。

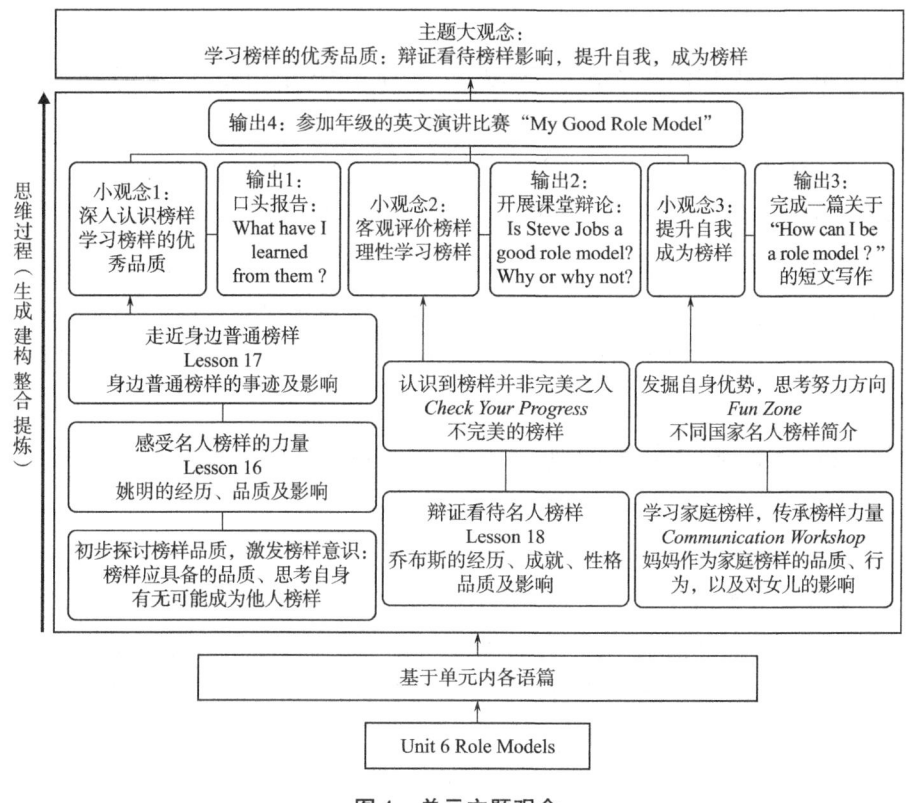

```
                主题大观念：
    学习榜样的优秀品质：辩证看待榜样影响，提升自我，成为榜样

        输出4：参加年级的英文演讲比赛 "My Good Role Model"

  小观念1：      输出1：       小观念2：      输出2：        小观念3：    输出3：
  深入认识榜样   口头报告：     客观评价榜样   开展课堂辩论：  提升自我    完成一篇关于
  学习榜样的优   What have I   理性学习榜样   Is Steve Jobs a 成为榜样   "How can I be
  秀品质         learned                     good role model?              a role model?"
                 from them？                  Why or why not?              的短文写作

  走近身边普通榜样                    认识到榜样并非完美之人      发掘自身优势，思考努力方向
  Lesson 17                          Check Your Progress        Fun Zone
  身边普通榜样的事迹及影响             不完美的榜样                不同国家名人榜样简介

  感受名人榜样的力量
  Lesson 16                                                     学习家庭榜样，传承榜样力量
  姚明的经历、品质及影响                                          Communication Workshop
                                      辩证看待名人榜样            妈妈作为家庭榜样的品质、行
  初步探讨榜样品质，激发榜样意识        Lesson 18                  为，以及对女儿的影响
  榜样应具备的品质、思考自身            乔布斯的经历、成就、性格
  有无可能成为他人榜样                  品质及影响

                             基于单元内各语篇

                             Unit 6 Role Models
```

思维过程（生成 建构 整合 提炼）

图1 单元主题观念

2. 结构化梳理单元学习内容，建构语言大观念

语言大观念指学生在学习和使用语言的过程中感知与体悟的关于语言是如何理解和表达意义的知识结构、方法策略和学习观念[1]，是辅助主题大

---

[1] JONASSEN D, BEISSENER K, YACCI M. Structural knowledge: techniques for representing, conveying, and acquiring structural knowledge[M]. Hillsdale: Lawrence Erlbaum Associates, Inc, 1993: 2.

观念建构的重要中介工具和过程载体。"Role Models"单元的语言大观念主要从语言知识和语篇知识两个维度展开。单元语言观念具体如图2所示。

3. 基于主题大观念和语言大观念，建构单元大观念

英语学科大观念是语言大观念和主题大观念的有机融合体。"Role Models"单元主题与语言观念如图3（见88页）所示。

三、基于学情和单元大、小观念，确定单元目标与课时目标

单元目标和课时目标的制订应遵循以下要点：第一，单元目标不是课时目标的简单叠加；第二，课时目标彼此之间不是割裂的，而是从不同维度来实现单元目标；第三，目标的制订要与单元大、小观念相融合。第四，应在单元教学目标的基础上，合理分配课时并细化课时目标。"Role Models"的单元目标、课时分配与各课时教学目标如表1所示。

四、践行英语学习活动观，落实教—学—评一体化设计

单元的活动设计体现三方面的理念：其一，围绕单元目标设计教学活动；其二，以英语学习活动观为引领，从学习理解、应用实践、迁移创新三个层面设计教学活动；其三，加强效果评价。通过课堂观察、评价量表等方式对学生的学习效果进行反馈，实现以评促教、以评促学的目的。本单元教—学—评一体化活动设计如表2所示。

进行基于大观念的单元整体教学设计时，首先要明确语篇分析是提炼大小观念的前提和基础。一定要认真研读语篇，根据其传递的主题意义去提炼大小观念，落实学科育人目标。其次，要正确看待大小观念与语言学习的关系。不能仅仅聚焦情感、态度、价值观，而忽略了语言学习本身。最后，要辩证处理单元整体与单元局部的关系。教师应从更上位的角度，将凌乱的知识点串成线、连成片、织成网，纳入知识结构，从而形成一个系统、完整的单元学习体系。❶

---

❶ 崔允漷. 如何开展指向学科核心素养的大单元设计[J]. 北京教育，2019(2)：14-15.

基于大观念的初中英语单元整体教学设计

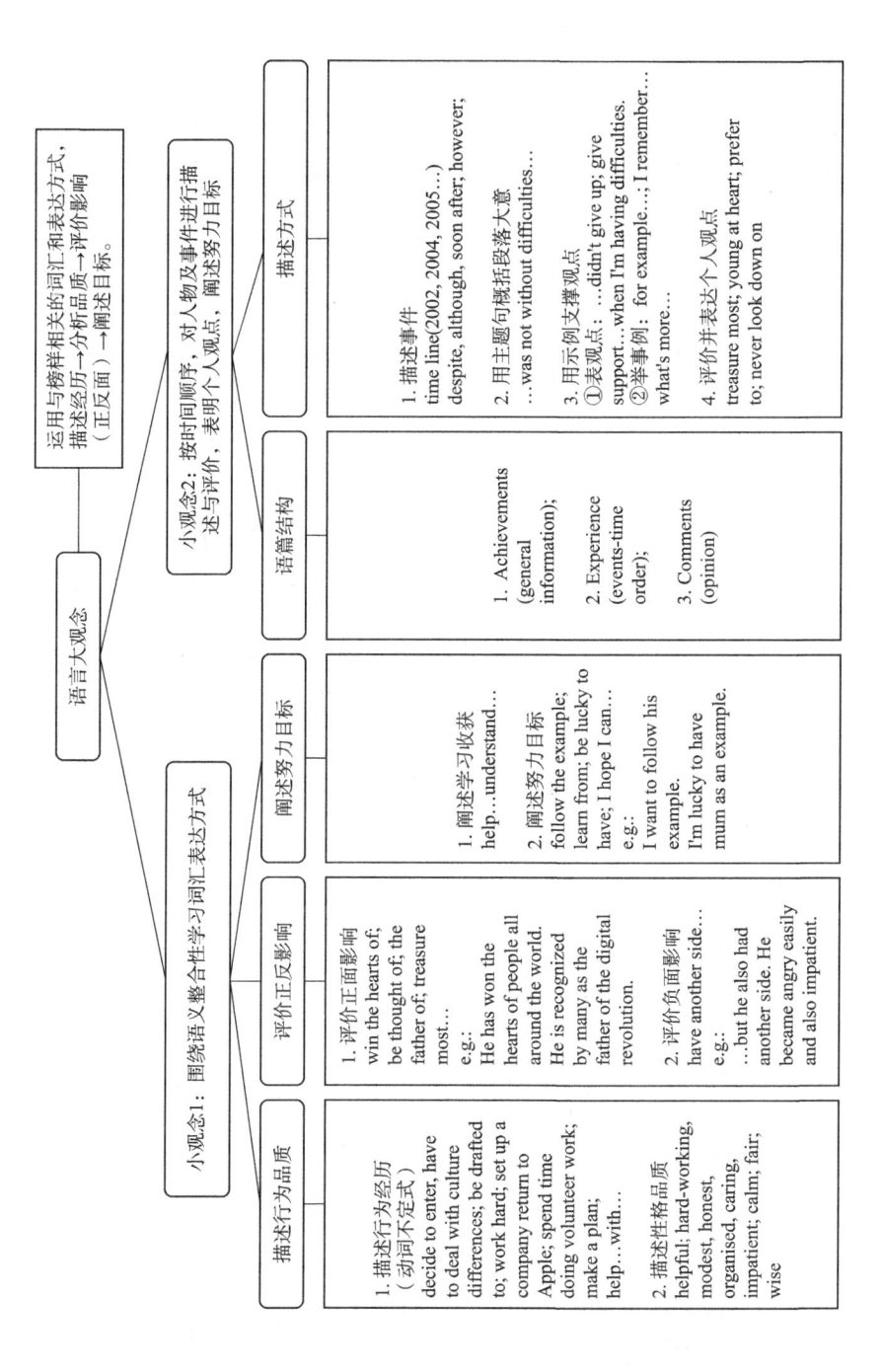

语言大观念：运用与榜样相关的词汇和表达方式，描述经历（正反面）→分析品质→阐述努力目标→评价影响。

小观念1：围绕语义整合性学习词汇表达方式

- **描述行为品质**
  1. 描述行为经历（动词不定式）：decide to enter; have to deal with culture differences; be drafted to; work hard; set up a company return to Apple; spend time doing volunteer work; make a plan; help...with...
  2. 描述性格品质：helpful; hard-working, modest, honest, organised, caring, impatient; calm; fair; wise

- **评价正反影响**
  1. 评价正面影响：win the hearts of; be thought of; the father of; treasure most...
     e.g.: He has won the hearts of people all around the world. He is recognized by many as the father of the digital revolution.
  2. 评价负面影响：have another side...
     e.g.: ...but he also had another side. He became angry easily and also impatient.

- **阐述努力目标**
  1. 阐述学习收获：help...understand...
  2. 阐述努力目标：follow the example; learn from; be lucky to have; I hope I can...
     e.g.: I want to follow his example. I'm lucky to have mum as an example.

小观念2：按时间顺序，对人物及事件进行描述与评价，表明个人观点，阐述努力目标

- **语篇结构**
  1. Achievements (general information);
  2. Experience (events-time order);
  3. Comments (opinion)

- **描述方式**
  1. 描述事件：time line (2002, 2004, 2005...) despite, although, soon after; however;
  2. 用主题句概括段落大意：...was not without difficulties...
  3. 用示例支撑观点
     ①表观点：...didn't give up; give support...when I'm having difficulties...
     ②举事例：for example...; I remember...; what's more.
  4. 评价并表达个人观点：treasure most; young at heart; prefer to; never look down on

图2 单元语言观念

图 3 单元大观念

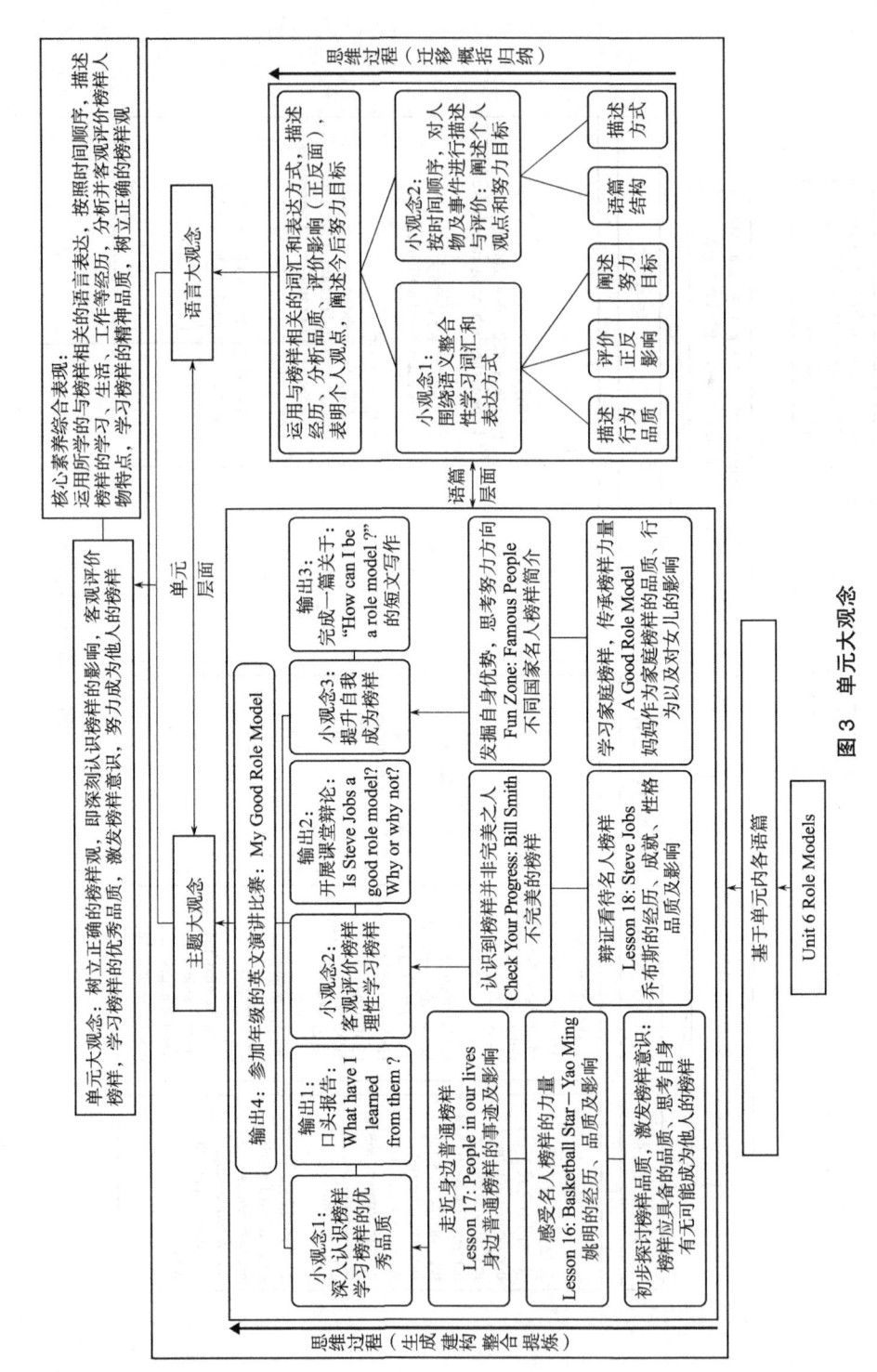

表1 第六单元的单元目标、课时分配与各课时教学目标

单元目标	课时分配	各课时教学目标
1. 分析榜样具备的优秀品质，阐述榜样对社会及他人产生的积极影响，树立向榜样学习的意识	第1课时 Lesson 16 Yao Ming	①梳理并概括 Yao Ming 的主要信息（如取得的成就、面临的困难和挑战及采取的应对措施等），知晓榜样的力量和社会影响力（对应单元目标1）；②根据事实性信息分析和评价 Yao Ming 所具备的优秀品质（对应单元目标2）；③反思自身实际情况，讨论并分享如何学习 Yao Ming 的优良品质（对应单元目标3）
	第2课时 Lesson 17 People in Our Lives	①通过听力，获取有关 Bella、Adam、Lily 等榜样的信息，并归纳他们所具备的优秀品质（对应单元目标1）；②与同伴介绍 Bella、Adam、Lily 等榜样，并分享自己身边的榜样及对自己的影响（对应单元目标2）；③感悟榜样的意义和价值，向身边的榜样学习，努力提升自我（对应单元目标3）
2. 全面客观评价榜样，表达理性学习榜样的态度	第3课时 Lesson 18 Steve Jobs	①借助人生曲线，获取 Steve Jobs 早期学习和工作经历的信息，梳理 Steve Jobs 跌宕起伏的一生（对应单元目标1）；②通过事例分析人物性格特点，归纳总结 Steve Jobs 所具备的优秀品质及存在的缺点（对应单元目标2）；③通过辩证思考"Steve Jobs 是否好的榜样"，并联系 Lesson 16 Yao Ming 及 Lesson 17 People in Our Lives，体会如何客观看待榜样，理性地向榜样学习（对应单元目标2和3）
3. 介绍自己的榜样，并阐述成为他人榜样需要的努力	第4课时 Communication Workshop A Good Role Model	①通过阅读，梳理文中 Kylie 的榜样的优秀品质及对他的影响（对应单元目标3）；②利用四格图提炼阅读文本的写作结构，完成关于榜样演讲稿的过程性写作（对应单元目标2和3）；③阐述和评价好的榜样所具有的优秀品质，并表达学习榜样、提升自己、努力成为他人榜样的意愿（对应单元目标3）
	第5课时 Check Your Progress & Fun Zone	①通过阅读，获取5位榜样人物的信息，归纳有关榜样的优秀品质（对应单元目标1）；②进一步理解榜样并非完美之人，身体有残疾、能力有障碍的人同样可以成为榜样（对应单元目标2）；③传承榜样精神，思考自己如何通过努力成为他人的榜样（对应单元目标3）

表2 第六单元"教—学—评"一体化活动设计

单元教学目标	活动设计说明	设计意图	效果评价
1. 分析榜样具备的优秀品质，阐述榜样对社会和他人的积极影响，树立向榜样学习的意识	①获取、梳理语篇信息（学习理解类活动）。 通过听读的活动（聚焦 Getting Ready、Lesson 16、Lesson 17 的语篇），学生按照事件发生、发展的时间和空间顺序，借助思维导图、时间轴、表格等可视化工具，获取榜样的事实细节信息	通过对榜样的事实细节信息的梳理，培养学生感知语言、提取文本信息的能力；引导学生深入认识榜样	根据课堂提问、小组讨论、全班分享及课后评价表等工具来评价学生个人或小组梳理出的时间轴、表格等学习成果；评价学生能否准确提取榜样的信息、分析其优秀品质及其对社会产生的影响；学生自评、互评、教师评价交错进行
	②分析、判断文本信息（应用实践类活动）。 借助问题，学生以小组为单位根据榜样的生平事迹，分析、判断榜样所具备的优秀品质，并引用文中的具体事例来支撑观点	引导学生进一步明确好的榜样所具备的优秀品质，树立向榜样学习的意识；提升学生根据事实细节信息进行分析和判断的能力	
2. 全面客观评价榜样，表达理性学习榜样的态度	③描述、阐释文本信息（迁移创新类活动）。 学生以小组为单位，讨论从榜样身上学到的品质，表达向榜样学习的意愿	引导学生深入认识榜样，并联系自身，积极思考、阐释榜样对自己的影响	
	语言小观念1和2辅助主题小观念1达成		
3. 介绍自己的榜样，并阐述如何成为榜样	④梳理、概括文本信息（学习理解类活动）。 基于 Lesson 18 Steve Jobs 和 Check Your Progress，学生能够借助时间折线图梳理名人榜样起伏跌宕的人生经历，并通过对细节的梳理，概括榜样的优秀品质及不足之处	培养学生整体获取信息的能力与概括信息的能力；引导学生认识到榜样并非完美之人，应客观理性地学习榜样	根据学生梳理的时间折线图、学生在辩论中表达的观点及所呈现的支撑事例，评价和判断学生能否理性客观地看待和学习榜样；设计课后自评表，评价学生是否形成理性学习榜样的观点
	⑤评价文本信息（迁移创新类活动）。 设计课堂辩论活动，引导学生从 Steve Jobs 性格特质的正反两方面展开阐释和辩论，进而表达自己的榜样观	引导学生表达自己对榜样的认识和理解，并在辩论中清晰表达客观理性学习榜样的观点；提升学生的批判性思维能力	

续表

单元教学目标	活动设计说明	设计意图	效果评价
1. 分析榜样具备的优秀品质，阐述榜样对社会和他人的积极影响，树立向榜样学习的意识	语言小观念1和2辅助主题小观念2达成		根据学生撰写的短文和演讲稿，判断其是否树立了正确的榜样观；设计自评表，采取学生自评、互评以及教师评价相结合的方式，评价学生能否顺利完成短文和演讲稿的写作
	⑥获取、梳理文本信息（学习理解类活动）。基于 Check Your Progress 的 A Good Role Model 和 Fun Zone 的 Famous People，学生能够提取榜样的优秀品质及其相应的事实细节信息，梳理写作的逻辑结构	为学生完成短文写作和演讲稿的写作提供内容和结构的支撑；激发学生学习榜样、完善自我，树立成为他人榜样的意识	
2. 全面客观评价榜样，表达理性学习榜样的态度	⑦起草、撰写短文和英文演讲稿（迁移创新类活动）。完成一篇题为"How can I be a role model?"的短文写作	引导学生迁移所学，完成一篇短文写作；表达向榜样学习的意愿以及提升自我，努力成为他人榜样的决心	
	达成主题小观念3和语言小观念1和2		
3. 介绍自己的榜样，并阐述如何成为榜样	⑧起草、撰写英文演讲稿（迁移创新类活动）。学习教师的范文，借助四格图梳理演讲稿的内容与结构，参加"My Good Role Model"的英文演讲比赛	引导学生迁移所学，完成一篇以"My Good Role Model"为主题的英文演讲稿的写作，表达向榜样学习的意愿以及提升自我，努力成为他人榜样的决心	
	达成单元大观念		

基于语文学习任务群的"读写结合"教学实践探索

纪秋香

语文学习任务群是《普通高中语文课程标准（2017年版2020年修订）》构建高中语文课程内容的基本组织单位，"以任务为导向，以学习项目为载体，整合学习情境、学习内容、学习方法和学习资源，引导学生在运用语言的过程中提升语文素养"❶。它超越了以往单篇教学的思维范式，更为注重语文学习的情境性、综合性和实践性，发挥语文课程促进学生核心素养发展的整体功能。紧随高中语文教学改革，教师们开展任务群教学实践，不少人感觉实施有困难。"读写结合"是我国语文教育的一种传统经验，多年来形成"以读促写""以写促读"的主要实践取向。核心素养导向下的教学改革，大家积极探讨"读写结合"在学生语文素养发展中的作用。本文以统编高中语文必修（下）第三单元为例，谈谈如何在任务群教学中渗透读写，讨论"读写结合"在当前语文教育改革中的发展态势。

一、目标追求：从"读写结合"到"读写融合"

阅读与写作是语文教学的主要活动，"读写结合"的"结合"本是相辅

---

❶ 中华人民共和国教育部.普通高中语文课程标准(2017年版2020年修订)[M].北京:人民教育出版社,2020:8.

相成，理想状态该是共生共长，而现实教学却分化成"促写""促读"各有侧重的发展。笔者曾以区域教学大赛为调研对象❶，发现课堂教学生态中的"以读促写"大大高于"以写促读"，"以读促写"是"读写结合"教学的核心主流模式，这反映出语文课以写作为中心的偏失。事实上，为了正确看待语文教学中阅读与写作的关系，语文教育前辈在20世纪初已展开讨论，叶圣陶先生多次强调"阅读的基本训练不成，写作能力是不会提高的"❷。今天在核心素养发展导向下，阅读、写作学习的内涵被更充分认识，它们不仅是语文学习的主要目标，而且是实现素养发展的过程手段。

高中语文学习任务群的课程设计，以落实立德树人根本任务，着力发展学生语文学科核心素养。学习任务群在实施层面，从学习内容到学习情境，再到学习过程与方法都强调整合，"追求语言、知识、技能和思想情感、文化修养等多方面、多层次目标发展的综合效应"❸。基于学习任务群思考读写关系，不仅不能止于"以读促写""以写促读"，也不能停于"读写结合"关联发展的层面，而是要从"读写结合"走向"读写融合"，研究真实情境下语文实践活动的特点，促进有个性的、深度的学习开展，以发展学生的语文学科核心素养。

统编高中语文必修下第三单元属于"引导学生学习当代社会生活中的实用性语文"的实用性阅读与交流任务群。"实用性语文"内涵丰富，教材在单元导语中的呼应明确，首先以"学习知识性读物的阅读方法，发展科学思维，培养科学精神"领起，要求学生建立宏观视野，认识语文学习的丰富性，阅读教材编选的四篇知识性读物，感受自然科学和人文社会科学多领域的探索与发现的同时，了解专家学者们探索与发现背后的思维方式与特点，培育自我的科学精神。随后提出具体的阅读与交流要求，以"把握关键概念和术语"为核心来突出知识性读物特点，引导学生把握文章呈现思维的路径，体会阐释说明、逻辑推理的方法，并能够运用所学探究实

---

❶ 纪秋香.独立阅读能力发展:路径与评估[M].北京:华文出版社,2017:44.
❷ 叶圣陶.叶圣陶语文教育论集[M].北京:教育科学出版社,1980:355.
❸ 中华人民共和国教育部.普通高中语文课程标准(2017年版2020年修订)[M].北京:人民教育出版社,2020:8.

际问题,表达自己的见解。显然,教材落实实用性阅读与交流任务群的学习目标,着眼于学生增强适应社会、服务社会的能力,引导学生丰富生活经历和情感体验,提高阅读与表达交流的水平。这样的学习目标追求,读写不能简单地结合,而要融于具有探究性、实践性的深度学习中,读中有写,写中有读,读写相融相生,共同指向学生语文学科核心素养的发展。

二、任务导向:从"读写后置"到"读写前置"

回顾以往的语文课堂,教师们运用读写结合开展教学,多是在课堂教学结束后或临近结束时布置读写结合活动。这种后置的读写活动往往是教师布置的作业,或意在"以读促写""以写促读",学生为掌握教师讲授的内容而完成读写活动。从形式上看,学生独立完成读写活动,实质上没有空间自主选择学习内容和学习方式。在任务群教学中开展读写活动,要从"读写后置"转向"读写前置",转变学习方式,引导学生归于学习语文的正途。

学习任务群以任务为导向,以学习项目为载体,整合性特征鲜明。学生在任务驱动下,以自主、合作、探究性学习为主要学习方式,在运用语言的过程中提升语文素养。"任务"这个关键词,突出的是"做中学",要求教师设计任务群教学首先考虑如何布置基于学生学习需要的学习任务,考虑如何将抽象的学习内容转化为有真实意义和目标的学习任务。故此,若在学习任务群中开展读写活动,前置读写活动而成为任务群教学中具有导向作用的学习任务,这是十分关键的。任务群教学之始,学生接受读写任务,他们成为完成学习任务的主体,"根据个人兴趣、能力和特长,自主选择学习内容和学习方式,学会自我监控和学习管理,探索个性化的学习方法"[1],这是学习任务群课程内容最具魅力的特色之一。

面对统编高中语文必修(下)第三单元的学习内容,不少学生感觉有些高不可及,因而缺乏学习兴趣,产生惧难而避的心理。基于学生的学习

---

[1] 中华人民共和国教育部.普通高中语文课程标准(2017年版2020年修订)[M].北京:人民教育出版社,2020:42.

现实,分析单元四篇知识性读物的内容联结点,关键是专家学者的思考特质,由此设计核心任务"像专家学者一样思考,探究自己的兴趣与爱好,阐释个人的生涯规划"。这项学习任务,重视引导学生了解专家学者们探索与发现背后的思维方式与特点,并尝试运用科学思维探究自身的现实问题,以达成该单元的学习目标。学生接到这项学习任务,思考完成任务的路径,他们知道教材所选四篇文章中藏着专家学者的思考特质,如何发现、提炼,又如何做到像专家学者一样思考,探究自己的兴趣爱好,并清晰阐释个人的生涯规划……这激起学生探究的愿望,真正意义上的学习在发生。随后,学生规划整个任务群的学习,教师可参与设计,在任务导向下,形成若干学习项目或学习板块,这是任务群教学落实的途径。

三、过程实施:从"读写训练"到"读写实践"

我国基础教育在21世纪初就掀起了以转变学习方式为主的课程改革,而今课堂教学中"学科知识逐'点'解析、学科技能逐项训练的简单线性排列和连接"[1]的现象仍然不少见。教师惯于积习,又受应试的影响,语文教学中开展的读写活动,本质上也多是基于知识与技能的读写训练。例如教学《装在套子里的人》,教师设计读写活动:要求学生写一个片段,运用讽刺手法揭露批判某一类人或某一种社会现象。这一设计以文本中的讽刺手法为教学重点,教师传授写作知识,为提高相应写作能力而训练学生。显然,这样的读写训练没有关注真实情境中的语言运用能力,缺少对学生语文素养全面发展的考虑。

学习任务群的设计以语文学科核心素养为纲,以学生的语文实践活动为主线。语文学科核心素养是在具体的阅读与鉴赏、表达与交流、梳理与探究等语文实践活动中形成与发展。任务群教学为学生创设真实、富有意义的语文实践活动情境,设计典型的学习任务,引导学生关注语言文字的运用,在这个过程中体会典型的语文学习思考过程与方法,提升自身的语

---

[1] 中华人民共和国教育部.普通高中语文课程标准(2017年版2020年修订)[M].北京:人民教育出版社,2020:9.

文学科核心素养。因此，在任务群教学中开展读写活动，本质上是开展基于语文核心素养发展的读写实践。

统编高中语文必修下第三单元的教学目标明确，设计了单元大任务，接下来的教学应关注学生需要经历的学习过程。首先，规划完成单元任务的阶段步骤及内容。其次，细化各个阶段的活动内容，设计更为具体的读写实践。例如，第一阶段的设计：

1. 阅读《青蒿素：人类征服疾病的一小步》《一名物理学家的教育历程》，请梳理两篇文章介绍的"历程"，用流程图呈现。

2. 阅读《中国建筑的特征》，请用表格呈现中国建筑的基本特征。

3. 梳理《说"木叶"》中作者提出的问题，分析这些问题与"木叶"之间的关系，请以《问题与发现》为题阐释分析。

4. 整理四位专家学者在各自研究领域中的"发现"，查阅相关文章，思考他们获得"发现"的原因。请你"发现"自身的兴趣与爱好，初步思考生涯发展的可能方向。

学生在单元任务情境中学习探究，要先了解专家学者怎样思考，才有可能尝试像专家一样思考。专家学者具有专业知识背景，走进他们的思维空间，先要了解他们在思考什么。第一阶段学习在这样的真实情境中展开，具有吸引力，学生阅读与写作都是为了做成一件事。因此，尽管读写活动不轻松，但学生乐于探究，努力理解专家学者思考内容的核心及各部分之间的联系，并按照写作的要求表达出自己的理解。当学生完成第4项读写活动时，本单元的学习已经引起他们对于观察、发现的重新思考，新的思维方式在悄悄建立。与此同时，学生在学习如何"把握知识性读物中的关键概念和术语，理清文章思路，理解文章内容"，没有刻意训练，认识与能力在提高，语文素养在发展。

四、评价方向：从"测评读写"到"促进学习"

语文课程评价以促进学生语文学科核心素养整体提升为目的，强调评价的过程就是学生学习的过程，要求教师通过评价引导学生学会学习，完善教学过程，积极开展教学评一致性的语文实践活动。然而，语文课堂教学评价的现实并不尽如人意，教师关注评价的甄别与选拔功能，为了让学生在高考中取得好成绩，为考而教、为考而评的现象非常普遍。例如，有的教师设计的"以写促读"活动，实际上就是考试答题套路的转换，学生机械重复学习，不仅学科素养发展艰难，而且学习积极性也被削弱。

在任务群教学中，评价与学习过程融为一体。单元读写任务前置，带起若干学习板块以及多样的读写小任务，多项读写评价任务相应嵌入整个任务群教学，记录学生学习过程中的表现。这样，教师既可以随着教学进程发现学生个体的学习问题而及时给予帮助，还可以在整个任务群教学后，统整学生的学习过程表现，引导学生进行全面深入的学习反思。在此，教师被自然带入一种新的评价观念中，关注学生读写学习的过程，促进学生学会学习。另外，任务群背景下的读写实践包含阅读与鉴赏、表达与交流、梳理与探究等语文实践活动，这促使教师思考学生学习语文的规律，评价活动设计思考全面、深入。如前文所述统编高中语文必修下第三单元第一阶段学习中第2项读写任务，要求学生自己设计表格来呈现中国建筑基本特征的分类。表格的"行""列"的排布、内容的填写等反映出学生确定的分类标准、据类筛选信息和概括表达等能力。教师研究读写实践活动来设计评价活动，关注文本内容理解、言语表达运用、思维方式表现等多层面，无论是设计清晰的评价量表，还是具体的表现性评价标准，都会最大化达成任务群教学的目标，落实通过评价引导学生学会学习的评价理念。

在核心素养导向下的教学改革中，"读写结合"这一语文教学中的传统概念引起大家的探讨。本文探讨读写结合与语文学习任务群教学实践之间的关系，仅是从课程实施表层简要地联系阐释。"读写结合"密切融合于语文教育活动中，包含丰富的语文教学规律，引导语文教学归于本真，我们会不断探索。

学教评一致性理念下的对数概念教学

焦锟

一、问题由来

概念是思维的基本单位，理解概念是一切数学活动的基础，概念不清就无法进一步开展其他数学活动。而学生的概念理解和应用水平也是衡量教学质量高低的最重要标准。"对数"是学生进入高中后接触的第一个完全陌生的概念，尤其是符号"log"，将对数定义中所隐含的大量演绎推理高度抽象，很多学生因此产生畏惧心理。[1] 对数概念具有典型的过程——对象的双重属性，既是一种逻辑分析的对象，又是具有现实背景和丰富寓意的数学过程。因此，仅仅从形式上进行逻辑分析显然不够，也不利于学生对对数概念的理解与把握。

《普通高中数学课程标准》（2017年版）强调要"评价改革导向，促进学生发展"，提出"学教评一致性"的教学理念。这种一致性要求教师必须分析课程、教材、学生学习情况等各种要素，实现目标设计的精准性；根据目标提供符合学生实际所需的学习材料，追求学习资源的适切性；以学习目标为依据设计评价任务，寻求以评价引领教学的一致性；从学生的最

---

[1] 赵思林. "对数"定义难学的心理分析[J]. 数学教育学报,2021,21(6):5.

近发展区考虑，选择更科学的教学方法，力求实现教学目标。[1] 基于此理念，我们以对数的概念一课为设计载体，依据"学教评一致性"的教学理念，在学生学习对数概念的不同阶段进行有针对性的测量、规划、指导，提升学生对对数的理解。

二、评价引领：先行设计课堂评价题目

依据评价先导的设计理念及《普通高中数学课程标准》（2017年版）要求，结合教育目标分类学理论层级，我们编制了如下题目用于检测学生课堂学习情况：

（1）把 $3^{-0.5} = \dfrac{\sqrt{3}}{3}$ 化为对数式是_____。

（2）$\log_2 \dfrac{1}{16} =$ _____。

（3）求使 $\log_{(x-1)}(x^2 - 8x + 15)$ 有意义的 x 的取值范围。

（4）请证明：$\log_2(MN) = \log_2 M + \log_2 N$。

（5）请你用文字语言描述一下 $\log_2(MN) = \log_2 M + \log_2 N$ 的含义。

（6）根据有关资料，围棋状态空间复杂度的上限 M 约为3361，而可观测宇宙中普通物质的原子总数 N 约为 10^{80}。则下列各数中与 $\dfrac{M}{N}$ 最接近的是（　　）（参考数据：$\lg 3 \approx 0.48$）

(A) 10^{33}　　(B) 10^{53}　　(C) 10^{73}　　(D) 10^{93}

每道题目对应布鲁姆知识与认知历程向度如表1所示。

此认知层级指导下的评测题目，基于课标，层级递进，指向本课的学生关键能力的提升。

---

[1] 陈斌颖,陈建设.高中数学教学评一致性实践探索[J].中学生数理化(教与学),2021(3):76.

表1 题目所对应知识与认知历程向度

题目	知识向度	认知向度
(1)	指对互化（程序知识）	记忆、理解
(2)	指对互化、幂的运算（概念知识）	理解
(3)	对数的概念（概念知识）	理解
(4)	指数的运算性质、对数的运算性质（概念、程序知识）	理解、分析
(5)	对数的运算性质（元认知知识）	理解、分析
(6)	指对互化、对数（概念、程序知识）	应用

三、基于评价指标，学教融合

（一）教学思路选择与目标确定

对数作为17世纪三大数学成就之一，在数学、物理和天文等多领域具有广泛的应用，是近代数学史上的重要概念。在数学史上，对数的建立是先于指数的，而在我国当代的各版本教材中，对数这一节的内容都是安排在指数函数的学习之后，主要由于对数运算与指数运算具有互逆的关系，这样的安排体现了我国数学课程内容系统、逻辑性强的特点，在认知角度总体上走概念同化之路，教学效率较高。目前，对于对数概念的教学设计思路主要分为三种：第一种是通过指数与对数之间的关系引入对数概念；第二种是以实际问题引入；第三种是以数学史、数学文化为背景进行教学设计。❶ 为兼顾学生目前认知水平与学习兴趣，我们结合了前两种思路，在关注对数应用的同时，努力向学生阐释对数产生的必要性与运算的合理性，并形成了相应的教学目标：①经历对数概念产生过程，借助指数的概念理解对数的概念，体会指数和对数之间的关系。②理解对数是一个"数"，并能进行简单指对互化。理解对数也是一种运算，进而理解对数恒等式。③通过探究大数简算的过程，感悟对数发明对于简化运算的意义。

---

❶ 吕增锋.追寻历史的足迹——对数概念教学的尝试[J].中学数学月刊,2008(11):12-14.

(二) 评价确定学习起点,问题与任务组合构建教学过程

1. 前测问题

为了能够促使学生真实体验到天文学发展中遇到的大数运算困难,锻炼学生数学运算的核心素养,体会对数产生的必要性,我们设置以下大数运算问题:

(1) 随着人类认识对宇宙的不断深入和人类社会的进步,对计算的速度和精确程度的需要越来越高。比如,需要计算其他星球离我们有多远,请同学们计算一下:$299\,792.468 \times 31\,536\,000 = ?$

(2) 计算 32×128 及 4096×8192,引导学生思考如何进行大数计算,思考是否有相对简化的算法。通过下表给出的参考数据,引导学生借助指数函数的运算法则,理解对数的运算法则,进而体会对数产生的合理性。此设计对应教学目标一。

参考数据见表2。

表2 参考数据

n	1	2	3	4	5	6	7	8	9	10
$y=2^n$	2	4	8	16	32	64	128	256	512	1024

n	11	12	13	14	15	16
$y=2^n$	2 048	4 096	8 192	16 384	32 768	65 536

n	17	18	19	20	21	22
$y=2^n$	131 072	262 144	524 288	1 048 576	2 097 152	4 194 304

n	23	24	25	26	27	28
$y=2^n$	8 388 608	16 777 216	33 554 432	67 108 900	134 218 000	268 435 000

2. 课堂教学任务设计

任务一:

请学生展示利用参考数据解决 $4096 \times 8192 = ?$ 的研究思路如下:

$$(M, N > 0)$$

$$M \times N = P$$
$$\Downarrow \qquad \Uparrow$$
$$2^a \times 2^b = 2^{a+b}$$

问题①：我们设 $N = 2^b$，请问 b 一定存在吗？若存在，能找到它吗？问题②：若 $2^b = N$，b 该如何表示？鼓励学生在分析探索的过程中学习知识，顺理成章地引出对数的概念。其中问题①从最基本的存在性谈起，引导学生体会抽象的严谨性，问题②在学生确信对数是"数"后自然地发问，引导学生体会对数符号生成的必要性，让学生感受数的表示方法的扩充是数学自身发展的需要，也是解决实际问题的需要。此任务设计对应教学目标一、教学目标二。

任务二：

依据任务一的研究结果，引导学生理解对数的概念生成过程及相关表达：一般地，对于指数式 $a^b = N$，我们把幂指数 b 又叫做"以 a 为底 N 的对数"记作 $\log_a N$，即 $b = \log_a N (a > 0, a \neq 1)$，指数和对数的各部分名称对照如下（见图1）。

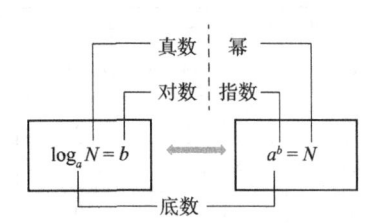

图1 指数对数互化

并依据概念生成的意义引导学生辨析确认对数表达中真数 N 与底数 a 的取值要求.

问题③：如何把下列指数式化成对数式：

$3^5 = 243$； $\left(\dfrac{1}{2}\right)^2 = \dfrac{1}{4}$； $\left(\dfrac{1}{3}\right)^{-1} = 3$； $81^{-\frac{3}{4}} = \dfrac{1}{27}$

练习与辨析活动：求 $\log_2 \dfrac{1}{2}, \log_{8.8} 1, \log_{1.5} 1.5$.

(1) $\because 2^{(\ )} = \dfrac{1}{2}$，$\therefore \log_2 \dfrac{1}{2} = ($ $)$；

(2) ∵ $8.8^{(\ )} = 1$，∴ $\log_{8.8} 1 = (\quad)$；

(3) ∵ $1.5^{(\ )} = 1.5$，∴ $\log_{1.5} 1.5 = (\quad)$．

辨析：$\log_a 1 = $ _____，$\log_a a = $ _____．

进一步强化学生对对数概念的理解。此任务设计对应教学目标二。

任务三：

为了引导学生进一步理解 $\log_a N$ 既表示"以 a 为底 N 的对数"这一结果，也表示对 N 做以 a 为底的对数运算这一过程，设计了问题④：解密 $\log_2 10$：你能在数轴上找到它吗？你能估计它的大小吗？你能计算它的近似值吗？鼓励学生从多角度（图像、估值、图形计算器辅助）理解具体对数。并通过问题⑤ $2^{\log_2 8} = ?$ $3^{\log_3 7} = ?$ $a^{\log_a N} = ?$ 引入对数恒等式。这两个问题的设置有助于学生进一步理解对数表示数的一面，从对象角度纳入学生原有的数系认知系统，同时理解它表示运算过程的一面，从整体上理解"同底数的指对运算互为逆运算"，构建其与指数运算的联系。此任务设计对应教学目标二、教学目标三。

任务四：

在认识理解具体对数的基础上，引导学生挖掘对数的运算规律，设置问题⑥：为了求出 P，原本我们需要做哪一种运算？转化后我们只需要做哪一种运算？进一步引导学生体会对数可将运算降级的本质属性，具体过程如下：

原本我们需要做乘法运算，转化后我们只需要做加法运算：

$M \times N = P$

⇓   ⇑ $\log_2(MN) = a + b = \log_2 M + \log_2 N$

$2^a \times 2^b = 2^{a+b}$ ➡   ⇓ 猜想

⇓ $\log_a(MN) = \log_a M + \log_a N$，

$M \times N = 2^{a+b}$ 其中 $(M > 0, N > 0, a > 0, a \neq 1)$

这个公式如何用自然语言表达即两个正数积的对数等于同一底数的各因数对数的和。

最后设置问题⑦：本节课你掌握了哪些关于对数的知识？经历了怎样的研究过程？对你的学习有哪些启发？引导学生回顾本节课的研究历程，

从指数、对数两个视角解读问题，从运算的联系性角度进行深层次图式，并在对比中感受对数化繁为简的作用。此设计对应教学目标二、教学目标三。

综上，基于课堂前侧问题，确定本节课的学生学习起点，对标教学目标指向，逐级设计对应的任务，构成任务群，搭建学生完成对"对数"的感知、理解、分析和应用的思维进阶阶梯。

（三）评价学生学习效果，形成课时学教评闭环

本课学习过程之后，教师设计了课堂学习效果检测题目，并对学生答题情况进行了分析和归类，发挥评价"以评促教、以评促学"的作用。具体情况见表3。

表3 学生题目正确率与典型问题举例

题目	正确率	典型问题
（1）	97%	无
（2）	100%	无
（3）	63%	72%的同学能将三个不等式列全，部分解不等式或求交集运算出错，18%的同学将$x-1\neq 1$丢掉。典型错解：$\begin{cases}x-1>0\\x^2-8x+15>0\end{cases}$，$\begin{cases}x-1>0\\x-1\neq 0\end{cases}$
（4）	78%	指对转化出错
（5）	28%的同学描述到位	典型错解描述： 两个对数真数的乘积等于同一指数各因数对数的和； log以a为底M乘N的对数等于log以a为底M的对数加log以a为底N的对数
（6）	62%	部分学生表示不知如何使用数据$\lg 3\approx 0.48$

从上述反馈数据及具体错因可以看出，通过本课学习，学生在指对互化方面理解到位，如第（1）题、第（2）题；但隐含的指对互化，运用不灵活，如第（6）题；部分学生对对数的底数不等于1还需认识消化，对数运算的法则证明总体还比较顺利，但对于本质的描述尚待加强。

四、"学教评一致"教学实践反思

本文是在新课改"学教评一致性"的理念下,关于如何开展概念教学,寻求适应学生理解的对数概念学习的一次教学实践研究记录与评析。

"学教评一致性"引领下的课堂教学要求教师具有整体教学观,系统考虑"教什么""为什么要教""怎样教""为什么要这样教""如何检测"等问题;在教学实践中对标教学目标和评价量规,精心设计问题链和任务群,并使之结构化和进阶性,保证学生认知和思维能力培养的递进。[1] 具体说,每个问题都需要精心地设计,首先要设计学习目标,并针对学习目标选择合适的学习任务和评价任务,以达到学教评的一致;其次要充分关注评价,使其贯穿整个学习过程,有序推进教学并检测学习效果。

本次教学实践从教学效果来看,基于学教评一致性理念,引导学生充分体会对数的产生和发展的必要性,理解对数的运算,以及对数和指数的关系,以最利于学生接受的方式将知识科学地呈现给学生,并依托评价,较为有效地达成教学目标。

---

[1] 陈新华,张贤金,严业安,郑柳萍."教、学、评"一致性研究展望[J].课程教材教学研究(中教研究),2021(Z6):44.

区域教研推进高中生物学单元教学的实践路径

王琼霞

随着新一轮基础教育改革的不断深化，核心素养导向的教学已成为教师开展教学设计与实施课堂教学的必然要求。高中生物学学科核心素养包括生命观念、科学思维、科学探究和社会责任。❶如何将培育与发展学生学科核心素养真正落实在课堂教学中已然成为教育同仁们关注和研究的热点问题。目前，教育界的共识是单元教学在落实学科核心素养方面具有优势，是促进学科核心素养落实的重要途径。钟启泉教授认为，"核心素养—课程标准（学科素养/跨学科素养）—单元设计—课时计划"是课程发展与教学实践中环环相扣的链环，一线教师必须基于核心素养展开单元设计的创造。❷崔允漷教授提出，教师必须提升教学设计的站位，从以往多关注单一的知识点、单一课时的教学设计转变为单元设计，改变学科知识的碎片化教学，真正实现教学设计与素养目标的有效对接。❸

从课时教学设计转变为单元教学设计对一线教师提出了较高的要求与较大的挑战。而区域教研是党的育人方针、育人目标在教学一线贯彻落实

---

❶ 中华人民共和国教育部制定.普通高中生物学课程标准(2017年版2020年修订)[M].北京:人民教育出版社,2020:4.

❷ 钟启泉.单元设计:撬动课堂转型的一个支点[J].教育发展研究,2015,35(24):1-5.

❸ 崔允漷.如何开展指向学科核心素养的大单元设计[J].北京教育(普教版),2019(2):11-15.

的桥梁，发挥着连接、引导和转化的重要作用。❶ 为保证在石景山区高中生物学课堂上能尽快落实单元教学，可以借助区域教研的力量进行统筹规划，构建单元教学探索与实践对应的教研体系，整体推进，形成教研资源共享、教研活动联动、教研成果互通的良性局面，促进单元教学的真正落实。

一、石景山区高中生物学单元教学的实施现状

单元教学需要树立整体观，从单元的高度出发统筹知识、情境、问题、活动、评价等教学要素，通过对各部分的逻辑整合，帮助学生把握表层知识背后所蕴含的学科本质与关键，发展学科大概念和培育学科核心素养。❷ 通过视导听评课、座谈、调研、教研活动等日常工作，我们发现单元教学作为一种教学模式目前已经得到石景山区高中生物学教师思想层面上的普遍认可，多数教师认同单元教学可以更好地帮助自己把握教学方向，把握教材内容，把握教学环节，促进自己在课堂教学前进行整体性规划，破解"只见树木，不见森林"的困境。单元教学也是助推学生生物学学科核心素养落地的良好策略。然而，在现实中却是除了极少数教师能够做出单元教学的相关思考与尝试之外，多数教师对开展单元教学缺乏实践探索的勇气，存在一定的畏难情绪，处于推一推才动一动的状态。他们仍按照传统的课时计划开展教学，而传统的教学设计基本都是课时教学设计，一节课的知识容量和选用的教学方法策略都非常有限，仅从课时出发进行教学设计，不可能兼顾核心素养的各个层面。❸ 甚至个别教师在教学中还存在过度解构学科知识体系的现象，将学科体系解构成孤立的知识点，针对每个知识点展开教学。显而易见，这样的教学不利于学生对学科知识的综合理解，不利于学生解决生物学问题能力的提高，不利于学生学科核心素养的提升。

---

❶ 陈红."转型—驱动"范式下区域教研管理的创新与实践[J].教育理论与实践，2021,41(23):32-34.

❷ 占小红,刘欣欣,杨笑.基于学科大概念的单元教学设计模式与类型化研究[J].上海教育科研,2022(9):75-81.

❸ 张大海.试论基于生物学科素养的单元设计[J].中学生物教学,2017(7):16-18.

此外，虽然石景山区个别教师在单元教学设计方面做了一些实践探索，也形成了一些单元教学设计的案例，但除了极个别案例能够做到单元学习目标制定精准、单元学习情境创设适恰、学习活动或任务设计恰当、评价内容与方式设定合理、学生的学科核心素养落实到位，大多数案例还不是特别理想。因此，要提升教师设计单元教学案例的能力，同时积累更多的优秀单元教学案例以形成石景山区单元教学设计优秀案例资源，为后续教师的实践提供参考与借鉴。

总之，国家从政策层面将课程目标凝练为学科核心素养，单元教学有利于培育学生的学科核心素养，而目前石景山区高中生物学教师单元教学实施现状并不理想，所以需要借助区域教研的力量推动单元教学的落实，以促进学生核心素养的全面提升，落实立德树人根本任务。

二、推进单元教学的区域教研路径

在区域教研中，通过顶层定位，找准区域教研新的生长点，由教研员及骨干教师制定整体性的规划和前瞻性的设计，构建区域推进单元教学落实的教研体系，形成具有区域特色及时效性的教研路径。

（一）开展主题教研

主题教研是教研活动的一种重要形式，持续聚焦单元教学主题开展教研是促进单元教学落实的重要途径。为确定单元教学对应的教研主题，教研工作需要以问题为导向，在确定主题之前，开展充分的调研，通过调查问卷及谈话等方式收集问题，并基于教师实践中的"真问题"，进行分类、挑选、分析、二次调研，提炼并确定对应的教研主题。

石景山区针对单元教学开展的主题教研形式包括理论学习、专家指导、主题研讨、说课汇报、研究课展示等。理论学习与专家指导可以使教师对单元教学的内涵、特征、实施策略有更深刻的领悟；主题研讨可以高效解决单元教学中的困惑和难题；说课汇报及研究课展示可以促进教师真正开展单元教学的探索。主题的设计遵循从理论到实践的原则，通过进阶性的主题不断提升教师对单元教学的关注度与参与度。我们开展过的主题教研活动主要有"关于单元教学的个人思考""新高考背景下高三复习课实施单元教学的思考""单元视角下的高二年级选择性必修2教材分析""选择性必修3生物技术与工程单元设计的思考""高一年级组内单元教学设计研讨及说课展示""《基因突变及其他变异》单元异构教学设计案例分享""《基因工程》单元教学框架设计"等。这些深层次的主题教研活动扎实推进了单元教学研究的落实。

（二）构建教研共同体

"独行速，众行远"。考虑到我区高中校数量少，有些学校高中生物学教研组只有3位教师，每位教师负责一个年级的教学任务，而高中生物学的教材包括2本必修、3本选修，《普通高中生物学课程标准》中涉及10个大概念、31个重要概念、118个次位概念[1]，围绕课标中的概念开展单元教学的探索与实践可谓是一项大工程，并且一个单元教学设计包括单元教学设计和单元下的各课时教学设计，单单依靠一个人的力量是比较难实现的。所以，可以构建区域教研共同体，形成合力，推进单元教学的探索与实践。可采取教研员统筹安排、教师自愿结队等方式，使教师与教师连接成线，学校与学校之间连接成网，构建全体高中生物学教师参与的教研共同体，激发教师的内驱力，激活教师的思维，促进单元教学的落实。

教研共同体可以优化单元教学的教研内容及方式，形成优化的教研形态，提升教研的效度。例如，石景山区参加工作5年以内的教师，大多是硕士及以上学历，这个教师群体的理论学习能力普遍较强，但是课堂教学经验还称不上丰富，故可以安排此类教研共同体在骨干教师的指导下多开展单元教学涉及案例的分析与讨论等活动；对于高三年级教师形成的教研共同体可以在复习课的单元教学方面多展开研究与探索。教研共同体的成员之间要相互协作、资源共享、优势互补、共同展开相关研究、探索与实践。

---

[1] 中华人民共和国教育部制定.普通高中生物学课程标准（2017年版2020年修订）[M].北京:人民教育出版社,2020:12-31.

（三）组织微课题研究

要通过微课题研究不断推进单元教学的探索与实践。要围绕石景山区单元教学落实中存在的相关问题，鼓励教师进行相应的微课题研究。这种微课题不必经过教育科研机构的认定。教师通过提出问题、预设目标、设计步骤、文献学习、实施研究、总结反思以破解单元教学中的难题，通过课题研究加深对单元教学的领悟，有效推进单元教学的落实。石景山区教师开展的相关微课题研究包括单元学习目标的精准制定，单元教学设计的一般流程，单元学习评价活动的方式和类型，某个概念的单元教学设计与实践等。此外，微课题还为教师营造了可持续的学习机制，教师们通过微课题真正体验和掌握教研科研的方法，不断蕴积灵动的教育智慧，提升专业素养和能力，落实单元教学，达成"以研促教"的愿景。

微课题研究具有"见效快"的特点，其成果还可作为后续研究的基础。例如，微课题"单元教学设计一般流程"的研究成果——单元教学设计流程（见图1），就可以帮助教师完成后续的单元教学设计及实践，推进单元教学的课堂落实。同时，通过后续的实践也可以对此流程进行必要的调整和完善。

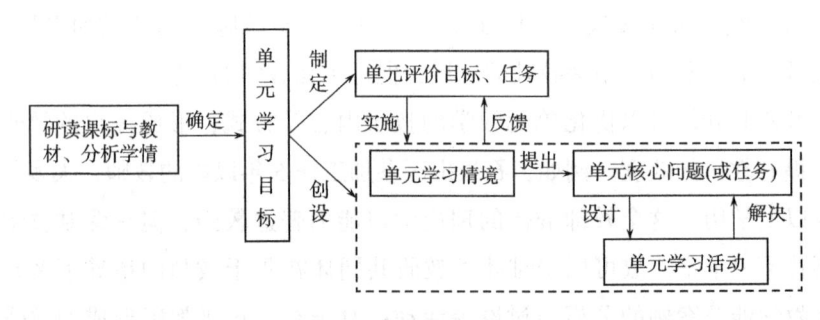

图1　单元教学设计流程

此外，随着研究的不断推进，还可以开展更符合研究时段的微课题研究。例如，实施单元教学策略对学生核心素养落实效果的评价研究，为单元教学的效果提供证据支持，也可推进单元教学的进一步落实。

（四）创建激励机制

激励机制可促进教师参与单元教学实践研究的主动性。例如，区域教研层面可以搭建市、区现场会、研究课或说课汇报等展示平台；推荐优秀单元教学设计案例和论文参加各级评比活动；聘请围绕单元教学开展研究并形成一定成果的教师作为教研活动主讲人，与其他教师交流、探讨；对在区域单元教学探索与实践中做出突出贡献的教师颁发荣誉证书，并公开表扬等。这样的激励机制一方面可以固化教师的研究成果，另一方面可以提升教师的职业成就感，并可进一步激发其潜能，提升创新能力，为单元教学的落实助力。

三、反思与展望

通过区域教研的统筹，借助上述的几条路径，石景山区高中生物学的单元教学探索与实践实现了"快步走"。目前，初步探索出了符合石景山区学生、学情的高中生物学单元教学设计、有效途径及实施策略，提升了教师开展单元教学设计等专业素养能力，积累各模块具有代表性的单元教学设计案例。随后，我们还将进行立足区域学科教学发展的系统化、结构化的提升与整合，形成区域单元教学设计指南，为后续的研究搭建支架，形成资源的传承，继续发挥区域教研的统筹化优势以及优质资源的辐射引领作用，促进单元教学理念在石景山区高中生物学的课堂教学中真正落实。

总之，区域教研在推进课程改革、指导课堂教学、引领教师发展、服务教育决策中具有不可替代的作用，对于促进区域教育主体的发展和教育质量的整体提高具有重要意义。

高中化学大单元教学设计与实践

王晓军

《义务教育课程方案（2022年版）》指出：探索大单元教学，积极开展主题化、项目式学习等综合性教学活动，促进学生举一反三、融会贯通，加强知识间的内在关联，促进知识结构化。以学科核心素养及其进阶的发展为目标，大单元教学真正实现了由碎片化的知识学习到任务达成的整体性学习，引领教师的教学设计思维完成从课时到单元、从关注"教"到关注"学"的转变，保证学科核心素养真正在课堂教学中落地。[1]

一、系统规划大单元教学主题与课时

普通高中化学课程由必修、选择性必修和选修三类课程构成。教研员结合区域学生实际，系统设计必修和选择性必修课程的学习顺序，进行高中三年整体规划，制定每一册教材的整体课时建议，细化每节的教学内容与建议。

---

[1] 袁君亚,陈林.大单元教学区域实施情况的问卷调查[J].化学教学,2022(10)：24-28.

二、围绕大概念凝练学习目标

高中化学必修课程围绕元素化合物、概念理论两大板块构建课程内容，元素化合物既是概念的认识素材，通过典型的元素化合物知识完成概念或模型的建构，又是概念的认识对象，在认识元素化合物的过程中，促进概念的结构化，实现学以致用。系统梳理人教版必修教材前5章的教学内容，明确其核心是通过科学探究等方式完善物质类别认识模型，建构价类二维认识模型和周期律认识模型，进而确定大单元主题：基于模型和科学探究认识物质的性质与反应规律，其大单元架构如图1所示。

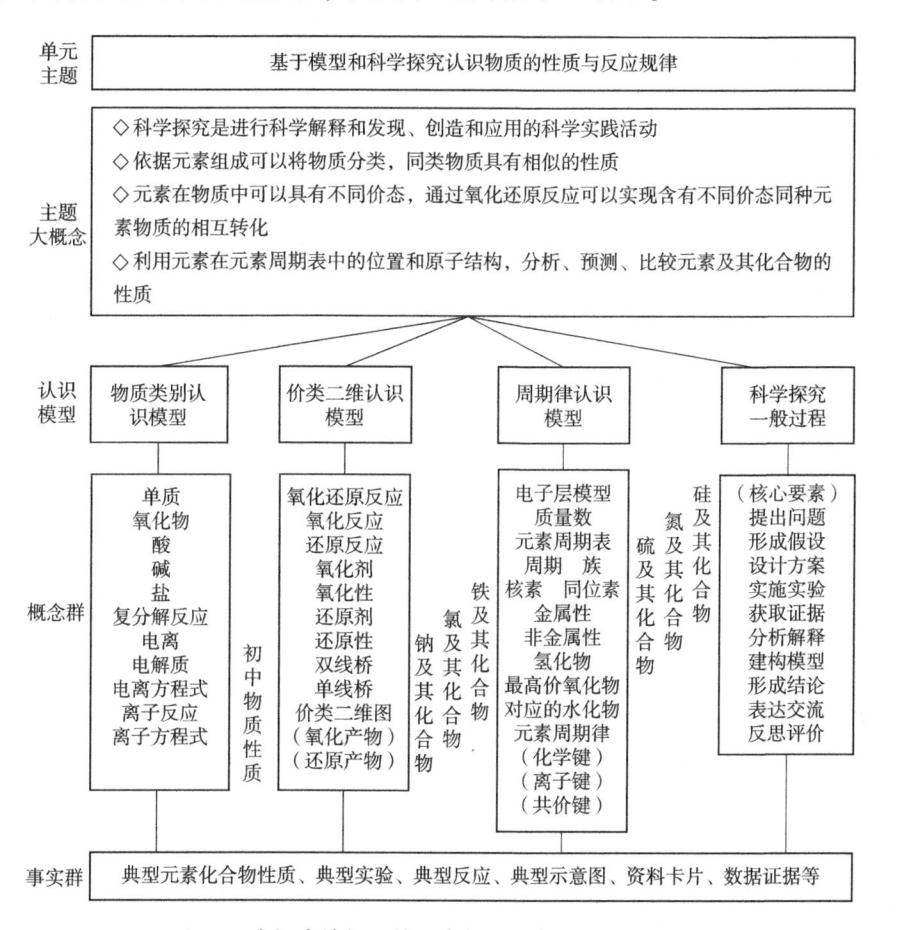

单元主题	基于模型和科学探究认识物质的性质与反应规律
主题大概念	◇科学探究是进行科学解释和发现、创造和应用的科学实践活动 ◇依据元素组成可以将物质分类，同类物质具有相似的性质 ◇元素在物质中可以具有不同价态，通过氧化还原反应可以实现含有不同价态同种元素物质的相互转化 ◇利用元素在元素周期表中的位置和原子结构，分析、预测、比较元素及其化合物的性质

认识模型	物质类别认识模型	价类二维认识模型	周期律认识模型				科学探究一般过程
概念群	单质 氧化物 酸 碱 盐 复分解反应 电离 电解质 电离方程式 离子反应 离子方程式	氧化还原反应 氧化反应 还原反应 氧化剂 氧化性 还原剂 还原性 双线桥 单线桥 价类二维图 （氧化产物） （还原产物）	初中物质性质	电子层模型 质量数 元素周期表 周期 族 核素 同位素 金属性 非金属性 氢化物 最高价氧化物对应的水化物 元素周期律 （化学键） （离子键） （共价键）	铁及其化合物 钠及其化合物 氯及其化合物	硅及其化合物 氮及其化合物 硫及其化合物	（核心要素） 提出问题 形成假设 设计方案 实施实验 获取证据 分析解释 建构模型 形成结论 表达交流 反思评价
事实群	典型元素化合物性质、典型实验、典型反应、典型示意图、资料卡片、数据证据等						

图1 大概念统领下的元素化合物大单元教学架构

三、通过大任务整合教学活动

以元素化合物中的"铁及其化合物"为例开展大单元教学设计与实践,"铁及其化合物"不只是一些结论性的知识,更是培养学生用化学的视角、知识和技能认识世界、改造世界和创造世界的"土壤",其在大单元教学中的核心价值是作为价类二维模型的认识对象。教学重难点体现在以下几方面:从物质类别、元素价态的角度,依据复分解反应和氧化还原反应规律,预测铁及其化合物的化学性质和变化,设计实验进行初步验证,并能分析、解释有关实验现象。

必修课程5个主题中的3个主题都建议以补铁剂为情境素材开展教学,补铁剂这一情境素材可以同时承载"物质成分的检验""金属及其化合物的性质与应用""实验及探究活动"等内容。已有研究和2019年鲁科版教材"必做实验:补铁剂中铁元素价态检验学生"均选取以亚铁盐作为有效成分的补铁剂开展探究活动,从氧化还原角度揭示"维生素C与本品同服,有利于本品吸收"的科学本质。生活中的补铁剂,却不止亚铁盐一类,从熟悉的铁的单质(铁锅炒菜补铁)、铁的盐(二价为主)、铁的氢氧化物和氧化物到陌生的FeOOH等物质,既涵盖高中铁及其化合物的常见类别又有所发展。将补铁剂这一大任务拆解为1个课前任务和13个课上任务,如表1所示。

表1 铁及其化合物教学任务设计

课前任务:设计一款补铁剂并说明理由
任务1:尽可能用更多的方法,鉴别自己制备的4种补铁剂
任务2:实验探究铁盐和亚铁盐的性质
任务3:鉴别极稀的铁盐和亚铁盐溶液
任务4:归纳认识物质的角度
任务5:检验市售某二代补铁剂含铁物质所属类别
任务6:从定量角度优化自制补铁剂
任务7:通过定量计算分析铁粉作补铁剂是否合适

续表

课前任务：设计一款补铁剂并说明理由
任务8：用尽可能多的方法，制备第一代 $FeSO_4$ 补铁剂 任务9：分析第二代补铁剂琥珀酸亚铁的优点，设计实验验证 任务10：设计第三代补铁剂的内核：FeOOH 的制备方案
任务11：利用所学知识，在覆铜板上刻画校徽（尝试将问题分步） 任务12：设计流程实现 $FeCl_3$ 刻蚀废液的再生和铜单质的回收 任务13：结合铜元素的价类二维图，寻找新的刻蚀液并通过实验验证

通过课堂观察和对话，教师可以对少数学生学习的"当下"进行实时评价，如何开展面向全体学生的过程性评价，需要教师贡献智慧。教师可以通过设计"课堂评价量表"，让学生更多地进行自评与组内互评，对每一名学生学习的"当下"开展实时评价与记录。通过完整记录全体学生的思维"当下"，可以更好地了解全班学生认知的平均水平；通过对班级平均水平与教师预估水平的比较，指导教师进行教学改进；通过对高阶思维水平学生的持续追踪，寻找高阶思维的有效培养路径，促进"中等生"思维的进阶发展；通过对低阶思维水平学生的课后辅导，促进学困生的学习。补充设计的第三课时的课堂任务评价量表如表2所示。

表2　第三课时课堂任务评价量表

任务8（满分3分）：从物质类别角度制备 $FeSO_4$ 且方程式正确1分；从+3价铁制备 $FeSO_4$ 且方程式正确1分；从0价铁制备 $FeSO_4$ 且方程式正确1分
任务9（满分2分）：预测琥珀酸根有一定的还原性或对胃肠道刺激小1分；实验设计合理1分
任务10（满分7分）：正确分析FeOOH铁元素的价态1分；方案设计合理1分；流程图2分；抗坏血酸作用1分；方程式2分

四、依托试题能力指标优化作业与检测

基于北京高考要求、文献研究和我区学生实际，从知识、思维和实践三方面构建区域高中化学试题能力，简化表述为：辨识回忆、概括关联、

分析推理和综合应用四个能力层次，能力复杂层次依次增高。参照王薇[1]的问题解决能力课堂评价框架体系，界定各层次的评价要点和外显行为特征（如表3所示）。从指向具体知识的辨识回忆和概括关联能力到指向思维的分析推理能力，最终到解决问题的综合应用能力，区域试题能力指标的建构旨在为作业与命题提供统一标准，进而优化作业与检测。

表3 区域关键能力指标

层面	指标	评价要点	外显行为特征
实践	综合应用	能对问题解决的过程和结果做出审视反思； 能对问题解决的整体思路做出概括总结； 能正确运用方法解决问题	能说出解决问题思路方法的改进之处并进行优化； 能说出问题解决的整体思路； 能正确运用方法解决问题
思维	分析推理	能进行严谨的逻辑推理； 能提出假设的问题解决思路	能进行严谨的逻辑推理（学科模型、公式推导等）； 能在特定条件下，形成一个解决问题的合理思路
知识	概括关联	能在已知和目标要求之间建立正确的逻辑关系； 对复杂情境问题进行简化，提炼出实质性要求； 能从诸多背景信息中抽取有用信息； 能梳理问题背景中包含的所有信息	能依据问题的实质性要求，确定所需知识或方法； 能用简洁的语言说出复杂问题的目标要求； 能剥离出有用信息； 能标记出问题背景中的所有已知条件
	辨识回忆	能识别所给简单信息是否正确并说明原因	能识别所给简单信息是否正确并说明原因

---

[1] 王薇.问题解决能力的课堂评价框架设计与实践范式[J].中国考试,2021(10)：51-60.

五、展望

区域教研以工作室、基地校和课题研究为抓手，积极推进学校教研、校间教研和校本教研，在特级教师的引领下，市区骨干教师牵头推进工作，确定大单元主题与课时，围绕大概念凝练学习目标，明确该主题的大概念及其外显行为特征，进而确定主题大任务和具体的课时任务，依托区域试题能力指标设计前后测，开展"教、学、评"一体化的设计与实践，大家集思广益，持续进行大单元教学设计、实践与反思，为提质增效贡献化学学科的智慧。

第四章
综合提升学科关键能力的策略探索

随着新课改的不断深入，学教评一致性理念越来越受到各方关注。在新课程标准中，学教评一致性是一个重要的教育原则，它是指在课程设计、教学实施和评价过程中，教师应该确保教学目标、教学内容、教学方法和教学评价之间的一致性，从而使学生的学习成果、教师的教学效果和教育评价的结果相互匹配、相互印证，提高学习效果和质量。学教评一致性理念的核心是"以学生为中心"，即教学质量的最终评价应该是基于学生的学习成果和发展。学教评一致性理念的提出为学生和教师之间的互动和评价建立了更加科学和规范的标准。在实现这一理念的过程中，需要教师和学生共同努力，注重全面发展和个性化需求，建立科学严谨的评价制度，从而促进学生的综合素质和教师的教学水平不断提高。

本章从学教评一致性角度出发，以具体课堂教学为基本切入点，展现了各位研修员对课堂教学及评价的真实理解与相应表征，为提升一线教学的实际教学及研究提供了一定的范本支撑，具有较强的对真实教学的指导意义。

在本章的文章中，有关注中华传统文化在教学中具体融入方案的，有以"本草"为媒介加强艺术探索的，均体现了对文化自信教学的具体实践。而对学科关键能力的探索上，有运用表现评价方式、运用整体观发展符号意识的尝试，也有制定量化评价指标，从学教评一致性角度展开研究的探索。

　　本章内容是在真实教学环境中经过调研、分析、实施、反思建构后形成的，体现了一线研修员对于课程标准与核心素养、关键能力在具体教学中落实问题的基本观念与重要实践，为后续相关教育教学工作提供了重要的经验与素材。

浅谈中华优秀传统文化在幼儿园教育活动中的融入

王玉美

中华优秀传统文化博大精深，凝聚着中华民族自强不息的精神追求和历久弥新的精神财富。弘扬优秀传统文化、创新发展优秀传统文化是新时代的要求。党的十九大报告强调要"深入挖掘中华优秀传统文化蕴含的思想观念、人文精神、道德规范，结合时代要求继承创新"。2017年中共中央办公厅、国务院办公厅印发的《关于实施中华优秀传统文化发展工程的意见》，提出将中华优秀传统文化全方位贯穿于"启蒙教育、基础教育、职业教育、高等教育、继续教育各领域"。2019年发布的《北京市大中小幼一体化德育体系建设指导纲要》系列文件的要求，推进了中华优秀传统文化融入幼儿园教育的实践研究。

一、中华优秀传统文化融入幼儿园教育的意义和价值

加强中华优秀传统文化教育，关系中华民族的"根"之所系与"魂"之所牵，关系中华民族共同坚守的理想信念，是中华民族共同培养的民族精神的重要源泉。[1]"蒙，昧也。物生之处，蒙昧未明也。"幼儿期正处于从

---

[1] 教育部课题组.深入学习习近平关于教育的重要论述[M].北京：人民出版社，2019:237.

混沌蒙昧到逐渐清朗的最初发展过程之中，对文化的吸收力、储存力极强，在个体生命的早期让中华优秀传统文化独一无二的理念、智慧、气度和神韵成为根植幼儿内心深处的精神血脉和文化素养，激发幼儿内心深处最早的文化自信和民族自豪，这是幼儿教育即人生发展关键期教育的灵魂所在。❶ 传承中华优秀传统文化是幼儿教育落实"立德树人"、奠基"文化自信"的基础工程。

二、精选幼儿园优秀传统文化教育内容的原则

幼儿园教育活动在选择具体的中华优秀传统文化内容时，应基于幼儿的年龄特点、已有经验、兴趣爱好和发展需要，对传统文化内容进行充分挖掘与整理选择，实现课程内容的有机联系和科学整合，凸显民族性、启蒙性、童趣性、科学性。❷

民族性：为幼儿选择的传统文化教育的内容应体现民族特色，弘扬中华优秀传统文化，能够激发幼儿民族自信心和自豪感。

启蒙性：为幼儿选编内容必须符合幼儿的知识经验和认知发展水平，是最基本、入门式的传统文化教育，为以后的学习和发展奠定初步的基础。

童趣性：为幼儿选择的传统文化教育内容要符合幼儿的生理心理特点，富有童趣，为幼儿喜欢。

科学性：为幼儿选择传统文化教育活动内容必须符合科学原理，应从自然界的整体出发，根据客观规律正确解释周围生活中的自然现象和自然物，有利于幼儿形成正确的概念和对事情的正确态度。

三、适宜幼儿园教育的中华优秀传统文化内容

《中华优秀传统文化进中小学课程教材指南》中明确中小学课程教材主

---

❶ 霍力岩,胡恒波.构建有中国底蕴的启蒙教育体系[N].光明日报,2017-11-09(2).

❷ 陶金玲.幼儿园传统文化教育调查与建议[J].山东教育,2017(14):4.

要围绕核心思想理念、中华人文精神、中华传统美德三大主题，遴选中华优秀传统文化教育内容。小学阶段要求：介绍中华民族重要历史人物、传统节日、节气与风俗、发明发现和特色技艺等。

从幼小科学衔接的角度考虑，笔者认为适宜幼儿园教育的中华优秀传统文化内容的载体形式，可以包括以下三方面。

（1）中国传统经典幼儿文学作品。能体现中华优秀传统文化，反映儿童现实世界和想象世界；表达儿童情感和愿望，富有儿童情趣；人物鲜明生动，情节丰富；主题积极明朗、节奏明快；语言生动形象等特征的作品。

（2）优秀传统文化的基本常识。主要指在传统社会形成的且构成中华民族文化基因的基本知识，如时令节气、称谓礼仪、传统节日、传统饮食、风俗习惯等。

（3）传统艺术、科技与技能。传统艺术包括书法、国画、剪纸、泥塑、舞蹈、音乐等；传统运动技能如民间传统体育游戏、武术等。科技方面主要指古代人民在科学探索、技术发明方面的突出贡献，如四大发明、传统中医药等。

四、优秀传统文化在幼儿园教育活动中的融入途径

（一）传统文化教育主题活动

"主题"意指围绕某一中心话题进行讨论，对其中所蕴含的现象及问题等进行细致的探究，在幼儿教师的引导下，使幼儿获得整体联系的新经验。主题活动不是以单一的学科为主线，而是将各门学科融合到同一个主题的范围之下，通过跨学科领域的探究与活动来发挥幼儿的主体建构性和主观能动性，从而实现幼儿全面发展的教学活动方式。

1. 传统节日主题活动

传统节日涵盖了人文与自然文化内容，蕴含着深邃的历史文化。中华传统节日有很多，幼儿园可以依据幼儿的年龄特点选择适宜的传统节日，开展专门的传统文化教育典型主题活动。如小班《月饼圆圆》活动，教师

创设多感官参与的"浸润式"体验主题情境，让幼儿直接感知、实际操作、亲身体验的学习方式，与教师、家人共同参与、体验，感受传统节日中秋节的意义，激发对中秋节的热爱和亲切感，节日的文化内涵随之潜移默化地根植于幼儿内心深处。

2. 其他传统文化体验活动

除了传统节日外，教师还可以依据幼儿兴趣，对中华传统文化中特有的事物开展主题活动。例如，大班幼儿开始对文字符号以及文字的意义表现出探究的兴趣。教师组织幼儿开展了主题活动"有趣的汉字"。幼儿通过听《仓颉造字》的故事、观看《汉字王国的变化》等视频了解中国汉字的起源和演变历史，感受汉字历史源远流长。通过"汉字大发现"活动，看一看，变一变，分一分，说一说，探究汉字的秘密。听老师讲一讲"笔的发展历史"，亲身体验一下毛笔、羽毛笔、铅笔等书画工具，画一画、写一写，感受其不同的特点。欣赏各具特色的书法作品，感受书法艺术的美感等。

（二）传统文化学科教学活动

《3~6岁儿童学习与发展指南》将幼儿的学习与发展分为健康、语言、社会、科学、艺术五个领域。每个领域按照幼儿学习与发展最基本、最重要的内容划分若干方面，每个方面都有其学习与发展目标。教师依据幼儿兴趣和发展需要开展学科领域教学活动时，可以选择一些与传统文化相匹配的教育内容。

例如，户外游戏时间，孩子们互相追逐玩耍，忽然发现其他小朋友的影子时长时短，在不断变化，于是对影子产生极大兴趣。针对幼儿对影子的兴趣和已有经验，教师组织开展了一次科学活动"有趣的皮影戏"。首先，请幼儿欣赏中国传统皮影戏《三打白骨精》，激发幼儿探究皮影戏的兴趣。其次，幼儿分组操作皮影，探索影子形成的原理，发现光和影子之间的关系。整个活动中，不仅发展了幼儿探究的能力，还激发了对中国传统文化皮影艺术的兴趣和热爱。

除此之外，还有其他活动，如中国剪纸、中国传统乐器及作品等，让幼儿充分感受中国非遗文化的魅力，增加民族自豪感。

（三）融入传统文化元素的区域游戏

区域环境的创设、玩具材料的投放等自然融入优秀传统文化元素，满足幼儿游戏的需求。例如，"有趣的皮影戏"活动结束后，教师在美工区投放了相关材料，请幼儿做设计师，自己设计皮影图片，做皮影戏。做完自己的皮影作品后，幼儿可以到表演区演示操作皮影并配台词，邀请其他幼儿观看。"有趣的汉字"主题活动开展时，教师根据需要在美工区投放各种笔等书写工具、个别的象形字等图画；中小班益智区投放幼儿常见的象形字拼图；大班可以投放中国象棋、五子棋等，大班益智区投放七巧板、九连环、华容道等一些传统的益智玩具，以及根据教育目标教师自制的有关传统文化教育的玩具材料等。幼儿通过对这些玩具材料的操作、互动过程中，更深地感受中华文明的智慧。

（四）优秀传统文化自然融入幼儿一日生活各环节

幼儿一日生活各环节可融入的优秀传统活动见表1。

表1　可融入的优秀传统活动

环节	活动内容	活动目的
入园、离园	师幼采用现代、传统多种形式相互问好、传统背景音乐	学习交往礼仪、感知传统音乐
进餐	会使用筷子、勺子等自主取餐，愉快用餐	知道文明用餐礼仪，学会文明用餐
睡眠	睡前可以播放轻柔的中国古典乐曲或睡眠故事	感受传统音乐的多样性和传统文学故事的特点
区域游戏	操作传统类玩具材料、绘画制作风筝、脸谱、设计传统服饰等	激发对传统类玩具的兴趣、自主艺术创造等
教育活动	与领域（语言、健康、社会、科学、艺术）相关的传统文化教育内容	感受中华传统优秀文化的魅力，掌握一些简单的传统文化常识技能
户外游戏	传统体育游戏项目：抽陀螺、跳房子、跳绳、抖空竹等	体验传统体育运动游戏的趣味性，锻炼动作的协调性等

总之，在幼儿的一日生活中适宜地融入中华优秀传统文化，潜移默化地接受传统文化的熏陶，有利于早日建立对中国文化的认同和自信，为自己是中国人感到自豪。

根深才能叶茂，本固方得枝荣。幼儿教育是"根"的事业。让幼儿从小感受中华传统文化的精华和魅力，幼儿教师是关键。提升幼儿教师的传统文化素养和教育能力，是教师教育的一项重要任务。

基于表现性评价培养学生数感的教学策略

潘晓霞　闫云梅

《义务教育数学课程标准（2022年版）》（以下简称《数学课标》）确立了核心素养导向的课程目标，数感是学生核心素养的重要表现。如何培养学生的数感，首先要对学生数感的发展水平进行客观的评价。由于数感具有一定的内隐性，因此，对数感的评价宜采用表现性评价的方式。

表现性评价是指，通过"表现性任务"将内在学力"可视化"，并通过使用"评价量规"等工具，将学生外在的行为表现"诠释"为他们所拥有的内在学力的评价范式。❶ 基于此，理解数感的内涵及构成要素，并分解为不同维度的行为表现，从而构建出数感的测评框架，是对数感进行表现性评价的前提。

一、数感表现性测评框架的构建

《数学课标》指出：数感主要是指对于数与数量、数量关系及运算结果的直观感悟❷。因此，笔者认为，"数及数与数之间的关系""数量及数量之间的关系""问题解决"可作为数感测评内容的一级指标。结合《数学课程

---

❶ 田中耕治,等.学习评价的挑战:表现性评价在学校中的应用[M].郑谷心,译.上海:华东师范大学出版社,2015:63.

❷ 中华人民共和国教育部制定.义务教育数学课程标准(2022年版)[M].北京:北京师范大学出版社,2022:7.

标准（实验稿）》中数感的主要表现及不同学者的观点，设计数感测评内容的二级指标，形成数感测评框架，见表1。

表1 小学生数感水平测评框架

内容维度		认知维度		
		水平1（易）	水平2（中）	水平3（难）
数及数与数之间的关系	多种方法表示（表征）数			
	辨认或表示数与数之间的关系			
数量及数量之间的关系	估计数量的多少			
	辨认或表示数量之间的关系			
问题解决	用数表达和交流信息			
	为解决问题选择适当的算法			
	估计运算的结果，并对结果的合理性做出解释			

依据上述测评框架和学生学习进度，研发低、中年级数感水平测试题。经过两轮测试与改进，形成了低、中年级数感测评工具。经检验，低、中年级测评工具的难度、鉴别度、独立样本T检验、信度和效度分析等均达到测量学的标准，是两份科学的试卷。

二、小学低、中年级学生数感发展现状与问题

通过调研发现，调研区域低、中年级学生具有一定的数感，但整体发展均处于中等水平，在数感的高水平发展方面还有很大的成长空间。

（一）学生在"数及数与数之间的关系"方面表现最好

学生能较好地理解数的意义，能借助多种直观模型表示数。对数与数之间的关系有比较清晰的感知，能用"多得多""少一些"等描述数与数之间的关系。但学生用不同模式表示数的能力有待提高。同时，学生对数自身的结构特征缺少认识。

（二）学生对数量及数量关系的感悟不足

通过比较发现，学生在"数量及数量之间的关系"方面的满分率低于"数及数与数之间的关系"的满分率。这是由于教师更加注重抽象的"数"的教学，对"数量"现实意义的体验缺乏足够的重视。另外，教师往往忽视"情境"对数学学习的影响，当学生面对真实情境问题时，往往不能排除无关因素的干扰，多方面感悟数量之间的关系。这些问题严重影响了学生数感的发展。

（三）"问题解决"能力须进一步提高

学生在实践中对数字之间关联的意识以及灵活地解决数字问题的能力还有待提高。主要表现为，学生能从情境图中发现数学信息，但关注的内容往往停留在直接读取数据层面，很少触及数量之间的关系。在解决实际问题时，方法比较单一，不能根据问题情境和数的特点，采用合适的方法解决问题，忽视了估算、推理等方法的合理运用。

三、发展学生数感的教学策略

基于对低、中年级学生数感水平的表现性评价，提出如下培养学生数感的教学策略。

（一）重视情境对数学学习的重要作用，在真实的情境中学习数学

《数学课标》对数感的表述中两次提到"真实情境"。霍雨佳、郭成、杨新荣认为：数感是由数、运算、估计和情境所组成的一个四面体形状的结构模型，数感的大小由四面体体积的大小所决定（见图1）。[1]

因此，教师应在尊重教材的基础上，不断开发与积累更为丰富的学习

---

[1] 霍雨佳,郭成,杨新荣.国外数感研究评析及启示[J].课程·教材·教法,2015,35(2):120.

情境。学习情境越真实、越丰富，学生的数感发展越好。

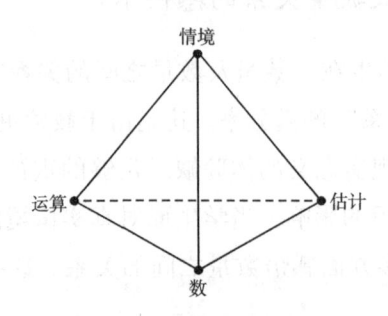

图 1　四面体数感结构模型

（二）加强对数的多模式表征，强化对数的结构和特征的认识

数的多模式表征是指能够对数进行多重形式的表征，并能根据需要在各种形式之间进行灵活转换。训练学生不断用多模式进行数的表征，可以使学生更清楚地认识数的多种结构组成，当未来在遇到有关数的相关计算时，学生就能主动、快速地选择适当的方法，使运算更简便。

（三）增强对数量的现实意义的感受，多角度构建数量之间的关系

数是对数量的抽象。培养学生的数感，要从增强对数量现实意义的感受和多角度构建数量关系做起。

1. 训练学生迅速识别出少量数量的能力，对 1~5 的数量能直接说出来

一年级学生在认识了 1~5 的基础上，要训练学生直接说出物品的数量，不再一一点数。这对于学生数感的培养是十分必要的。

2. 建立视觉上的空间关系，能用图像表示出数量

对于 5 以上的数量，人们很难一下感知数量的多少，对一些特殊数量，可以通过建立视觉上的空间关系，用不同的图像表示数量，提高对数量的直观感受能力。指导学生视觉上将数与其空间形式建立联系，学生会对数的结构特征有更清晰的认识，对数量多少的判断更加敏捷，运用中更灵活多样。

3. 数数和估数相结合，增强对数量多少的感受

数（shù）源于数（shǔ）。组织学生用不同的计数单位进行数数，获得对数量多少的直观感受。在此基础上，增加估数训练。在估数的过程中，要注重估计方法的交流。可以把物体数量分解为样本，然后通过数数或与一个基准进行比较而量化样本，最后重组样本得到一个估算值。中、高年级学生还会使用乘法计数基准数量或将基准不断"翻倍"的方法进行估计，从而获得对数量多少的直观感受。

4. 多角度构建数量之间的关系

教师要帮助学生加强数量的比较和联系，鼓励学生多角度构建数量之间的关系。可引导学生从相差关系、倍数关系、四则运算、相等关系等多个角度寻找联系，增强对数量关系的感悟，发展数感。

（四）选择合适的方法解决问题，提倡估算优先的策略

数感的高水平行为表现是在解决实际问题时，能根据现实情境和数据的特点，选择合适的方法解决问题。为了让学生摆脱单纯通过计算解决问题的现状，提倡估算优先的策略。

1. 培养估算意识，提倡估算优先

在不需要获得精确结果的前提下，用估算的方法解决问题显然比精确计算更方便快捷。因此，培养学生的估算意识可以从提倡估算优先开始。教师要指导学生不急于解决问题，而是充分观察数据特征，理解数量之间的关系，并对结果范围先做出大致的判断，能估算解决的问题就估算解决，让学生逐渐感悟到估算的实用性、广泛性和简洁性。

2. 交流估算方法，提高估算能力

一个人估算能力的高低依赖于对数量的现实意义的感受程度，以及是否有正确的估计方法等。因此，需要加强估算方法的交流和比较，如选用上估法还是下估法，如何选择合适的计数单位对数据进行处理，如何分析数量之间的关系对结果做出判断等，并在实践中不断积累估算的经验，体会估算方法的便捷，从而提高学生的估算能力。同时，还要提倡学生合理

运用推理等方法解决问题。

通过表现性评价，将学生"内隐"的思维"外显"出来，使学生在数感不同维度的表现清晰可见，这样提出的数感培养策略才更有针对性，才能确保数感培养的有效落实，让核心素养"落地"。

发展学生符号意识，
整体规划"字母表示"单元

孙庆辉

一、问题的提出

《义务教育数学课程标准（2011年版）》中，把"字母表示数"和"方程"两个内容，一起编排在第二学段（4~6年级）"数与代数"领域"式与方程"主题中。在教学中，学生先学习"字母表示数"，再继续学习"等式、方程、解决问题"。教师通过引领学生经历这种进阶式学习，发展学生代数思维。《义务教育数学课程标准（2022年版）》把方程内容后移到初中（7~9年级）"数与代数"领域"方程与不等式"主题中，而"字母表示数"保留在小学阶段。那么现阶段"字母表示数"内容的教学，要想达到发展学生代数思维这一目的，学生又需要经历什么样的学习途径呢？笔者就这个问题，开展思考与研究。

二、依据课标，确立单元核心能力目标及学习路径

在《义务教育数学课程标准（2022年版）》中，明确指出：立足学生核心素养发展，集中体现数学课程育人价值。数学课程要培养的学生核心素养，主要包括：会用数学的眼光观察现实世界、会用数学的思维思考现实世界、会用数学的语言表达现实世界三个方面。其中第一方面所说的

"数学眼光",指向数学抽象,在小学阶段的主要表现就包括符号意识。因此,发展学生符号意识,是当前课程改革的要求。从育人角度看,发展学生符号意识,是培养学生核心素养的需要。

在《义务教育数学课程标准(2022年版)》中,加强了"用字母表示"这部分内容,以更好地发展学生的符号意识。其中更是明确地指出,"在具体情境中,探索用字母表示事物的关系、性质和规律的方法,感悟字母表示的一般性"[1]。实际上,运用符号表示数量关系和一般规律,知道用符号表达的运算规律和推理结论具有一般性,都是符号意识的重要表现。而将蕴含的数量关系和变化规律一般化,也正是代数思维的核心。卡帕特认为:代数思维可以被看作四种核心实践:对数学的结构与关系进行一般化推广、表示、论证与推理。[2] 随着学生对"字母"的理解和使用,学生的代数思维开始逐步形成。可见在小学阶段,"用字母表示"单元承载了发展学生代数思维的重要价值。

所以笔者认为,"用字母表示"内容的教学,要以发展学生符号意识为指向,以经历一般化过程为途径,从而达成培养学生代数思维的目标。教师要精心设计学生的学习活动,使学生经历一般化的过程(一般化的表示与推理),培养学生的代数思维。

三、立足发展符号意识,开展实证学情调研与分析

为了解学生对"一般化概括并表示数量关系"与"一般化的表示与推理"两方面的原有认知水平,我们设计了调研题目,并进行前测。

根据调研数据,评价学生"符号意识"行为表现,可以得到以下结论。

第一,在具体情境中,学生能产生一般化表示的需要,能体会一般化的必要性,并具有一般化表示的愿望。

第二,学生对"一般化表示"的水平存在差异,多数学生(65%以上)

---

[1] 中华人民共和国教育部.义务教育数学课程标准(2022年版)[M].北京师范大学出版社,2022:24.

[2] 蔡金法.数学教育研究手册——第二册,数学内容和过程的教与学[M].北京:人民教育出版社,2020:274.

处于较低水平。

第三，学生"一般化推理"的能力较弱，用"字母运算"进行推理的意识与经验较少。

综上所述，学生的符号意识水平相对较低，但也正因如此，存在着较大的进一步发展的空间。

四、基于发展符号意识，重构"字母表示"单元

结合调研结果，对"用字母表示"单元教学，在单元结构和内容规划两个方面，展开研究。

(一) 整体规划单元结构，保障把发展符号意识落在实处

为将发展符号意识在本内容教学中落在实处，提出如下策略调整本单元结构。

第一，重构"用字母表示"单元，丰富活动并增加课时，从而更好地发展学生的符号意识及代数思维。

第二，在单元活动中，引导学生多次经历用"字母表示"的过程，感受用字母表达的一般性与简洁性。

第三，在"字母表示"集中学习后，鼓励学生尝试运用字母推理解决问题，体会"用字母"是数学表达和数学思考的重要形式。

(二) 合理设置任务群，引领学生经历过程，发展符号意识

围绕着"一般化"和"符号意识"两个核心点，搜集素材并重新构建本单元，形成教学序列（学生活动任务群）。

"用字母表示"是五年级的学习单元，在单元重构时的内容安排上，设计围绕以下三条主线展开："用字母表示数量关系""探索变量间的变化规律""感悟字母参与运算的价值"。核心是引导学生经历一般化表示与推理的过程，在此过程中感受代数式表示运算"过程"和"结果"的双重意义。

1. 用字母表示数量关系

学生在第一次集中认识"用字母表示"时（五年级第一学期，6课

时),首先要经历初步概括并表示数量关系的过程。这里面的数量关系,不仅指数学中的关系(魔盒游戏、几何公式),也指生活中的数量关系(回声测距、得分公式),核心都是要用符号将数量关系一般化,体会符号表示的"概括"作用。学生在经历多次一般化的概括与表示后,会逐渐感受到用字母符号表示的简洁性。同时,学生还能体会字母不仅可以表示一个任意的数,还可以表示一个变化的量;字母式不仅可以表示运算的"过程",还可以作为运算的"结果"。除此之外,字母还能表示学过的知识——如运算定律、几何公式、乘法结构等,以及概括并表示生活中稍复杂的数量关系,字母式在生活中有着广泛的应用价值。

2. 用字母探索变量间的变化规律

用字母不仅能表示情境中数量关系,还能探索并表示变量间的变化规律,单元先后两次对此内容进行了设计。第一次集中认识时,学生能用字母表示较简单的变化规律,并能初步感受到字母表示的规律更具一般性;第二次深化认识,学生将在更复杂情境中(如课标例19中的"餐桌与人数问题")经历将变量间的一般规律进行推广、表示、论证、推理的全过程,进一步感受用字母表示规律的一般性与简洁性。在此过程中,可以培养学生的符号意识和思想得以渗透,早期代数思维也能够得到发展。

3. 感悟字母参与运算的价值

在第一阶段的教学中,学生不仅能用字母表示运算定律,还能用字母进行简单运算,并借助直观模型理解运算背后的过程与方法。除此之外,学生还能借助"巧用关系式"等活动,体会以字母作为对象进行运算所推理得到的结果具有一般性,感悟字母参与运算的价值。

在第二阶段学习中(五年级第二学期,6课时,分散安排),本单元设计了更多让学生"用字母"来解决的现实问题,引导学生进一步体会到用字母表达的一般性,体会"用字母"是数学表达和数学思考的重要形式。在此过程中,学生进一步感受到代数推理的价值,体会到利用字母推理解决问题所得到的结果具有一般性。

基于三条内容主线的单元任务与课时分配安排如下(见图1)。

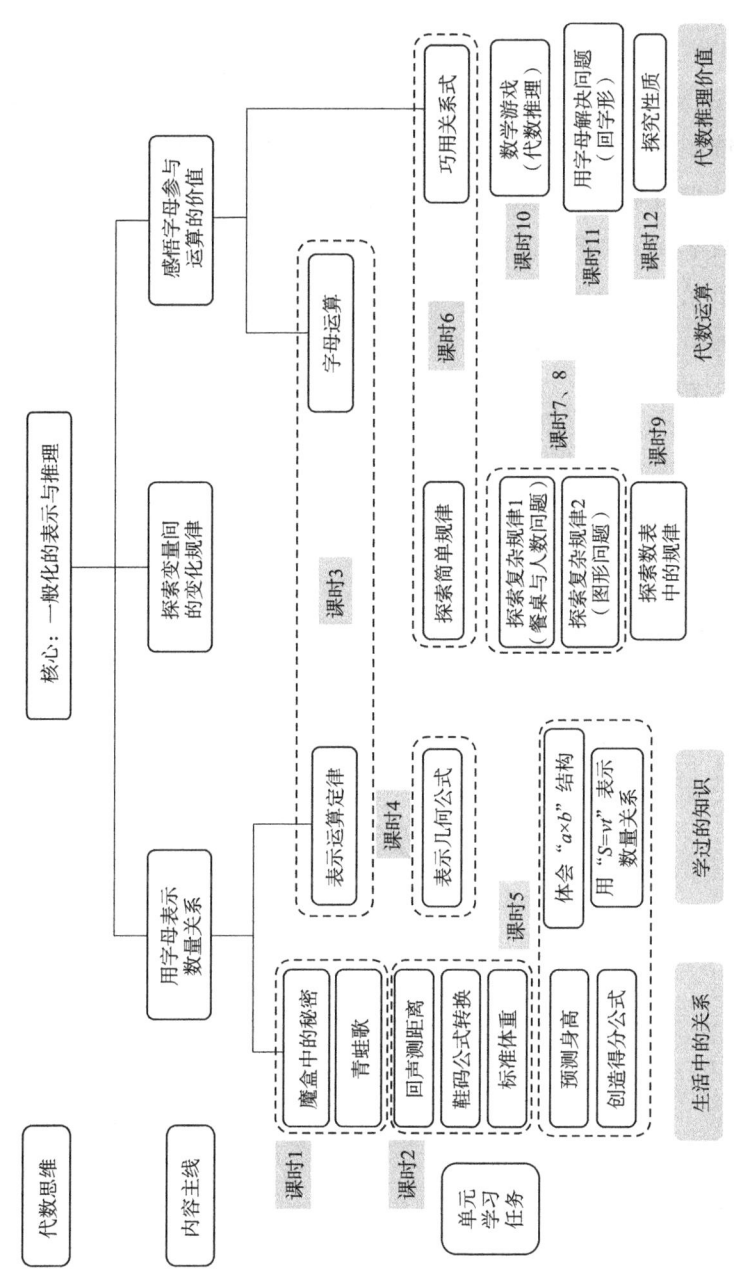

发展学生符号意识，整体规划"字母表示"单元

图1 "用字母表示"单元任务与课时分配

五、反思

"字母表示"单元的教学,是发展五年级学生符号意识、培养学生代数思维的关键环节和关键期。在本单元的教学中,我们力求合理安排教学内容,适当放慢教学进度,重视学生"代数思维"的生长过程,循序渐进,培养学生数学核心素养。

上述单元设计与规划,仅是我们对"用字母表示"部分的一次尝试。在具体实施中,还有很多问题,需要进一步研究和解决(如学习任务的设计、教学环节等)。

运用表现性任务发展儿童关键数学能力的实践探索
——以"四边形的内角和"为例*

于今育

培养学生数学关键能力是当今数学教育的热点话题，但如何评价学生的关键能力却是亟待解决的问题。本文以案例研究的方式，通过表现性任务的设计与实施，将学生头脑中内隐的思维外显出来；依据学生空间观念、推理意识的不同表现划分水平，并对他们所处的水平做出客观判断，引领学生的空间观念、推理意识由低水平向高水平发展。

一、问题的提出

推理是数学的基本思维方式，也是人们学习和生活中经常使用的思维方式。根据《义务教育数学课程标准（2022年版）》，推理意识可以看作推理能力的初期阶段，主要是让学生经历初步的逻辑推理过程，基于经验的感悟，形成初步的意识，既能进行合情推理，又能进行初步的演绎推理。推理意识的发展应贯穿在整个小学数学学习过程中，教学活动必须提供给学生探索交流的空间，组织、引导学生经历观察、实验、猜想、证明的过

---

* 本文为北京市教育科学"十三五"规划2022年度一般课题"小学生空间观念的表现性评价与培养研究"（课题编号：CDDB2020293）的研究成果。

程，把发展学生的推理意识融合在"过程"之中，是数学课程和课堂教学的重要目标。

空间观念是一种重要的理科思维。根据《义务教育数学课程标准（2022年版）》，可以将儿童的空间观念概括为图形的概括能力、转化能力、想象能力、记忆能力与表达能力。培养学生的空间观念有助于学生更好地理解赖以生存的空间，发展无穷无尽的直觉源泉，形成创新意识，对促进学生的发展、推动我国成为创新型国家具有重要的意义。因此，发展学生的空间观念是图形与几何教学中承载的重要教育价值。

然而在图形与几何领域的常态教学中教师缺乏对学生推理意识、空间观念等数学关键能力的培养。多年的观课中，经常看到教师面对学生已经知道"四边形的内角和是360°"的现状束手无策，课中热热闹闹的数学活动流于形式。如何对学生在学习四边形内角和的过程中表现出来的空间观念、推理意识的水平做出客观的评价？怎样发展学生的数学关键能力？带着这样的思考，笔者以"四边形的内角和"一课为例，进行了"运用表现性任务发展儿童关键数学能力的实践探索"的研究。

二、对表现性任务的理解与认识

表现性评价，顾名思义，就是针对学生的表现来进行评价。是让学生通过实际上的操作（或表演、展示），根据该学生的各种行为表现直接判定其学力的评价范式。运用表现性评价时，最常见的是让学生执行并完成"表现性任务"，再由教师依据一定的评价标准（评价量规）进行综合评价。将"看不见"的学力转化为"可视化"的行为表现力，从外在表现推论、诠释内在学力。

表现性任务的设计与开发是实施表现性评价的重中之重。本案例研究中的表现性任务是指：数学学习中给学生提供一个大的数学活动，要求学生将知识和能力综合起来加以灵活地运用，从而让学生将头脑中内隐的思维外显出来，即将自己内心世界的感受或想法等，通过行为、绘画、口头

或文字语言等媒介向外界表露出来，也可得到表露后的作品和成果。❶

评价量规的选择或开发是实施表现性评价之关键。通过大量的文献查阅和学习，我们发现研究利用表现性评价提高数学关键能力的文献不多，没有找到现成的评价量规。于是运用核心教学内容和学业质量标准构建表现性任务，由教师依据学生在表现性任务中的不同表现，将其分类划分成不同的水平，初步形成表现性任务水平的标准尺度。通过描述与各个水平尺度相对应的学生表现的具体特征，构成初步的评价量规，再在实践中加以调整，关注等级水平之间是连续性的关系，进而形成该任务中具体评价量规。

三、研究过程与效果

（一）理解教材编排意图，挖掘数学教育价值

"四边形的内角和"一课是对图形性质的探索，但学习内容只是一个载体，其教育价值不仅仅是得到结论，教材的重点是让学生经历"猜想—验证—推理"的学习过程。人教版教材呈现了从特殊四边形（长方形和正方形）的内角和推算，到一般四边形的测量求和及撕拼成周角等方法直观实验进行验证，进而又呈现了利用图形之间的关系解决问题的思路，将四边形内角和的问题转化为三角形内角和的问题加以解决。这一方法凸显了要让学生猜想有依据，验证有方法；从特殊到一般，从合情推理走向初步的演绎推理。综上，发展学生的空间观念和推理意识才是更上位的教育目标价值取向。

（二）制定评价量规

我们从分析学生作品着手，根据学生的实际表现，基于关键能力点，从空间观念和推理意识的具体表现出发，我们将学生不同想法方法中体现出来的对图形之间关系的感知水平（即空间观念水平）及推理意识水平分类，提炼具体表现的描述语并归纳出代表不同水平的表现标准，制定出本

---

❶ 田中耕治.学习评价的挑战[M].上海：华东师范大学出版社，2015：45-63.

节课的评价量规（见表1）。

表1 "四边形的内角和"一课评价量规

水平层级	水平1	水平2	水平3	水平4
关键能力	具备初步的合情推理能力，能利用特殊四边形解释自己的猜想	具备初步的合情推理能力，能在实验中利用一般四边形解释自己的猜想	具备初步的演绎推理能力，能构建图形之间的联系	具备一定的演绎推理能力，并能进行经验的迁移
具体表现	能提出"四边形内角和是360°"的猜想，并通过长方形、正方形等特殊四边形做出解释	能提出"四边形内角和是360°"的猜想，并能利用测量、撕拼等操作方法进行验证	能提出"四边形内角和是360°"的猜想，并能借助三角形内角和是180°的结论，将四边形转化成三角形进行验证	在水平3的基础之上，能继续猜想研究多边形的内角和，将研究四边形内角和的经验进行迁移

注：如果学生不作答或完全错误，可视为水平0。

（三）基于评价量规设计表现性任务

由于教学目标定位在发展空间观念和推理意识，因此在设计表现性任务时，力图做到让学生"验证"的过程可视化，以期了解学生不同的方法与水平。任务设计如下：

表现性任务：

所有的四边形的内角和都是360°吗？任意画或者剪一两个四边形，选择你喜欢的方式进行验证，并将验证的过程记录下来。

（四）利用评价量规，促进学生数学关键能力的形成

在前三名学生交流测量求和、拼成周角等方法解决问题后，继续利用评价量规的水平划分，引导学生交流分享。

学生4：我把这个四边形分成了两个三角形，两个三角形的6个内角度数的总和，刚好是四边形4个内角度数的总和。每个三角形的内角和是180°，所以这个四边形的内角和是180°×2=360°（见图1）。

学生2：任意四边形都可以分成4个三角形，图中那个周角是多出来的，不是四边形的内角，所以要减去一个360°。四边形的内角和就等于4个180°减去360°，四边形的内角和就是2个180°，等于360°（见图2）。

学生3：我又画了一个五边形，把五边形分成5个三角形，图中那个周角是多出来的，不是五边形的内角，要减去一个360°。五边形的内角和就等于5个180°减去360°，也就是减去2个180°，五边形的内角和就是3个180°，等于540°（见图3）。

学生4：大家都按学生3的方法想，如果画一个六边形，就可以把六边形分成6个三角形，6个三角形的内角度数的总和是6个180°，中间也会多出一个周角。六边形的内角和就等于6个180°减去360°，也就是减去2个180°，六边形的内角和就是4个180°，等于720°。我发现n边形的内角和就是$(n-2)×180°$。

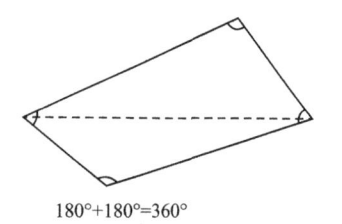

180°+180°=360°

图1　学生4的作品

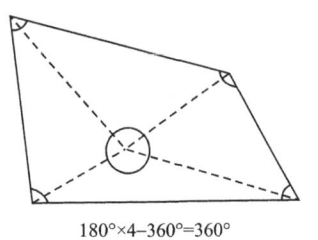

180°×4-360°=360°

图2　学生2的作品

180°×5-360°=540°

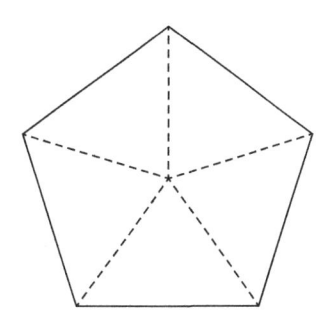

图3　学生3的作品

利用学生作品，构建任意多边形与三角形的联系，借助转化的方法及三角形内角和的结论推理出多边形内角和的规律，在边数增加变化中感悟数学研究方法、发现规律，真正培养了学生的空间观念和推理意识。在此活动中，不同学生的空间观念及推理意识水平都得到了不同层次的提升，由低水平走向高水平，发展了数学关键能力。

四、反思

通过案例研究可以看出，将表现性任务运用于课堂教学中，可以转变教师的教与学生的学，为教师转变评价观念与方式提供范例，为一线教师提供可操作的评价框架，提升了教师的专业化水平；通过评价量规的开发与利用，明确学生数学关键能力发展水平，在表现性任务中促进学生推理意识、空间观念由低水平走向高水平，让数学关键能力培养目标真正落到实处。研究的路还很长，只要坚持不懈，表现性评价终将成为我们的评价重器，助力教学，为我所用。

关注音乐本体的课堂教学

孙晓丰

本文以小学音乐课堂教学为研究对象，梳理了不同历史时期所颁布的课程标准的内容及特点。通过笔者对教学活动的观察，归纳目前小学音乐课中的教学误区，并深入地分析、探讨其生成原因，提出解决思路及方法。

国务院办公厅印发的《关于全面加强和改进新时代学校美育工作的意见》（国办发（2015）71号）要求教育要建立德、智、体、美、劳全面发展的教育体系。美育教育既是审美教育也是情操教育、心灵教育，能提升审美素养、陶冶情操、温润心灵、激发创新创造活力。美育最核心的意义和价值是培养学生深层次的综合素养，也就是审美和人文素养。而这样的综合素养的塑造需要学生掌握一定的艺术知识和技能，需要有体验、欣赏美的能力，同时也需要形成一定的艺术特长，这对教师的课程理解能力以及综合素养提出更高要求。在这种背景下，学校音乐教育的意义凸显，随之而来的新时代的音乐教学探讨日益活跃。对标新观念，笔者基于长期以来音乐教学的实践和观察，认识到在开展深入的音乐教学探讨之前，需要厘清误区，守正创新，开拓音乐教育的变革之路。误区主要表现为：偏离音乐本体、割裂音乐的有机联系、形式大于内容、只重"双基"无视情感体验。上述问题的共性根源在于教育者在教学实践中没有牢记音乐教育的目标，忽略音乐的情感属性，偏离了音乐本体教学。

一、只重"双基",无视情感体验

对于中小学来说,音乐教育的魅力并不在于知识、技能的传授,而是表现在启迪、激励、唤醒、感染和净化等效应上。学习音乐知识技能绝不是学习音乐的终极目标,也不应该是音乐教学的终极目标;充其量,它只不过是终极目标中的一个过程性目标。然而,实践中,教师存在将手段当成了目标,将过程误认为目标的做法。

(一)音乐学习等同于技术训练的行为

"双基"是学校音乐教学中的重要组成部分,也是各阶段课标中重点阐述内容。教师在教学实践中只重"双基",以双基为核心的教学观点尤为突出,这使得许多教师把训练"双基"当作音乐课的最终目标。

如在四年级音乐课《踏雪寻梅》中,教师在教学中将教学重点放在呼吸及乐句间的换气上,教学过程中以练声开始,讲述并练习腹式呼吸的正确方法、长气息换气和急促换气的方法,然后让学生翻开教科书在乐谱当中找到长气息换气及急促换气的位置,标注清楚,逐一练习。

在另一节小学三年级的音乐课上,教师将视唱练耳训练的内容作为教学重点,整节课都在对学生进行听音及歌唱音准的训练。在听音练习上教师竟以专业院校的训练方式进行,给出标准音后根据标准音听辨音名。在音准训练上,教师全程用钢琴机械地调整学生音准,如学生达到和钢琴一样的音准,教师就会给予小红花作为奖励。

上述偏重技术训练的音乐教学,是将课标中的"双基"训练内容"最大化"的表现,这样的教学是将音乐等同于技术、音乐学习等同于技术训练的行为,久而久之会使学生失去对音乐学习的兴趣。这样过于单一、枯燥的音乐课,导致课堂气氛沉闷,学生学习兴趣不足,学生也无法体会音乐的快乐和美。

（二）音乐学习等同于理论知识的学习

《义务教育课程方案（2022年版）》强调学科实践，倡导做中学、用中学和创中学。音乐教学也提倡以音乐活动引领学生的发展。

在五年级欣赏课《劳动号子》中，教师主要通过讲解及聆听音乐片段方式进行教学，先讲劳动号子的定义、产生及特点，并在PPT上演示，让学生阅读并找出重点词语，然后对劳动号子的类型（搬运号子、工程号子、农事号子等）进行名词解释。在本课即将结束时教师向学生发放学习检测卡，内容主要分为两部分：第一部分是对劳动号子相关的名词解释填空，第二部分是听辨劳动号子。

整节课的音乐学习只停留在知识学习的层面，学生没有参与音乐活动，无法将书面知识和实际声响相结合，掌握的只是书本上的、偏离音乐本体的知识或者说只是一种符号而已。这样过于偏重于知识学习的音乐教学，是将音乐理性化的做法，将音乐学习等同于理论知识的学习，导致学生无法体会到音乐的情感，失去对音乐学习的兴趣。这种理性的、枯燥的机械操作，偏离了音乐教育的目标。

二、教学方式不当

《全面加强和改进新时代学校美育工作意见》倡导学科融合，提出要构建全面育人体系，培养德智体美劳全面发展的社会主义接班人，强调要加强美育与德育、智育、体育、劳动教育相融合，要求有机整合相关学科的美育内容，进行课程教学、社会实践和校园文化建设深度融合。这就要求基于学科本体开展学科融合。然而在实践操作中往往出现脱离音乐本体，在融合过程中出现本末倒置的现象。

例如，在歌唱课《唱给妈妈的歌》中，教师将本课的教学重点设计为懂得孝顺父母，树立正确的价值观。可以推测教师的本意是运用"学科综合"的思想，将音乐学科与德育相联系，属于课程思政，也是课改鼓励的。教学过程中，教师通过讲述动人的故事，分析歌词内容，让学生感受母爱的伟大，懂得妈妈的辛苦和父母对子女的无私奉献。然而教师采取的教学方法只运用了语言叙述及师生问答的理性方式，在结束时教师将赡养法的相关内容作为本节课生成结果。这一教学行为值得探讨：在音乐活动上，并没有展开相关音乐活动引导学生亲身参与并感受情感，远远偏离了音乐本体，使音乐课变成了法制课。这样的学科综合导致音乐课无音乐，学生不能从音乐课中体会到音乐的元素，更无法谈及对音乐的情感体验。

三、割裂音乐的有机联系

《全面加强和改进新时代学校美育工作意见》要求逐步完善基础知识基本技能、审美体验、专项特长的教学模式，着力提升文化理解、审美感知、艺术表现、创意实践等核心素养，帮助学生形成艺术专项特长。以上知识技能的培养、情感风格的体验、核心素养的提升是相辅相成、螺旋上升、不可孤立而行的。然而，教学中片面孤立的、碎片化的知识与技能的学习，孤立的技术训练或刻意淡化知识与技能的教学等割裂音乐有机联系的教学现象时有发生。

具体到音乐教学，课标将音乐教学内容划分为五个不同领域——感受与欣赏、唱演、演奏、识读乐谱、创造，但各领域间不是独立无本质联系的，而是相互促进、互相渗透、螺旋上升的关系。但有些老师将其解读成五个独立的无本质联系的领域，过于关注某一领域，没有意识到彼此间的有机联系。例如，教师在教学过程中将会唱歌曲作为唯一目标，整节课围绕一首歌曲进行。虽然教学设计按课标要求设定了指向核心素养的目标，然而在实际教学中，教师的全部关注点都放在了如何让学生会唱歌曲，通过各式各样的歌唱（分成两部分唱、跨小节唱、师生接龙唱等）方法将歌曲教会，而将原本的"三维、核心素养指向"抛诸脑后，没有顾及学生的学习兴趣，没有对学生歌唱中的问题加以指正。这样的教学会使学生没有大概念的音乐感受，形成割裂的碎片化印象：认为歌唱课就是唱歌曲，欣赏课就是聆听音乐，无法体验到音乐整体所表达的快乐和美，更谈不上体验音乐的美感，激发表现和创造力，甚至连基本的音乐知识与技能也无法很快达成，而且基于机械训练的"会"的意义也就不大了。

四、形式大于内容

随着《全面加强和改进新时代学校美育工作意见》的出台，"五育并举"、学科综合、单元主题教学等教改关键词相继出现。网络信息化加速了国外三大音乐教育体系教学法在国内的广泛传播。理念的冲击让学校音乐教师眼花缭乱，没有理解文件及各教学体系的精髓而匆忙进行教学实践，出现了一些形式大于内容的"热闹非凡，花哨好看"的假象。

如欣赏《舒伯特和周杰伦》一课中，教师的设计本意是围绕情感体验部分内容展开，想拉近学生与西方音乐史中经典艺术歌曲的距离。教师运用舒伯特与周杰伦的歌曲进行对比教学，重点放在了对比两类歌曲的音区及演唱风格上，通过各式各样的表演方式进行音乐教学。从教学效果来看，课堂气氛活跃，但是整节课只停留在艺术歌曲与流行歌曲的表演、歌唱上，只在对两类歌曲的音域及演唱风格的比较上。

为何会有这种教学效果？源于整个教学过程中并没有涉足两种音乐最为核心审美体验的比较，因而学生没能抓住两种音乐的本质区别，认识浮于表面，没有建立两者的联系，也没有建构起学生对两类音乐的鉴赏力。这样形式大于内容花哨的音乐教学，无法让学生领略音乐教学的精髓，无法形成正确的音乐经验。

五、针对误区的进一步思考

通过以上教学实例可以看出，长期以来学校音乐教学存在的误区和问题，对于国家出台的美育教育文件及各教学体系的误读或错解的现象时有发生，导致过于偏重技术训练而偏离音乐本体等问题。如何避免以上问题的发生呢？

（一）探寻名家对音乐本质的阐释

对音乐本质的追问，像是一个历时久远的思索。在西方音乐思想的发展历程中，将情感作为音乐本质内容的渊源非常久远。从古希腊的亚里士多德开始，就将音乐同人的情感生活联系起来。这一观念虽然在宗教文化统治的中世纪时代被压抑，但从文艺复兴开始，音乐中人的情感表达终于重新抬头。尤其在17到19世纪，"情感论"在各种浪漫主义艺术形式的催化之下，逐渐成为最主流的理论。当时最为著名的作曲家以及美学家都将音乐公认为一种"表情艺术"。德国哲学家黑格尔，更为这种情感论提供了具有普遍影响的理论依据。

音乐是一种感性体验活动。音乐教育的目的也是感性的情感体验而非理性的认知。所以教育者要始终明确音乐教育的目的，明确基本知识、基本技能只是音乐教学中的中间环节，最终的目标还是要回归到音乐情感属性上，"双基"只是通往情感的"桥梁"，不要把过程当成目标，要始终明确过程与目标的关系。

（二）基于对音乐本质理解走出误区

种种教学中的问题，有的是忽略了音乐的情感属性，有的是混淆了目的与手段的关系。问题的根源在于教育者在教学实践中偏离音乐本体。教师在教学中应如何回归音乐的本体呢？

在一堂音乐课中，教师通过教唱歌曲《公鸡》与《可怜的公鸡》让学生感受高兴与悲伤的情感，理解作品表达高兴与悲伤情感的关键在于作品的调性及歌词上。在此基础上，音准技术的训练成为实现本课情感目标的关键，但需要铭记的是"双基"训练并非本课的最终目标，重点还是要回归到音乐的情感属性上，回归到音乐本体上。

小学美术课堂艺术实践之媒材研究
——中华本草篇

朱力军

《义务教育艺术课程标准（2022年版）》中指出要"以艺术实践为基础，以学习任务为抓手，有机整合学习内容，构建一体化的内容体系"。本研究依托中华本草资源，融合中华民族的非物质文化遗产，将中华本草作为媒材运用到美术课堂教学的艺术实践中，再现中华本草艺术之美。

一、以"中华本草"为媒材创新艺术实践

艺术实践是美术课堂教学中可检测的实际教学操作及学生的课堂艺术实践。通常指造型表现、设计应用、欣赏评述和综合探索。本草是祖国传统文化的瑰宝，它是从矿石、植物、动物等材料中萃取出来的，取之自然、用之自然。结合小学美术课堂教学的现状，突破以纸材、泥材为主的较为单一的艺术表现形式，研究以身边的本草材料为新的媒材，开辟一条凸显中国传统文化的美术教学实践路径。

（一）"中华本草"体现的艺术特点及价值

将"中华本草"作为一种媒材，用于小学美术课堂艺术实践及教学资源的拓展和补充，材料的纯天然性使其具有清新、自然、朴素的美学特征，非常符合现代绿色环保的需要。它的艺术表现形式丰富多样，集艺术性、

科学性、趣味性以及传统文化于一体。同时，有些本草材料是天然的染料，在美术实践中可以提升学生对传统绘画色彩的了解并培养崇尚自然的审美情操。学生通过学习学生会发现"本草"材料在日常生活中随处可见，可谓生活无处不本草。例如，厨房中的肉桂、八角、花椒，蔬果中的柿子、南瓜、大枣等，它们安全系数高，非常适合小学生这个年龄阶段。

（二）"中华本草"融入艺术实践的课程策略

1. 主题式的美术创新与实践活动

深度融入学校基于中华传统文化教育特色的艺术活动，依托中华民族的非物质文化遗产资源，建立本草与学生经验的联结。从学生身边的熟知的植物（如蒲公英、艾叶等）、蔬果（如无花果、柿子等）、调味品（肉桂、花椒等）等入手，充分调动学生的已知经验，在趣味性、活动性中引领学生走进中华本草文化，感受本草与生活的密切关系，珍视和传承中华的这种传统文化。

2. 审美角度构建课程

我们抓住本草之美和艺术之美进行融合研究。在艺术实践活动中引导学生正确认识各种本草及特性，对本草植物的外形、颜色特征进行深入了解，运用艺术的表现手法通过线条、形状、颜色、肌理、明暗、形体、空间和比例等艺术元素再现草本植物艺术之美。引导学生使用不同手绘材料进行插画、水拓画、书签等的本草植物的绘制，学会用艺术的眼光欣赏美，感受本草文化中贮藏着的深厚文化底蕴、丰富的内涵、睿智的思想，让孩子们拓展知识、开拓视野，感受传统文化、传递环保精神，培养孩子们创新精神、动手能力，也引领孩子对人和自然和谐发展价值观的认同。

3. 多元的艺术实践活动，提高学生艺术素养

在每一次活动中，都迸发出学生的创意和应用。具体来看：其一，每一次活动了解一种本草以及其药性的基本知识，并与艺术元素及设计原理有机结合。其二，采取观察、比较、团结协作、合作探究等教学形式，做到形式生动活泼、内容丰富多彩。其三，通过有目标、有组织、有计划地

具体实施方案的制作、展示等形式，在草本与艺术实践中进行基于创意和应用的融合实践。通过各种大胆尝试的创意制作，激发学生创作的激情，培养学生的创新意识与审美想象。其四，构筑健康向上的艺术环境，使他们在轻松、愉快的气氛中受到美的熏陶，传承经典文化，从而有效地促进学生艺术素质的升华，使校园传统文化艺术氛围浓厚。

(三) 中华本草丰富艺术实践的教学策略

教学总策略： 以"中华本草"作为一种媒介、素材，启发学生艺术创作，为美术学科的艺术实践注入生机。

艺术元素是艺术作品的一部分，是艺术家构成创作的基本原料和媒介。艺术元素包括色彩、明暗、线、形状、形态、质感和空间。艺术设计原则一般包括强调、统一、多样、平衡、图案、律动和比例等。在实践中，教师可以利用本草植物不规则形状进行组合，利用本草植物肌理制作水拓画，利用颜色对本草植物进行描绘（水彩、彩铅、马克笔、色粉等），利用本草植物特性制作香包和其他装饰品等途径，通过各种艺术表现学习本草。

1. 通过图像识读发现本草之美

通过赏析浓墨重彩的经典古籍药典插画，发现本草材料之美。有些特别绘制了精美的插画，用以表现药材的原植物、动物或矿物，以及关于中药的采集、炮制等。学生通过欣赏这些浓墨重彩的插画，一起来感受古代本草的艺术之美；同时可以通过亲自研磨矿物质中草药（如朱砂、赭石）等，植物（如红花、藤黄等）得到不同色彩的颜料；另外，还可以应用中草药中提炼出的色彩来进行扎染、草木染等艺术实践。

2. 通过感知色彩认识天然染料

中国传统绘画中很多颜料都来自本草中的植物和矿物，崇尚自然的审美情操。如提取草本植物的颜色，根据颜色的特性进行艺术品的制作，尝试扎染、滴染、面塑等制作，引导学生体会从单色到多色结合的创意乐趣。

3. 创意实践构筑想象空间

本草材料里的形态各具特色，学生们可以依形、借形、随形地尽情创作，大胆联想，构筑想象空间。通过基本的拼贴作品、挂饰饰品、纸雕、滴胶、敲拓染等工艺品制作，探索更多的复合材料与本草创新运用的艺术表现形式。通过学生认识中草药的外形特点，根据形态展开联想，进行设计、拼摆、粘贴、剪贴的工艺制作，最为典型的当数毛猴的制作。通过对虫部的蝉蜕、木部的辛夷外形特点的观察，再进行艺术加工设计，通过组合和粘贴完成毛猴的制作。

二、回看：艺术实践与本草融合的价值

大千世界的花花草草，是大自然赋予我们人类的最美的礼物。一花一世界，这些花花草草就在我们的身边。我们的祖先躬行大地，尝遍世间百草，这些动物、植物、矿物被先人们赋予了极高的能量。当孩子们在美术课堂中用本草做媒介，会发现它们美妙的颜色、神奇的味道、优美的姿态以及独具特色的滋味。以中华本草宝库中的精华作为美术课堂的活动内容，有助于提升学生对中华本草的了解和认识，建立对中华本草文化的自信，提升民族自豪感。

应用学科能力指标促进学生关键能力发展的高中化学教研探索

苹赞梅　王晓军

学生关键能力的培养是深化教育体制机制改革的要求,是培养 21 世纪公民的需要。区域教研是促进学生关键能力培养的有力保障。最近几年,石景山区化学学科也探索了自上而下"引领式"的教研模式(如图 1 所示),以明确化学学科关键能力是什么,关键能力能干什么,关键能力的内涵有哪些,关键能力如何实现教学评一体化。

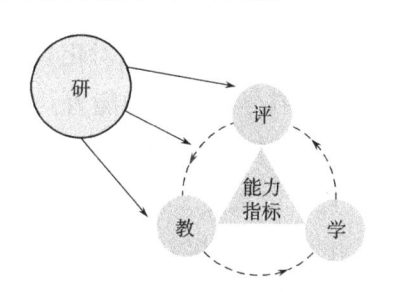

图 1　自上而下的"引领式"教研模式

一、区域高中化学关键能力指标的构建

(一) 文献研究

北京师范大学林崇德教授早在 1997 年就提出：学科能力是学生智力、

能力与特定学科的有机结合,是学生的智力、能力在特定学科中的具体体现。一切学科能力都要以概括能力为基础,思维或智力活动有许多特点,概括是其中最基本的特点。抓住了概括能力,也就抓住了学科能力的基础与核心问题。学科能力的结构应有思维品质的参与。❶ 吴俊明、王祖浩提出化学能力包括化学观察能力、化学实验能力、化学抽象思维能力、化学微观想象能力、化学自学能力、化学应用和创造能力。❷ 王祖浩、杨玉琴认为,化学学科能力是学生在学校化学学科的认知活动或化学问题解决活动中形成和发展起来的,并且在这类活动中所表现出来的比较稳固的心理特征,同时它本身就是成功地完成这类活动所必需的条件。❸ 北京师范大学王磊等人经过多年的理论和实践研究,提出了学科能力构成模型。在该模型中,学科核心知识和活动经验是学科能力的基础。学科能力活动及表现包含三个一级要素:学习理解能力、应用实践能力和迁移创新能力。该一级要素适合于所有学科,从学习理解到应用实践再到迁移创新,是一个逐渐发展并不断提升的过程,对应知识到能力到素养的过渡,是知识逐渐发展为学生素养的外在表现。❹

(二) 高考对能力的描述

2010年7月以前,高考考试大纲及考题对化学能力的描述,包含观察能力、实验能力、思维能力、自学能力四种能力,显然这四个能力是从不同角度描述的,和知识的难易程度没有关联。2010年至2021年1月,化学高考考试命题和评价,一直以"接受、吸收、整合化学信息的能力,分析和解决化学问题的能力,化学实验与探究能力"❺ 三种能力进行考题的分类和评价。化学教师普遍反映,这期间考题的分类经常有混杂的情况,也没有体现知识的层级。2019年11月,教育部考试中心发布的《中国高考评价

---

❶ 林崇德.论学科能力建构[J].北京师范大学学报(社会科学版),1997(1):5-8.
❷ 吴俊明,王祖浩.化学学习论[M].南宁:广西教育出版社,1996.
❸ 杨玉琴.化学学科能力及其测评研究[D].上海:华东师范大学,2012.
❹ 王磊.学科能力构成及其表现研究[J].教育研究,2016,37(9):83-92.
❺ 北京市教育考试院.2011年北京市高考考试说明(理科)[M].北京:开明出版社,2010:219.

体系》指出:"基于学科核心素养导向,承接学科素养要求,结合学生认知发展实际,高考评价体系确立了符合考试评价规律的三个方面的关键能力群:第一方面是以认识世界为核心的知识获取能力;第二方面是以解决实际问题为核心的实践操作能力群;第三方面是涵盖了各种关键思维能力的思维认知能力群。"❶ 2019 年 12 月,教育部考试中心在《中国考试》发表了系列文章。其中,单旭峰将化学的关键能力归结为理解与辨析能力、分析与推测能力、归纳与论证能力、探究与创新能力。❷

(三) 区域高中化学关键能力指标及建立过程

2017 年 4 月至 2019 年 12 月,为进一步提升石景山区教学研究水平,更好地实现石景山区"中学生学科核心素养和关键能力提升"的目标,促进学生全面发展,北京教育学院石景山分院委托北京师范大学开展"促进学生学科核心素养和关键能力发展的教学改进研究"项目。在三年合作期间,化学学科项目团队学习了王磊教授关于学科能力的表述,认为学科能力在测评中非常有用,希望开发符合石景山区实际、能用于测评学生能力水平的学科能力指标。2019 年 10 月,化学学科项目负责人莘赞梅结合布鲁姆教育目标分类学中关于认知过程维度的描述即记忆/回忆、理解、应用、分析、评价和创造,并结合国内外化学学科能力的研究,主要从认知思维层次角度,提出化学学科用于纸笔测试的能力框架,将能力指标划分为辨识回忆、概括关联、分析推理和综合应用四个能力层次,四个能力层次的认知思维级别依次增高。指标的提出和应用比较仓促,于 2019 年 12 月区域命题蓝图中的能力组块中,对高三期末每个试题进行了能力层次的划分。此后,区域高三命题及考后数据分析一直用此能力指标。2020 年后,高一和高二的命题也开始用此指标进行评价教与学。

---

❶ 教育部考试中心.中国高考评价体系[M].北京:人民教育出版社,2019:2.
❷ 单旭峰.基于高考评价体系的化学科考试内容改革实施路径[J].中国考试,2019(12):48.

二、学科能力指标引领下的教研实践探索

(一) 区域教研的核心内容与方式

最近几年,区域教研主要围绕"能力指标的开发利用"和"基于学科理解的疑难问题分析"两大主题开展相关活动设计。区域"能力指标"能做什么?它是一个评价工具,自然能测评教的怎样和学的结果,然后促进改进教学。图 2 为围绕能力指标和学科理解两个关键内容的区域教研的构建思路。

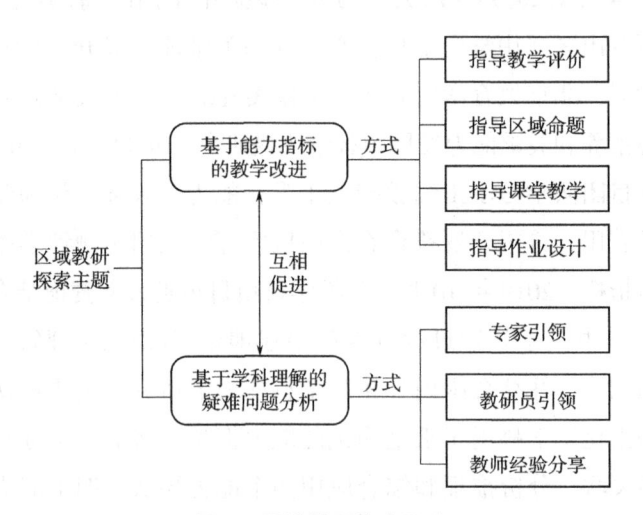

图 2　区域教研构建思路

(二) 学科能力指标指导下的区域教研要点

1. 指导区域教学评价

区域的统一考试需要进行数据分析,分析的项目比较多,学生的能力表现依据能力指标统计。从 2019 年 12 月开始,区域一直用建构的能力指标对教学进行评价。

2. 指导区域和学校命题

基于四个关键能力指标,可以核查区域模拟试题考查的能力是否齐全、

问题的设计是否符合由简单到复杂。

3. 指导课堂教学设计的任务类型

一节好课往往由几个不同难度的核心任务或问题构成，课堂教学设计时可以用能力指标指导不同类型的任务设计，促进学生在不同任务中获得多种能力。

4. 指导教师改编试题或作业设计

一份好的作业或试题，既要关注知识的落实，也要关注能力的发展。借助能力指标从四个水平进行作业的设计和试题的命制，有利于减负增效。

三、区域教研实践反思

目前，区域高中化学的自上而下"引领式"教研与自下而上的教研实践相结合，提升了教研的实效，实践中我们也进行了反思。区域应用学科能力指标，达成了共同话语语境。能力指标和应用的关键点，需要区域上至教研员，下至学校教研组长、教师达成共识，理解透彻，并在具体实践中应用。应将指标形成的学科理解成为区域高中化学教学的一种话语，大家在同一个语境下开展共研，推进教—学—评的落地。但如何进行深入地推进，还需系统设计，也需要一个过程，我们已走在探索的路上。

第五章

"双减"+"双新"背景下的作业及评价设计

创新作业设计和评价已成为近年来党和国家教育政策关注的热点。然而,我们调查发现,作业和评价中普遍存在着内容设计缺乏系统性、针对性不足、形式单一等问题,这与教师的作业和评价观、设计能力不足、缺少成型的参考样例等均有关系。

首先,本章的研究者通过借用理论或构建模型,为作业设计提供了新思考。譬如,吕芹运用信息加工理论探索了学生做作业时的认知过程,孙波建构了单元作业设计模型,高飞建构了跟作业设计阶段相吻合的研究型教研模型。吴京涛、王丽以"AI作业平台"新技术赋能作业的精准性研究,这些研究为评价改革拓展理论视野,拓宽知识基础。

其次,本章的研究者注重对评价具体策略的研究。例如,刘晓昕提出了基于核心素养的情境化试题、生态学原创试题的命制等策略。吴京涛、王丽提出了从程序类知识认知的六个层次出发的作业设计策略。张素元探讨了目标导向的初中数学单元作业设计的实施策略。吕伟针对美术学科作业的优化提出了新策略。

最后,本章的研究者提供了涉及数个学科的多个案例。这些案例体现了素养导向的课标要求,体现了"双减"的政策要求。比如,孙波、张静老师呈现了一个单元四个课时的基础巩固类作业、应用实践类作业和拓展延伸类作业设计的案例。吕芹基于信息加工理论分别从指向知识学习与知识应用的角度，列举了初中数学的实践案例。高飞针对初中物理作业设计实施过程中遇到的重难点问题，提供了策略性典型案例。刘晓昕对高中生物选择性必修2《生物与环境》部分试题命制过程做了案例介绍。

  这些研究表明，系统化、精准化和多样化的作业与评价设计与实施，能够帮助学生建立主动思考、积极学习的良好氛围，有效减轻教师和学生的学业负担，达到教、学、评一致的良好效果，实现真"减量"、真"提质"！

"双减"背景下小学英语
单元作业设计的理论与实践研究

孙波　张静

2021年7月，中共中央办公厅、国务院办公厅发布了《关于进一步减轻义务教育阶段学生作业负担和校外培训负担的意见》。"双减"政策的出台，对作业提出明确的要求，这就意味着小学英语学科也迫切需要设计出更加科学合理的、满足学生发展的作业。本文旨在从理论与实践两方面对单元作业设计展开研究。其中，理论研究侧重认识"双减"背景下的小学英语单元作业设计的内涵、价值，对目前已有的单元作业设计的模式进行梳理与改进，建构作业设计的基本模型以及探究评价多样的评价方式；实践研究则是通过研究者和实验教师的共同行动，以教材中某一单元为例展开案例研究，引导学生在完成作业的过程中，提升语言和思维能力，发展学习潜力，促进自主学习。

一、"双减"背景下的小学英语单元作业设计的内涵与价值

（一）"双减"背景下的小学英语单元作业设计的内涵

"双减"政策中明确指出："将作业设计纳入教研体系，系统设计符合年龄特点和学习规律、体现素质教育导向的基础性作业。鼓励布置分层、

弹性和个性化作业。"[1] 这里提到的系统设计，主要指向单元作业设计，是教师以单元作为作业设计的基本单位，在仔细分析课程标准、教材内容的横纵向联系以及学情的基础上确定单元作业目标，通过合理选择单元作业资源设计单元作业内容及评价，从而使学生在设计单元类作业的过程中，发展思维品质，完善情感价值，形成核心素养。

（二）"双减"背景下的小学英语单元作业设计的价值

教师围绕单元主线，对单元内容进行必要的整合或重组，形成具有整合性、关联性、发展性的单元，深入发掘单元作业的育人功能。通过单元作业，引导学生形成对主题的深层认知、态度和价值判断，有助于实现育人蓝图，促进学生素养的达成；同时，教师基于单元目标，设计单元作业和课时作业，突破传统作业固化的框架体系和碎片化的学习模式，把握好作业的内容、难度和数量，使学生形成积极的情感体验，提升自我效能感。

二、"双减"背景下的小学英语单元作业设计模型建构

如上文所述，"双减"背景下的作业设计具有整体育人、提升学生素养和自我效能感的价值，但是如何设计高效作业呢？我们基于已有的研究和实践经验，对已有的作业模型做了改造和整合，建构小学英语单元作业设计模型。其主要包括单元作业设计整体模型、作业类型及功能、单元内容设计框架及作业属性图和作业评价方式。

（一）梳理和改进作业设计模型

"双减"政策对作业提出明确要求，为了更好地适应学生发展的需要，以及优化作业设计的需要，研究者结合已有作业设计的相关模型开展了梳理和改进工作。结合教学实践，创建作业设计模型，关注作业的整体性、

---

[1] 中共中央办公厅,国务院办公厅.关于进一步减轻义务教育阶段学生作业负担和校外培训负担的意见[EB/OL].(2021-07-24)[2022-09-02]. http://www.gov.cn/zhengce/2021-07/24/content_5627132.htm.

系统性和自我完善性（见图1）。

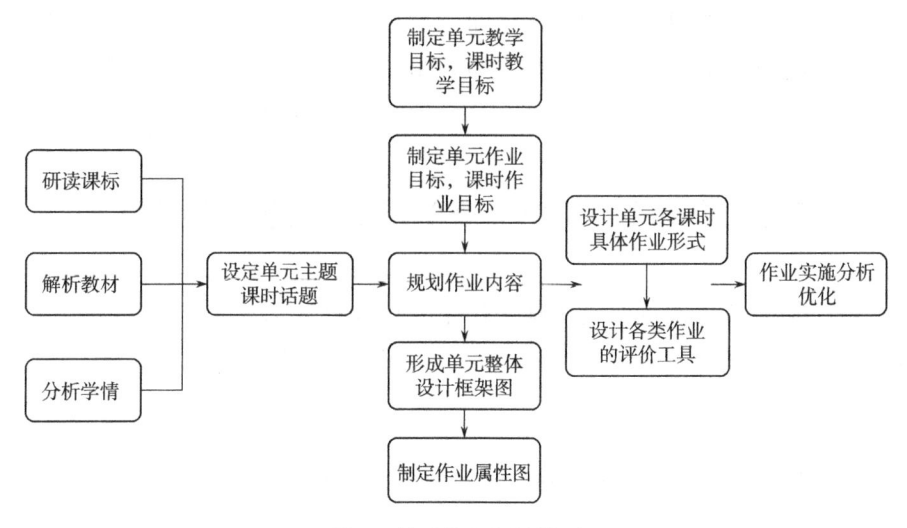

图 1　单元作业设计模型

（二）明确课时作业类型及功能

教师在开展教学时，应创设真实的学习情境，建立课堂所学与学生生活的联系，设计复习巩固类、拓展延伸类和综合实践类等多种类型的作业；同时发挥作业的夯实基础、开拓视野和创新应用等功能，在此基础上明确作业类型、功能和各课时之间关系，确保设计的高结构、强关联、共成长。

（三）研讨单元内容设计框架及作业属性图

"双减"政策出台后，教研员带领研究团队成员开展一系列关于单元作业设计的研究，包含以下内容：设计单元主题意义引领的单元内容设计框架，突出单元主题与各课时之间的一致性和连续性及作业内容与教学目标之间的一致性等；设计绘制单元作业属性图，关注作业类型、作业难易度、学生差异性、作业预估时长等，让作业的内容和形式力求科学。

（四）探究与研制单元作业评价方式

《义务教育英语课程标准（2022年版）》（以下简称《英语课标》）指

出，教师要通过作业评价及时了解学生对所学知识的理解程度和语言能力的发展水平，为教师检验教学的效果、发现和诊断学生学习的问题、调整和改进教学提供依据。研究团队在教研员的带领下，依据作业的类型，从评价主体和评价维度入手，探究并研制不同的评价方式。

三、"双减"背景下的小学英语单元作业设计案例分析

研究团队在不断的改进中探索出单元作业设计基本模型，下面以北京出版社三年级下册《英语》第五单元（以下简称"第五单元"）为例，进行具体的分析。

（一）研读课标、解析教材、分析学情，设定单元主题和分课时话题

《英语课标》指出，英语课程分为三大主题，本单元是"人与社会"主题语境下关于"节日"的子主题，内容是孩子们最喜欢的节日之一"儿童节"。教师在主题意义探究活动的设计上，对第五单元进行整体设计，确定单元主题"Children's Day"，子主题分别为"Children's Day Plan""Children's Day Party""Children's Day Gift""My Children's Day"。

（二）围绕单元主题，制定作业目标

在制定作业目标时，研究者需基于新课程标准，围绕单元主题进行整体规划。首先要明确教学目标和作业目标的关系。作业目标与教学目标保持一致性[1]，避免作业目标偏离教学目标，导致作业难度过大或过小。但是作业目标与教学目标应强调相互促进和补充的关系。其次，要厘清单元教学目标与课时教学目标之间、单元作业目标与课时作业目标之间一一对应的关系。下面以第五单元四类目标为例进行展示（见表1）。

---

[1] 王月芬.重构作业——课程视域下的单元作业[M].北京:教育科学出版社,2021:121.

表1　四类作业目标对应关系

单元教学目标	课时教学目标
1. 能听懂、认读与儿童节计划、联欢会活动及节日礼物相关的词汇及短语，并在相应情景中交流运用。 2. 能在儿童节情境中制订相应计划，谈论联欢会活动，并用所学知识描述并分享自己儿童节所收到的礼物。 3. 能感知字母组合 ire 和 iar 在单词中的发音并尝试运用。 4. 能在学习中主动和同学交流儿童节相关话题，并学会赞美他人	Lesson 15 1. 能认读、理解并运用与儿童节活动计划相关的短语：fly my new kite, go to the cinema, go to the bookstore, go for lunch now。 2. 能用"Do you want to …?""Yes, I do. / Sorry, I can't."邀请朋友参与活动。 3. 能自主制订有关儿童节的活动计划，并主动与朋友们分享
单元作业目标	课时作业目标
1. 学生能够正确流利地朗读和复述对话，巩固、梳理文本内容。 2. 学生能够在情境中运用有关六一儿童节所学词汇和句型进行有效表达。 3. 学生能够利用立体书，对儿童节计划、联欢会庆祝活动及节日礼物进行综合表达及分享	Lesson 15 1. 学生能够正确流利地朗读和复述对话。 2. 学生能在儿童节情境中运用所学词汇和功能句主动邀请朋友参与活动。 3. 学生能够利用立体书，对儿童节计划进行综合语言表达

（三）依据教学和作业目标规划作业内容，形成单元整体设计框架图

依据《英语课标》要求，研究团队确定主题，制定目标，同时依据教学目标和作业目标，制定相应的作业内容，形成单元整体设计框架图，以第五单元整体设计框架图为例，它里面包含主题、分课时话题、各课时目标、作业目标以及与相对应的作业内容（见图2）。

（四）依据政策和新课标要求，建构作业属性图

在单元作业设计的过程中，我们要充分考虑作业数量和质量等要素。"双减"政策对作业总量和质量做出具体的要求。《英语课标》也指出，基

Unit 5 Children's Day

---

lesson 15（新授） Children's Day Plan

课时目标：
1. 能认读、理解并运用与儿童节活动计划相关的短语：fly my new kite, go to the cinema, go to the bookstore, go for lunch now 。
2. 能用"Do you want to …?""Yes, I do. /Sorry, I don't."邀请朋友参与活动。
3. 能自主制定有关儿童节的活动计划，并主动与朋友分享。

作业目标：
1. 学生能够正确流利地朗读和复述对话。
2. 学生能够在儿童节情境中运用所学词汇和功能句，能主动邀请朋友参与活动。
3. 学生能够利用立体书，对儿童节活动进行综合语言表达。

作业内容：
复习巩固类：
Listen, read and retell.
（熟读并复述对话）
拓展延伸类：
Plan for Children's Day.
（邀请朋友并制定儿童节计划）

---

lesson 16（新授） Children's Day Party

课时目标：
1. 能认读、理解并运用与儿童节联欢会活动相关的词汇及短语：song, voice, dance, play the piano, play the drum, do magic tricks 。
2. 能结合儿童节联欢会表演的节目，用"What will you do?""I will..."尝试介绍。
3. 能主动交流儿童节联欢会活动，并懂得赞美他人。

作业目标：
1. 学生能够正确流利地朗读和复述对话。
2. 学生能够在儿童节情境中运用所学词汇和功能句，谈论将要参加的联欢会活动功能句，懂得赞美他人。
3. 学生能够利用立体书，对联欢会相关活动进行综合语言表达。

作业内容：
复习巩固类：
Listen, read and retell.
（谈论儿童节将要表演的节目）
拓展延伸类：
综合实践类（可选）：
Prepare for my mini Party.
（筹办小型联欢会）

---

lesson 17（新授） Children's Day Gift

课时目标：
1. 能认读、理解并运用与儿童节礼物相关的词汇及短语：pencil case, look, water bottle, shape, our new teacher, the story books 。
2. 能用"I like…""So do I."表示喜欢对方的观点。
3. 能结合所学，描述、分享儿童礼物，并学会赞美。

作业目标：
1. 学生能通过朗读和复述，复习巩固对话。
2. 学生能认读、描述喜欢的人或礼物，并用"So do I."表示喜欢对方的观点。
3. 学生能够利用立体书，对他人和自己的儿童节礼物进行综合语言表达及赞美。

作业内容：
复习巩固类：
Listen, read and retell.
（熟读并复述对话）
拓展延伸类：
Appreciate the gifts or people.
（仿照例子，赞美喜欢的礼物或人。）
综合实践类（可选）：
Share my Children's Day gift.
（分享我的儿童节礼物）

---

lesson 18（复习） My Children's Day

课时目标：
1. 复习前三课时与儿童节活动计划、联欢会活动以及礼物相关的词汇及短语。
2. 感知字母组合 ir e 在单词中的发音规律，并认读相关单词。
3. 能围绕情境，结合儿童节活动类型，运用相关语言介绍自己的六一儿童节。

作业目标：
1. 学生能够熟练掌握字母组合 ir 和 iar 在单词中发音规律，正确认读相关单词。
2. 学生能够在情境中综合运用与儿童节活动计划、联欢会活动以及礼物相关的词汇、短语和句型。
3. 学生能够借助立体书进行单元话题的综合表达。

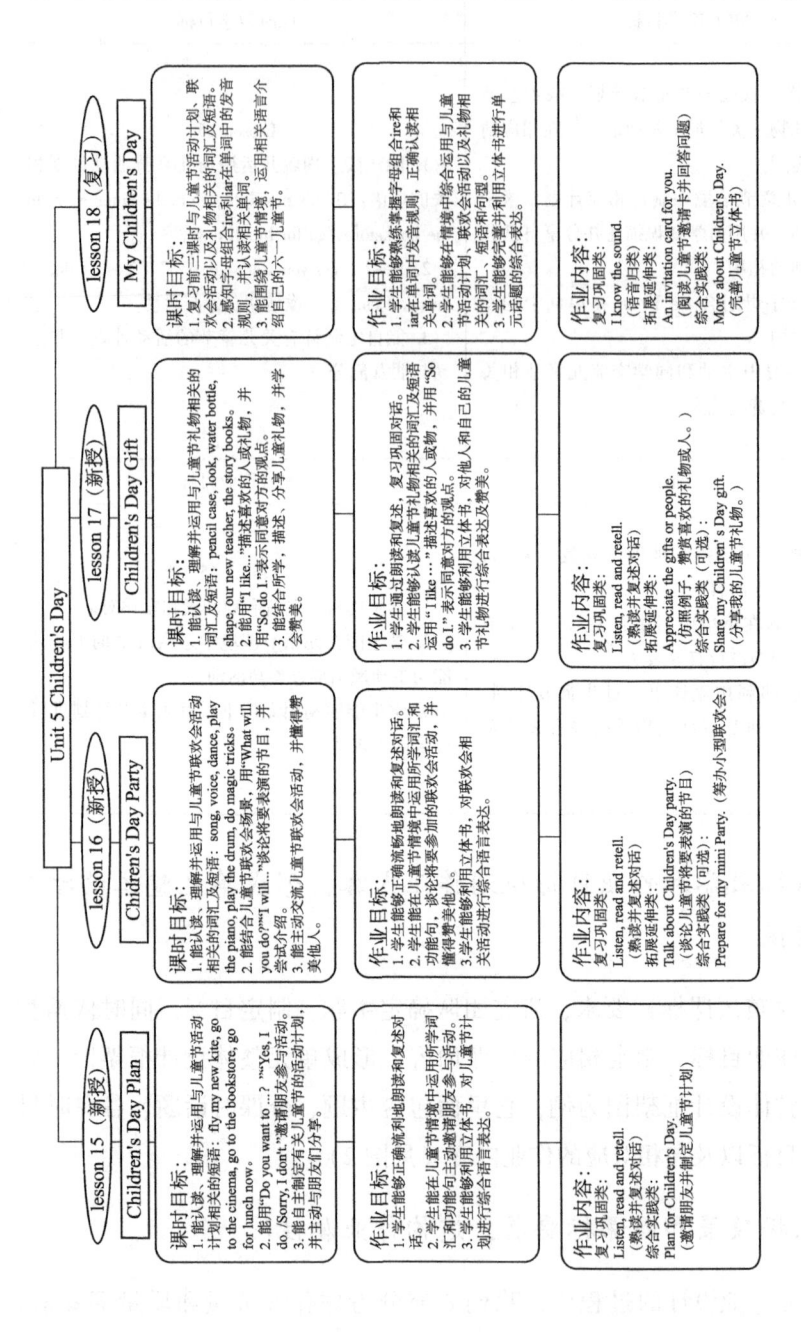

作业内容：
复习巩固类：
I know the sound.
（语音类）
拓展延伸类：
An invitation card for you.
（阅读儿童邀请卡并回答问题）
综合实践类：
More about Children's Day.
（完善儿童立体书）

图 2 单元整体设计框架

于单元教学目标，兼顾个性差异，把握好作业的内容、难度和数量。❶ 基于以上理论，研究团队形成作业属性图，主要包含课时作业目标、作业内容、作业类型、难易度、作业布置方式、差异性和预估时长等（见表2）。

表2 作业属性

课时作业目标	作业内容	作业类型	难易度	布置方式	差异性	预估时长/分钟
Lesson 16 1. 学生能够正确流畅地朗读和复述对话。 2. 学生能在儿童节情境中运用所学词汇和功能句，谈论将要参加的联欢会活动并懂得赞美他人。 3. 学生能够利用立体书，对联欢会相关活动进行综合语言表达	Listen, read and retell.（朗读并复述对话）	复习巩固类	偏易	下发学习单	必做	4
	Talk about Children's Day party.（谈论联欢会上将要表演的节目）	拓展延伸类	适中	下发学习单	必做	8
	Prepare for my Children's Day party.（筹办小型联欢会）	综合实践类	偏难	下发学习单	选做	8

（五）依据教学目标、作业目标及属性，设计各课时作业形式及内容

教师基于教学目标，精心设计每一课时的学习任务单。其中，巩固类作业以朗读复述为例，教师为学生搭建支架。拓展延伸类作业，引导学生在情境中运用所学语言。综合实践类作业，贴近生活情境，运用所学进行综合表达。第五单元中，围绕儿童节单元主题，引导学生制定与节日主题

---

❶ 中华人民共和国教育部.义务阶段英语课程标准(2022年版)[M].北京:北京师范大学出版社,2022:57.

相关的邀约计划、庆祝活动与分享礼物等，深化对儿童节主题的理解和认识。

（六）依据课标要求，设计与作业类型相匹配的评价工具

《英语课标》指出：教师应引导学生成为评价的参与者和合作者；还指出：作业评价为教师发现和诊断学生学习的问题、调整和改进教学提供依据。❶ 以第五单元 Lesson 16 巩固类作业为例，采用自评与师评相结合的评价方式，从正确、流利与有感情等方面进行评价（见图3）。

图3　作业评价

四、结语

综上所述，"双减"背景下的小学英语作业设计，是在理解小学英语单元作业设计的内涵、价值的基础上，对已有的小学英语单元作业设计的模式进行梳理与改进，建构作业设计基本模型；同时分析"双减"背景下小学英语某一单元作业设计的具体案例，便于其他教师在作业设计中借鉴。

---

❶ 中华人民共和国教育部.义务阶段英语课程标准(2022年版)[M].北京:北京师范大学出版社,2022:53.

信息加工视角下初中数学阅读作业设计研究*

吕芹

本文基于信息加工理论，从"知识学习"和"知识应用"两个维度对作业设计进行了初步探索。通过作业问题的设计将学生的认知过程外显化，阅读行为痕迹化，便于教师对学生的思维过程进行诊断，也便于学生的自我诊断，收获阅读加工信息的策略方法，促进学生对知识本质的深层理解。

一、信息加工视角下作业设计的整体思路

（一）问题的提出

2021年，中共中央办公厅、国务院办公厅印发《关于进一步减轻义务教育阶段学生作业负担和校外培训负担的意见》，明确提出"作业布置需要更加科学合理"。《义务教育数学课程标准（2022年版）》中素养导向的课程目标和"注重教学内容的结构化"的教学建议，为数学学习的研究提供了目标与价值引领。"内容结构化"的本质就是着眼知识间的联系，梳理整合，帮助学生形成体系，优化与完善其认知结构。本文从关注学生"怎么

---

* 本文为北京市教育科学"十三五"规划2020年度一般课题"信息加工理论下初中生数学阅读能力培养的策略研究"（课题编号：CEDB2020380）的研究成果。

做"转向关注学生"怎么想",依据信息加工理论,对初中数学的作业设计展开研究,主要从知识学习、知识应用两个方面进行作业类型构建,助力教师对学生思维过程的诊断,加强学生的自我诊断,促其自主学习效率的提升。

(二) 作业设计的整体思路

学生做作业的过程离不开对作业内容的阅读理解。因此,基于初中生的认知特点,通过问题的设计为学生阅读理解、建构,获取有意义的数学信息提供阅读学习支架,主要涉及信息的检索与获取、信息的解释转化与组织整合、信息的迁移与运用、反思与评价等。基于上述逻辑,初中数学作业设计的整体思路是:基于数学概念、性质、关系、规律等核心内容,从信息加工的视角进行作业设计,关注学生认知过程的思维展现及自动化阅读行为的留痕,重视基于知识本质的问题研究,通过作业设计帮助学生进行自我诊断、巩固所学知识与方法、把握知识本质,收获阅读理解加工信息的策略方法,提升数学阅读能力,发展核心素养。

二、信息加工视角下指向知识学习的作业类型建构与实施

研究表明,学生的认知结构和知识经验直接影响学生对信息的加工水平。学生对信息的感知、理解、提取和反思又反过来影响学生对知识的主动建构。因此,基于信息加工视角设计作业,能有意识地引领学生对自我信息加工过程的关注,真正实现有章可循。

(一) 阅读学习类

概念是逻辑的起点,阅读感知活动从概念入手,设计相应任务,在信息输入、加工、输出的过程中,提升学生对信息的深层加工能力。以北京出版社八年级下册《数学》第10页"平面直角坐标系"(见图1)为阅读材料,设计如下任务。

任务1：先粗读，然后用一句话概括这段阅读材料的主要内容；

任务2：再精读，写出阅读材料中你认为很重要的新数学概念；

任务3：用自己的语言尝试对你写出的每个新数学概念进行解释（可以举例说明）；

任务4：写出与每个新数学概念紧密相关的旧数学概念；

任务5：将你写出的所有新、旧数学概念放在一起，寻找它们之间的关系，用你自己喜欢的方式把它们联系起来（可以借助画思维导图或其他）；

任务6：请直接写出图14-3（教材中）中点 P 的坐标。

> **1.平面直角坐标系**
>
> 在平面内，画出原点重合的两条互相垂直的数轴（图14-2），就组成了一个平面直角坐标系。其中，水平方向的数轴叫做 x 轴，竖直方向的数轴叫做 y 轴，原点叫做坐标原点。
>
> x 轴和 y 轴把平面直角坐标系所在的平面分为四个区域，分别称为第一象限、第二象限、第三象限和第四象限。x 轴和 y 轴不属于任何象限。一般情况下，x 轴和 y 轴取相同的单位长度。
>
> 设 P 是平面直角坐标系中的一点，作 $PA \perp x$ 轴于 A，$PB \perp y$ 轴于 B，点 A 和点 B 在 x 轴和 y 轴上分别对应于 -3 和 $+4$（图14-3）。依照这样的方法，对于平面直角坐标系内的任何一个点，一定存在一对实数和它对应。
>
> 我们把平面直角坐标系中的任意一个点 P 在 x 轴上的对应点所表示的实数 m 叫做点 P 的横坐标，在 y 轴上的对应点所表示的实数 n 叫做点 P 的纵坐标，把 m 和 n 合在一起叫做点 P 的坐标，记作 $P(m, n)$。

图1　北京版教材八下第10页

本作业设计中任务1是希望学生关注材料的物理特征，快速概括核心内容；任务2、3是让学生将注意力聚焦在要学习的新数学概念及对新概念的理解；任务4、5、6意在引领学生关注概念间的关系，对信息进行组织编码，从而深入理解，进行初步的浅层运用。通过课堂上对该任务成果的生生、师生交流，进一步修正、完善学生的自我认知。

（二）体系建构类

《义务教育数学课程标准（2022年版）》课程实施教学建议中提出"注重教学内容的结构化。需强化对数学本质的理解，要引导学生从数学概念、原理及法则之间的联系出发，建立起有意义的知识结构"[1]。利用知识结构图或思维导图梳理知识，让学生经历对知识或信息的分类分析和组织概括，促进知识体系的构建，完善认知结构显得尤为重要。举例如下：

---

[1] 中华人民共和国教育部. 义务教育数学课程标准(2022年版)[M]. 北京:北京师范大学出版社,2022:85.

画出单元"圆"的知识结构图或思维导图，要求遵循如下三个步骤。

首先，在不参考任何学习资料的情况下用黑色字迹笔默画思维导图。

其次，结合教材对所画思维导图进行自查，用红色字迹笔补充遗忘或没想到的知识内容，用蓝色字迹笔对错误的知识进行修改。

最后，进行整体思考，再进行修正完善。

结构图能大致反映学生头脑中的知识存储的内容与方式，便于教师诊断，也便于学生自我诊断。从信息加工的视角看，学生对知识（信息）编码的方式影响其对知识（信息）的有效提取与运用，构建知识结构图或思维导图能有效地锻炼学生对知识的编码能力。

（三）反思评价类

在加涅的学习与记忆模型中，执行控制过程也是可以习得的，它决定学生怎样注意、编码、储存和提取信息，影响学生信息加工过程中对方法策略的选择。作为教师，要引领学生经常对自己的学习过程进行回顾反思，不断修正完善认知策略。例如，对今天课上学习的内容和自己的学习过程进行反思；对某问题的解决过程谈谈自己的想法，提出自己不同角度的思考；对某同学的解题过程进行评价，说出亮点与不足，提出改进建议；针对某题目提出新的问题或对其进行变式拓展等。

三、信息加工视角下指向"知识应用"的作业类型建构与实施

用于"知识应用"的作业任务设计，更多关注对题目的阅读理解与分析、关联变式与组织、拓展评价与反思，在解题中应用知识、巩固知识，多角度深层理解知识，建立知识间的联系，促进知识的迁移。

（一）关联变式类

信息加工中的"组块"理论认为短时记忆容量有限。"'组块'化的过程是通过扩大每个组块信息的意义联系，以达到扩大与增加短时记忆容量

的认知操作"。❶ 因此，在设计题目时，要关注题目间关联，对承载核心知识的多个题目进行共性分析，设计变式作业问题。

例如，在专题复习"矩形的折叠问题"中，设计分三步：一是明确本专题承载的核心知识本质（见图2）；二是参考教材或其他试题资源，将四边形中轴对称问题的相关试题进行归类分析，寻找共性；三是确定特殊背景图形下的折叠问题作为母题，再进行变式问题的设计。

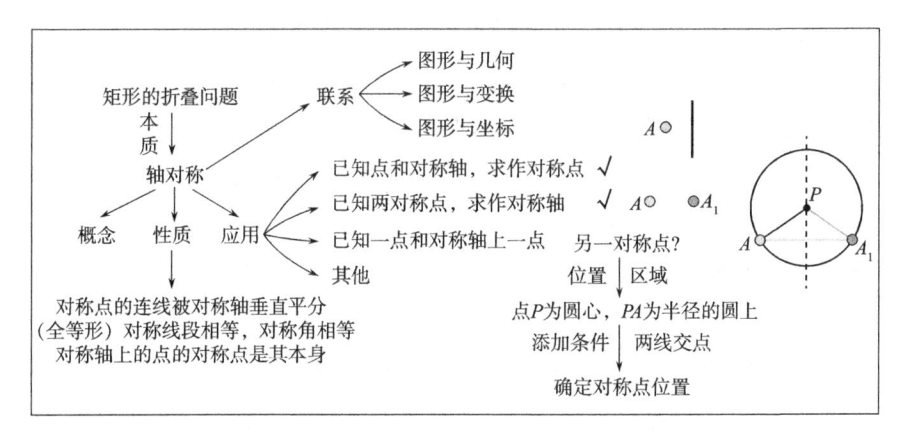

图2 "矩形折叠问题"知识本质分析框架

案例：如图3，在矩形 $ABCD$ 中，沿过 A 点的一条直线折叠矩形，使点 D 落在 BC 边上点 F 处，折痕交边 CD 于点 E，连接 EF，做出翻折后的 $\triangle AEF$。在完成上述要求的基本作图之后，设计问题：①依据已知条件，结合图4你能推断出哪些结论？②若 $AB=8$，$BC=10$，求 CF 的长。③如图5，若点 F 落在矩形的内部，连接 CF，此时能否求出 CF 的长？为什么？如果不能，你可以添加什么条件，使得 CF 可求？

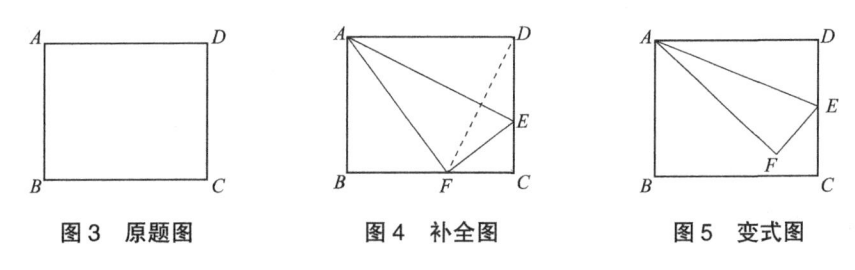

图3 原题图　　图4 补全图　　图5 变式图

---

❶ 梁宁建.当代认知心理学(修订版)[M].上海:上海教育出版社,2014:96-144.

本设计重在展示如何进行题目的选择与设计，表面看是依共性对题目进行编码，实质上是对题目本质的深层理解。对于学有余力的学生，可以启发学生给出新的变式或拓展类问题，研一题，通一类，事半功倍。

（二）开放联想类

为了证实习得的内容，须从长时记忆中提取，提取过程需要某些线索。这些线索可通过外部情境或学习者提供，线索用以与已习得的内容相比较或相联系，如此查找的内容才能被提取出来。❶ 这样做能够在促阅读能力提升的同时，最终发展学生运用数学知识解题或解决问题的能力。

一道几何作业题目的设计举例：$\triangle ABC$ 中，M 为 BC 的中点，AT 平分 $\angle BAC$，$FM \parallel AT$ 交 CA 的延长线于 E。①依题意画出图形（或设计补全图形问题）；②标出题目中的重要数学概念或数学关系，写出你能由此联想到的数学知识；③求证：$BD = CE$.

本题将学生的分析过程显性化，希望学生能有意识地从已知的条件（或未知结论）出发建立联想。另外，依据已知的条件画图，每画一条线进行一次知识的联想，在图形的生成中感悟图形之间的关系。问题①和②都在给学生提供线索，或让学生体会如何依据线索提取自己长时记忆中的知识，进行联想推断，探索解题思路。

四、结语

作业的有效设计与实施、阅读理解认知支架的支持，是学生自主学习能力提升的有效路径。学生做作业的过程，是对包括事实性知识、概念性知识、程序性知识、元认知知识在内的全方位阅读感知与理解运用，涉及数学知识结构、解题思路、数学思想方法的提炼概括、学习方法的改进反思，进一步感受阅读理解的认知加工过程。基于信息加工视角的作业设计，能助力学生基于知识本质的数学素养提升。

---

❶ 加涅.学习的条件和教学论[M].上海:华东师范大学出版社,1999:80-82.

"双减"背景下目标导向的数学单元作业设计研究

张素元

"双减"背景下,以"控量提质增效"为原则,作业设计及作业实施的质量逐渐成为衡量课程改革成效的关键维度。笔者分析和探讨了目标导向的初中数学单元作业设计的必要性及策略,针对基于教学目标研制单元作业目标及结合单元作业目标编制单元作业提出建议,这些建议将对提升作业设计的质量、减轻学生负担和提高教师专业发展水平有所裨益。

一、问题的提出

"作业"成为国家"双减""五项管理"工作中共同关注的切入点。学生普遍存在作业时间较长但学习效率较低的现象,当前数学作业设计存在一些问题。例如,教师布置作业较多,形式相对单一,课时作业设计时缺乏对整体单元教学的联系与思考,作业的创新性、发散性、拓展性不足,学生缺乏兴趣。作业设计目标不够明确,特别是有一些题目设计主次不分、对象不分、缺乏挑战,学生也较难通过完成作业达到有针对性地巩固知识、熟练技巧、积累活动经验和感悟数学思想方法的功效。因此,我们应着力探索目标导向的单元作业设计。

《义务教育数学课程标准(2022年版)》实施建议中指出,"要依据核心素养的内涵和不同学段的主要表现,结合具体的教学内容,全面分析主题、单元和课时的特征，基于主题、单元整体设计教学目标，围绕单元目标细化具体课时的教学目标"❶。如同单元相较于课时的意义，以单元为基本单位进行作业整体设计同样有其独特的价值。

具体而言，本文中的单元是指同一主题下相对独立并且自成体系的学习内容。在数学教学中，"单元"一般有两种：一种是以数学学科框架体系内的学习内容来组织的"自然单元"；另一种则是从某个专题或学科关键能力等角度重组单元的"重构单元"❷。而单元作业设计，是指教师以单元为基本单位，依据单元目标，以选择重组、改编完善或自主开发等多种形式形成作业的过程。单元作业设计不是简单的线性关系，需基于"目标导向"才能体现单元整体教学的特点。本文基于单元教学目标研制单元作业目标，在此基础上探究如何设计单元作业，促进教师思考如何增强同一单元不同课时作业之间的结构性和连续性，增强作业设计的目标性，进而提升教师对数学课程的整体把握和系统设计能力，减轻学生的作业负担，真正实现"减负增效"。

二、基于教学目标研制单元作业目标

作业目标主要反映作业需要实现的功能和作用，单元作业目标科学与否决定了作业设计的起点是否正确，它是单元作业设计的基本依据。

结合课标、教学内容以及学情制定单元教学目标，基于此，单元作业目标与教学目标相一致，有助于保证作业内容的可理解，也会促进学生在课堂上认真学习形成良性循环。但作业目标不等同于教学目标，一般而言，教学目标围绕课堂教学中的教与学活动展开，而作业目标主要围绕学生发展的需求展开，且与课堂活动密切相关。作业目标与教学目标不是简单的从属关系，而是互相促进和补充的关系。作业目标需适当考虑如何弥补课

---

❶ 中华人民共和国教育部.义务教育数学课程标准(2022年版)[M].北京:北京师范大学出版社,2022:86.

❷ 王月芬.重构作业——课程视域下的单元作业[M].北京:教育科学出版社,2021:108.

堂教学中的不足。因此，单元作业目标的设计必须紧紧围绕教学目标，但并不是教学目标的简单重复。设计单元作业前需进行目标分解和目标维度的细化，并制定作业细目表。每课时的作业目标都围绕教学目标，不同课时之间相互促进与补充，如"体会不等式是刻画现实世界数量关系（不等关系）的有效模型"是一个非常重要却又难度量的目标，在作业目标中层层递进，使其循环出现从而多角度、多层次去逐步深入理解，增强不同课时作业内容之间的衔接性及递进性，并考虑弥补课堂教学中的不足。

三、结合单元作业目标，编制单元作业

在保证科学设计单元作业目标的前提下，如何依据单元作业目标设计作业内容就成为关键步骤。

（一）作业内容与作业目标一致

作业内容依据作业目标进行设计，有助于解决作业设计中二者相互脱离的问题，使作业成为实现课程目标的有效途径之一。但作业内容与作业目标并不是简单的一一对应的关系，有些作业可能会达成多个作业目标，也会出现多个题目是为了一个目标而设置的。对于数学学习中数学思想与方法的形成、实践能力、发现问题与提出问题能力、分析问题与解决问题能力的提升等长期目标，是需要逐步实现的。作业内容从知识与技能层面能够清晰界定，而从思想方法层面则需要逐级循环渗透与领悟。

（二）作业难度的适宜性

作业难度是判断作业负担的指标之一，也是单元作业设计中最难的一点。难度过低的重复性作业不利于培养学生高阶思维，也会因枯燥乏味影响学生的成就感；但难度超过学生的认知能力则会成为学生负担，且影响学生的学习自信，甚至导致抄袭等问题。

一般情况下，影响作业难度的因素主要有以下几点：解决问题所需要的知识量（包括解决问题的策略知识），融合知识点越多题目相对越难；问

题的表征方式等。对数学学科而言，体现数学抽象、逻辑推理相关的内容，学生常常会觉得难以理解。面对学生的数学学习困难，教师在设计作业时应遵循维果斯基的"最近发展理论"，一方面考虑学生现有水平，另一方面考虑教学目标需要学生达到的水平，从而创设学生的最近发展区，对作业难度判断要准确，不同难度的作业题量分配要合理。

(三) 差异性作业设计

受不同因素影响，学生身心发展存在差异，倘若让具有差异性的学生去完成"一刀切"的作业，则"吃不了"和"吃不饱"的现象是无法避免的，久而久之会遏制学生数学核心素养的发展。为了不同层次的学生都能获得成功的体验，教师在进行作业设计时，要遵循因材施教原则，采取分层设计作业的方式，引导不同层次的学生选择适合自己的作业，帮助学生在有限的时间有更大的收获。

(四) 多样化作业设计

作业类型会影响学生的作业兴趣，从而间接影响学生作业的负担感和作业效果。常规作业的题型要结合课标尽量与考试题目设置相一致，选择题、填空题与解答题相搭配，适当地设计开放性题目促进学生发散性思维的发展。整理类的作业，如单元思维导图对归纳能力以及认知结构的形成与完善大有裨益，错题集对查漏补缺也很有帮助。

综合实践性作业能够增强学生对数学知识的理解，更重要的是学生在充分体验、发现、合作交流、反思的过程中，逐步深化对问题的认识，逐步去发现问题、提出问题，培养学生的问题意识和应用意识，体会数学的价值。

(五) 科学预估作业时间

教师科学准确地预估作业时间是有效控制作业量的有效方式，一般要按照班级中等水平的学生来进行判断，除了关注共性作业的时间，也要关注学生自主作业的时间以满足学生个性发展的需求。如对于中考后三道综合题解题能力的提升，在周末或假期作业设计中可有所考虑，在积累与螺旋式上升过程中逐渐提高分析问题解决问题能力。

四、结语

作业应有的价值毋庸置疑，不仅能够折射教师的教育理念和专业能力，也是学生是否喜欢一门学科、一位教师的原因之一，是导致学生学业质量差距的重要因素。数学作业设计质量对作业负担的影响最大，"双减"背景下，以"控量提质增效"的原则，提升作业设计质量逐渐成为衡量课程改革成效的关键维度，也是教师专业发展水平的重要标志之一。单元作业设计是一个复杂的任务，需要多方面因素统筹考虑，不同的教学内容与学情就有不同的单元作业设计，教学中还需随时根据学情进行调整，并将数学知识本质与数学核心素养的培养分解在不同的教学单元和学习实践，作业评价也需要进一步研究。

基于AI作业平台的初中数学作业设计研究与实践

吴京涛 王丽

在"双减"大背景下,课后作业要求"分类明确作业总量、提高作业设计质量、加强作业完成指导"。❶ 还应通过多样的作业形式、评价反馈方式,帮助学生建立主动思考、积极学习的良好氛围。同时,能够运用人工智能、大数据等技术助学、助教、助管、助研。❷ 这样做能够丰富作业来源、完备作业功能、提高作业设计的精准性,提高教师教学效率,提升学生学习体验,实现教、学、评一致的良好效果,达到真"减量"真"提质"的政策意图。

一、基于AI作业平台开展初中数学作业设计的理论支持

为改进初中数学作业的现状,使其内容的目标性、任务性更准确,功能更完备,可依据布鲁姆教育目标分类学理论,把作业依据知识类型所要

---

❶ 中共中央办公厅,国务院办公厅.关于进一步减轻义务教育阶段学生作业负担和校外培训负担的意见[EB/OL]. (2021-07-24) [2022-09-28]. http://www.moe.gov.cn/jyb_xxgk/moe_1777/moe_1778/202107/t20210724_546576.html.

❷ 深入贯彻党的二十大精神纵深推进教育数字化,怀进鹏调研中国教育科学研究院[EB/OL] (2022-11-15) [2022-12-30]. http://www.moe.gov.cn/jyb_xwfb/gzdt_gzdt/moe_1485/202211/t20221115_991820.html.

达到的认知维度（见表1）进行设计，使作业更符合学生的认知过程，更好地达成教学目标。设计作业时，对学习任务和作业功能进行统筹安排，明确作业功能，丰富作业的维度，使作业更加立体、多元。分析作业时，结合知识类型的分类标准，发现学生在认识过程中的问题，对出现的问题进行思考、反馈。评价作业时，可根据已有问题对后续问题进行预设，进行对比分析，作为后续相似教学类型改进的基础。

表1 认知过程二维细目

知识维度	认知过程维度					
	记忆/回忆	理解	应用	分析	评价	创造
事实性知识						
概念性知识						
程序性知识						
元认知知识						

资料来源：安德森. 布卢姆教育目标分类学[M]. 北京：外语教学与研究出版社，2009：46.

二、基于AI作业平台开展初中数学作业设计的独特优势

AI作业平台的作业数据化处理主要有三大功能。第一，可以统计每个学生作业完成的正确率。第二，可以统计每个题目完成的正确率。第三，能针对某一段时间（如一周、一月等）出现的问题为学生量身定制"靶向作业"。数据统计结果更便于教师整体把握本班作业的完成情况、精准掌握学生出现的问题，及时解决学习中的难点，更能有针对性地做好课后的集体辅导或个性化答疑。靶向作业针对学生知识盲点、易混点等"痛"点，使学生更好地攻克自己的薄弱环节，也使作业更具有实效性、精准性、科学性及趣味性，丰富作业的形式，形成多样性的作业评价方式。

AI作业平台使用感受的调查中显示，接近85%的学生认为AI作业平台更有利于对学习情况做精准分析，实现个性化学习，提高学习效果，减轻学习负担，记录、分析、反馈学习成果，提升了学习质量。靶向作业的设置，为后续学习的改进和提升提供更好的依据。相比传统的数学作业，可以呈现出更丰富的数据分析结果，对当下的学习以及未来的学习都有更好

的指导作用。借助 AI 作业平台，实现对学生作业的精准识别，把优质适配的内容资源精准推送给学生，实现教师精准高效教学，学生精准高效学习。

三、基于 AI 作业平台开展初中数学作业设计的案例探析

以布鲁姆教育目标分类学为作业设计的理论支持，依托 AI 作业平台，对初中数学作业设计和实践，充分发挥作业的巩固、延伸和评价作用，达到分层精准、弹性合理、个性按需的效果，使每位学生在作业中均有收获。

(一) 作业设计举例

作业设计如下：

1. 记忆：解含分母的一元一次方程的主要步骤是：
   ①去＿＿＿＿，去＿＿＿＿；
   ②＿＿＿＿、合并＿＿＿＿，化为＿＿＿＿方程；
   ③把未知数的系数化为＿＿＿＿，得到方程的解。

2. 理解：根据下列解方程 $\frac{3x+5}{2}=\frac{2x-1}{3}$ 的过程，请在前面横线上填写变形步骤，在后面横线上填写变形依据。

   解：原方程 $\frac{3x+5}{2}=\frac{2x-1}{3}$

   去分母，得 $3(3x+5)=2(2x-1)$，＿＿＿＿＿＿

   去括号，得 $9x+15=4x-2$，＿＿＿＿＿＿

   ＿＿＿＿，得 $9x-4x=-15-2$，＿＿＿＿＿＿

   ＿＿＿＿，得 $5x=-17$，＿＿＿＿＿＿

   ＿＿＿＿，得 $x=-\frac{17}{5}$，＿＿＿＿＿＿

3. 应用：(1) ① $\frac{5y-1}{6}=\frac{7}{3}$

   ② $\frac{x-2}{5}=\frac{x+3}{2}-1$

   ③ $\frac{x+1}{2}+\frac{x-2}{4}=3$

   ④ $\frac{3x-1}{3}-\frac{2x+1}{6}=-1$

   (2) 当 m 为何值时，关于 x 的方程 $\frac{x+1}{x-2}=\frac{2m-3}{m+5}$ 的解是 $x=0$？

4. 分析：比较解整式方程和解分式方程有什么相同点，有什么不同点。

5. 评价： 阅读材料：数学课上，教师让同学们解方程：$\dfrac{3x+1}{2}-\dfrac{2x-5}{6}=1$.

以下是小明的解题过程：

$$6\times(\dfrac{3x+1}{2}-\dfrac{2x-5}{6})=1\times 6 \quad \cdots\cdots 第①步$$

$$6\times\dfrac{3x+1}{2}-6\times\dfrac{2x-5}{6}=6 \quad \cdots\cdots 第②步$$

$$3（3x+1）-2x-5=6 \quad \cdots\cdots 第③步$$

$$9x+3-2x-5=6 \quad \cdots\cdots 第④步$$

$$9x-2x=6-3+5 \quad \cdots\cdots 第⑤步$$

$$7x=8 \quad \cdots\cdots 第⑥步$$

$$x=\dfrac{7}{8} \quad \cdots\cdots 第⑦步$$

请你仔细阅读，你认为小明同学哪一步书写得好，哪一步有错误？说明理由并改正。

6. 创造： 根据自己在解方程中的易错点，编制一道纠错题，并改正。

作业设计中记忆、理解、应用内容能够夯实、巩固本课时的基础知识和基本技能，同时具有知识诊断作用，及时发现学生存在的问题，确定适当的教学起点，采取恰当的教学策略。分析、评价内容能很好地把已有的知识、技能与新学习的知识、技能相结合，提升学生的整体认知层次，建立知识连接，使作业更多样化，不仅是简单的机械操作，更有思考、探索和发现，从而培养学生自主发现问题的能力。创造内容为开放性题目，学生可按自己所学、所知、所想，提出问题并解决问题，培养学生提出问题、解决问题的能力、激发学生的创新实践能力，提升学生数学学习兴趣和学习自信心。

（二）实践反馈

依据布鲁姆教育目标分类学理论，把学习者的认知过程分为六个维度，每个维度又分为不同的认知层次（见表2）。

以北京版数学教科书（七年级上）第二章"一元一次方程"的作业为例，以本校七年级共241名学生作业为统计样本，借助AI作业平台，按不同维度下的认知层次完成情况进行统计。

分析表明：作业中记忆、理解部分完成度和完成质量较高，这两方面主要是对课堂所学知识的巩固、加深和保持；作业中应用、分析、评价维度体现了学生知识的综合应用能力，较前面的记忆、理解部分正确率有所下降；作业中创造维度的完成质量和正确率是最低的，即随着认知过程中对认知程度要求的提高，学生完成作业的质量和正确率呈现逐渐下降的趋势。因此，根据作业完成情况对教学提出以下建议。

表2 认知过程维度的五层次划分

认知过程维度	认知过程维度中的层次划分				
	层次一	层次二	层次三	层次四	层次五
记忆	识别	回忆			
理解	解释	举例	分类	总结	推断
应用	执行	实施			
分析	区别	组织	归因		
评价	检查	评论			
创造	产生	计划	生成		

（1）继续坚持基础知识、基本技能在课堂上的落实。在课堂教学中保持对基本概念及解题方法的精准剖析、准确分析。

（2）设计综合性问题，丰富教学形式，引发学生多方位思考。在课堂教学中，应提出综合性更强的问题，使学生在解决问题时，经历对知识的提取、分析、加工过程。解决问题后，学生能对已完成的问题有分析、归因、评价的过程，从而使学生沉浸在解决问题的情境中，提升其综合能力。

（3）注重新知识的生成过程，关注知识的迁移能力。在创造维度，要求学生能将某些知识重新组合从而生成新的问题、方法或过程，需要学生具有一定的学习基础和学习经历。因此，在课堂教学中，要有序地组织学生开展新任务的探究，注重新知识的产生过程，关注已有知识向新知识的迁移过程，树立学生学习的自信心，为学生提供更大的创造空间。

四、结语

在作业设计、反馈中，融入布鲁姆教育目标分类学理论，借助AI作业平台提供的"大数据",教师可以对数学作业进行更精准的设计,更有针对性地改进课堂教学。通过有效的作业内容,把课堂学习和课后学习紧密连接,完成作业巩固、诊断和学情分析。在此基础上,提升学生学习兴趣,优化学习方法,实现"教有方,学有法,依数据,促'双减'"!

指向核心素养的初中信息科技主题单元作业设计

牛静 李莹莹 刘恩娟

单元教学是全面深化教学改革的重要内容和表现之一，作业是信息科技课程的重要学习活动，主题单元作业是落实信息科技课程核心素养的重要和有效途径。

《义务教育课程方案（2022年版）》"课程实施"部分倡导："探索大单元教学，积极开展主题化、项目式学习等综合性教学活动，促进学生举一反三、融会贯通，加强知识间的内在关联，促进知识结构化。"❶

单元一般是指同一主题下相对独立并且自成体系的学习内容。这个主题可以是一个观念、一个专题、一个关键能力或一个真实问题，还可以是一个综合性的项目、任务等。单元作业是体现单元整体要求的综合性作业。单元作业有助于从单元整体视角对单元整体培养目标、教学、评价、作业资源等进行系统思考，符合课程视域目标性、系统性等理念追求，有助于发展学生的学科核心素养。❷

初中信息科技作业主要指与教学和学习任务紧密相连的学习实践活动，本文的主题单元作业就是由多个子项目构成的比较复杂的实践类作业。

---

❶ 中华人民共和国教育部.义务教育课程方案(2022年版)[M].北京:北京师范大学出版社,2022:14.

❷ 王月芬.重构作业：课程视域下的单元作业[M].北京:教育科学出版社,2021:108-113.

一、主题单元作业设计原则

单元作业设计的主要任务是让学生在完成一个个相互联系且解决特定问题的作业过程中,理解核心概念,形成完整的单元知识结构,提高解决问题的能力。[1]

信息科技课程作业强调技术原理的理解和在实际生活中的应用,探索利用信息科技手段解决问题的过程和方法,凸显课程的科学属性。通过理论学习和实践研究,梳理、归纳初中信息科技课程主题单元作业设计应遵循的主要原则:系统化、综合化、生活化、结构化、可操作性、可选择性。

(一) 系统化

1. 目标系统化

素养导向的主题单元作业设计,单元目标是关键,首要任务是解读课程标准中学段目标和学业质量标准等。以课程核心素养为导向系统设计主题单元作业的总目标和子项目(或课时)目标,使其与作业内容、活动、评价与资源等建立关联。评价关注核心素养的落实与量化分级,教、学、评一体,使素养培养可操作、可落实。

2. 设计系统化

主题单元作业是一个完整的系统,目标、内容、活动、资源、评价之间应相互关联、配合,学生根据一定的思路探究解决问题的方法,逐渐提升核心素养。

3. 知识与能力构建系统化

学生完成主题单元作业的过程是完整的信息科技应用过程,要从信息科技课程关键概念如互联网、物联网、数据、算法以及信息处理的角度,考虑知识、能力、方法的系统化。

---

[1] 中学信息科技单元教学设计指南[M].北京:人民教育出版社,2018:56.

（二）综合化

1. 目标综合化

要围绕信息科技课程的核心素养——信息意识、计算思维、数字化学习与创新、信息社会责任4个方面，综合设计体现核心素养要求的主题单元目标。

2. 不同学科知识与能力的综合

主题单元作业设计应立足信息科技课程，适度体现不同学科知识、能力的联系与综合运用，不仅符合中学生对事物的认知规律，使学生在不同学科知识和能力的综合运用中开阔视野、拓宽知识面；更重要的是，引导学生多角度分析、思考，真正面向生活、面向问题，将课程综合化理念落到实处。

（三）生活化

生活化原则强调从学生经历的真实信息社会生活环境以及经验中设计真实、情境化的主题，尽量具有一定的趣味性，引导学生经历真实问题解决所需计算思维过程和数字化学习工具应用过程，促进学生将信息科技课程的科学原理、技术方法与个人经验和生活现象建立联系并在实践中应用。

（四）结构化

大单元教学要素之一就是结构化的作业与检测。《义务教育信息科技课程标准（2022年版）》也要求围绕数据、算法、网络、信息处理、信息安全、人工智能6条逻辑主线组织课程内容，体现循序渐进和螺旋式发展。❶

所以，结构化既包括主题单元内容结构化，即注重知识、能力间的关联和内在逻辑；也包括学生的活动及活动方式的结构化。

（五）可操作性

核心素养的培养在于知识、能力获得的过程。因此，主题单元作业的

---

❶ 中华人民共和国教育部. 义务教育信息科技课程标准（2022年版）[M]. 北京：北京师范大学出版社，2022：12.

设计与实施，如内容的选择、组织，活动的设计，以及评价中对素养都应有具体的描述。还应将单元作业分解成若干个子项目以及相应的若干活动，把知识、技能融于活动中，通过核心任务或问题的引导和分解，串联起解决问题的思路，使主题单元作业具有可操作性。

（六）可选择性

可选择性指项目在设计时要关注不同学生的学习特点和学习需求，为学生提供可自主选择的项目活动、任务和学习资源，在数量上具备一定的可选择性，在难度上和任务类型上也有可选择性。

二、主题单元作业设计分析

为更好地实现从理念到实践的转化，下面结合初中信息科技课程"基于 OneNET 开放平台的物联网项目"主题单元作业实例进行分析。

（一）主题设计分析

主题情境的选择是课程实践体验的核心。本主题单元的作业关注学生已有的信息科技知识、经验、观念，从学生身边的物联网应用着手延伸到公共安全，完成了物联网常见三大应用领域的简单系统搭建。主题情境的选取拓宽学生关注问题的视野，提升信息社会责任，体现了生活化和情境化原则。

子项目实施过程把真实情境中的过程抽象为信息科技解决问题的一般过程，学生经历从情境化到去情境化的过程，培养的是利用学科的原理、思想、方法解决问题的计算思维能力等信息科技课程核心素养。

（二）内容设计分析

主题单元作业在知识设计方面：对物联网的认识从初识物联网的概念开始，在体验基本功能的基础上初步了解其原理和架构，最终了解物联网与人工智能的结合应用方式，强化知识间的内在关联。

子项目实现的功能：由从云平台发命令的单向控制设备，到设备也能发送信息给云平台的双向控制，再到人工智能技术和物联网相结合控制设备,对物联网系统的不同控制过程进行完整的感知与验证。

这些主要体现了综合化、结构化和系统化原则。

(三) 活动设计分析

信息科技强化素养培养并不意味着弱化技能和工具学习。主题单元作业整体规划方案设计、搭建系统等9个主要活动,活动设计指向信息科技原理层面与技术实践过程。学生在认识物联网相关知识的基础上,硬件、软件和平台结合,完整体验一个物联网系统的设计与实现过程,经历原理运用、计算思维和数字化工具应用的过程,从而建构知识,掌握技能和方法,提升问题解决能力,体现了综合化、结构化和系统化原则。

为学生提供基础任务和拓展任务,可以满足不同能力小组的需求。小组中每位成员可以选择感兴趣或者擅长的部分完成,也体现了可选择性。

(四) 逻辑主线设计分析

主题单元作业3个子项目结合传感器和云平台,从数据单向传递到双向传递,最后使用人工智能技术采集数据并双向传递,对物联网本质的认识从实践体验初步上升为理论层面,着重体现了数据这一课程的逻辑主线。

(五) 资源设计

结合单元目标、活动等设计适合不同水平、不同学习风格的学习资源,包括半成品程序、学习任务单、评价表、操作微视频等,学生能够根据需要选择恰当的资源,体现了系统化和可选择性,使作业更具可操作性。

三、结语

信息科技课程的实施,还应针对不同学习内容和需求设计更多元的主题单元作业,如原理认知类作业、跨学科的主题单元作业等。

主题单元作业强调核心素养立意,注重结果应用,聚焦信息科技课程关键概念、原理、能力和方法,使课程核心素养有切实可行的落地途径。

"双减"背景下中学美术作业
设计的问题与对策研究

吕伟

在"双减"背景下，美术学科教学根据美术核心素养的发展需求，以学生为主体，从知识的构建到人文素养的有效提升，将美术核心素养的培养有效渗透在美术作业设计当中，促进学生美术素养的发展与提高。以教学内容为载体，注重文化理解素养的渗透；以动手体验的方式，增强美术表现的渗透；以媒体素材为手段，提升图像识读意识的渗透；以尝试表现材料的应用，引导创意实践的渗透；以多元化实施教学，注重对审美素养的培养。

美术作业是课堂教学活动过程的重要环节之一，与课堂教学一起构成了完整的美术教学体系。而有效的美术作业设计，直接影响着美术课堂教学的有效性。随着《义务教育艺术课程标准（2022年版）》的出台，在"双减"政策的背景下，目前美术作业设计方面还存在着一些问题，就这些问题我们进行了进一步的研究和思考。

一、美术作业设计中存在的主要问题

（一）美术作业缺少分层、分类设计，针对性不强

王月芬在《重构作业——课程视域下的单元作业》一书中提到：作业

问题纷繁复杂，作业本身是一个相对完整的体系。作业包括作业设计、作业完成、作业批改、作业讲评、统计分析等各个环节，这些要素相互支撑，循环发展。调研结果显示，目前作业各个环节都存在问题，尤其是作业设计环节。❶

学生间存在着各种差异，能力水平也各异，完成美术作业的速度快慢不同，质量参差不齐。老师们有时候在设计学生作业环节时，往往忽视了学生的差异，作业设计缺乏层次设计和类型设计。课堂作业有的学生完成得快，时间富余，有的同学作业完成起来困难重重，甚至无法完成。这种情况也容易造成课堂纪律混乱，作业效果也达不到预期，很难完成教学目标。

（二）美术语言在欣赏评述类作业中表现欠缺

在《义务教育艺术课程标准（2022年版）》中，七年级的学习任务第一项是领略世界美术的多样性，其中的学业要求是能运用美术语言，以及分析、比较等方法，欣赏、评述美术作品，领略世界美术的多样性。❷ 也就是说，在美术作品欣赏过程中，学生有了艺术感受之后，用适当的词汇将其表达出来，感受就会得到强化。这就需要有较好的语言表达能力和丰富的美术语言的积累。然而，因为语言贫乏而影响欣赏效果的现象也普遍存在。

例如，教师在引导学生欣赏唐代吴道子的《八十七神仙卷》时对学生说："你能谈谈对这幅作品的感受吗？"学生回答："我觉得这幅画很美。"老师再问："你能给大家谈谈具体美在哪儿吗？或者说画面表现了一种什么样的美呢？"学生摇摇头，沉默不语。美术语言的匮乏使学生对作品的评述只能是表面的。

类似这样的场面会经常出现，因此在欣赏评述类作业中就应该重视美术语言的培养和运用。

---

❶ 王月芬.重构作业——课程视域下的单元作业[M].北京:教育科学出版社,2021:74.

❷ 中华人民共和国教育部.义务教育艺术课程标准(2022年版)[M].北京:北京师范大学出版社,2022:59.

(三) 作业主题不够明确，作业设计中的工作任务不具体

在《义务教育艺术课程标准（2022年版）》中，美术学科课程内容设置包括"欣赏·评述""造型·表现""设计·应用""综合·探索"四类艺术实践活动，涵盖十六项具体学习内容，而且分学段设置了不同的学习任务。这些学习任务可以帮助学生深化理解课堂知识、激发创新意识、提升美术学习技能，培养学科核心素养。❶

在具体实践过程中，如果作业设计得不够具体，任务不够明确，作业效果和课堂实践就会大打折扣。

二、针对美术作业设计方面存在的问题进行的具体研究与实践

(一) 美术作业的分层、分类设计

美术作业分层设计，能让作业满足不同层次学生的需要，包括作业量的分层设计，作业难度的分层设计（基础、发展、创新），作业完成时间的分层设计，作业类型的分层设计，等等。

(二) 加强对美术语言的学习和积累

作业设计中通过美术语言的运用提升学生核心素养。《义务教育艺术课程标准（2022年版）》中提到，每一学段均设置五项学习任务，将美术语言（造型元素和形式原理）贯穿其中，五项学习任务既各有侧重，又相互联系。在学业要求中也提到，能运用美术语言，以及感悟、讨论等方法，欣赏评述美术作品。❷

美术有着自己独特的艺术语言和表现形式，学习美术离不开美术语言，

---

❶ 中华人民共和国教育部.义务教育艺术课程标准(2022年版)[M].北京:北京师范大学出版社,2022:48.

❷ 同❶:49.

学生只有掌握相应的美术语言和技能，才能形成相应的美术素养。美术语言包括点、线、面、颜色、结构、材质和肌理等造型元素。单纯的元素必须经过人的有机组合才能达到其美术语言功能，点线面构成形体，明暗构成主体，色彩表达丰富的情感，肌理材质有效提升画面物质的质感。他们之间通过对比统一的持续、协调、均衡，体现节奏与韵律，成为美术语言的形式原理。

（三）美术作业设计要联系生活实际

在设计美术作业的时候，要从生活实际出发，使美术作业和我们周围的环境和生活息息相关。可以设计开放类作业，引导学生走出教室，走进大自然和生活，用画笔捕捉生活中的艺术之美。要巧妙地把美术作业和实际生活应用结合起来，精心设计教学情境，巧妙设计实用性作业，让学生感受到美术与生活紧密相连。

（四）突出学生的主体地位，了解学情

学生是教学中的主体，由于学生的知识水平和接受能力不同，所以首先应该进行学情分析，要清楚自己面对的是什么样的学生，美术水平达到什么样的程度。只有清楚地了解学情，从学生实际出发，坚持面向全体学生，分层作业、分层要求，让不同水平的学生在不同的程度上获得成功与表现的机会，尝试开放性的作业，让学生有自主选择作业的机会，使每个学生都能获得成就感和收获感。

传统的欣赏评述的教学课堂，教师是课堂的主导者，又充当主体，对作品的分析和欣赏往往都是教师的"一言堂"，学生只能被动地接受。还有一部分老师认为学生的美术技能提高了，欣赏作品的能力就会随之提高，评述作品的语言自然会丰富，忽视了对美术语言的表述训练。但是，经过对美术特长生的调查，发现他们的语言能力并没有随着绘画水平的提高而增强，会画不一定会说。

其实，语言表达能力的提高也来自美术语言的积累，来自大量的长期的对美术作品的欣赏、评述的实践。这就需要强调学生主体意识，一件优

秀的美术作品，不同的学生在不同的环境下都会有不同的感受，这就是优秀的艺术作品的魅力所在。学生能发表独到的见解，正是主体意识的体现。

综上所述，应将美术作业设计纳入研究实践的体系，系统研究和设计符合学生年龄特点和学习规律、体现核心素养导向、突出学科特色和价值观，且涵盖德智体美劳全面育人的基础性作业、个性化作业、分层化作业等，开展作业对教学的诊断性研究，以增强作业的针对性，有效减轻学生作业负担，激发学生学习美术的兴趣。

三、结语

要基于学科核心素养和"双减"政策，在研究过程中不断探索有效的研究路径和策略，开展美术作业设计、形成阶段性成果。要对美术作业设计进行再认识、再深化、再设计、再推进，进一步凸显其价值功能。

指向教师作业设计能力提升的教研系统设计
——以初中物理教研活动设计为例[*]

高 飞

"双减"政策的出台,以及系列文件对"作业问题"进行的全方位的顶层设计和政策指导,旨在有效减轻学生过重作业负担,落实立德树人根本任务,提高作业设计质量,提升教师作业设计能力是解决作业问题的突破口。本文通过系统规划教研活动,形成培养路径,逐步提高初中物理教师作业设计水平,并针对此过程中遇到的重点、难点问题开展了典型案例研究。

一、教师在作业设计中存在的问题

布置作业是我国中小学教师长期以来普遍采用的教学手段,然而,大部分教师并没有把作业视为教学设计的有机组成部分,随意布置作业成为普遍现象,从而导致作业错配现象严重。[❶] 同时,教师对作业设计普遍缺乏经验,缺少作业设计的基本思路和方法;对作业功能认识不足,造成作业

---

[*] 本文为北京市教育科学"十三五"规划2020年度课题"基于原始物理问题教学理论的中学物理大概念教学研究"(课题编号:CDDB2020292)的阶段性成果。

[❶] 仲建维.学生作业改革的知识观审视[J].当代教育科学,2015(4):17-20.

形式单一，实践类、探究类作业严重缺乏；对作业的科学性问题缺乏审视，部分作业试题内容不符合实际、表述不清等，阻碍学生对科学概念、科学方法、科学规律的正确理解；对分层作业缺乏思考，个性化辅导严重不足。针对以上问题，拟通过规划与作业设计能力提升阶段和层次相匹配的教研活动，分阶段、分层次提升教师作业设计能力，并运用教学实践案例检验作业设计水平的提升效果。

二、系统规划教研活动，形成教研型研究路径

为解决作业设计中常出现的"随意、错配、不科学、类型单一"等问题，研究中形成了理论学习、初步设计、案例聚焦"的教研路径（见图1），从理念认知到行动深化，由个案到整体，进而聚焦核心问题，逐层推进作业设计研究与实践，逐步突破设计难题，提升物理教师的作业设计水平。

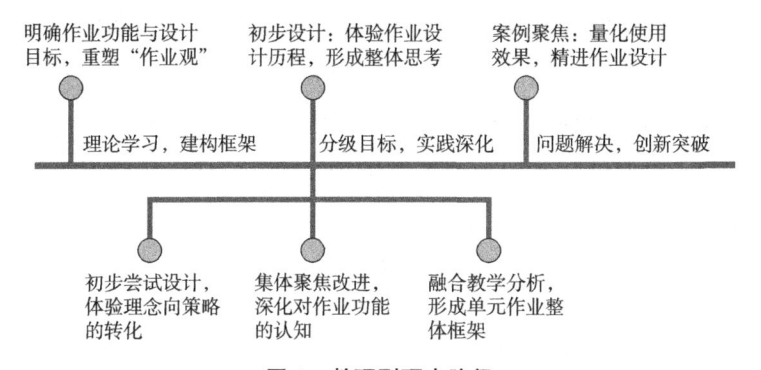

图 1 教研型研究路径

（一）理论学习：明确作业功能与目标，重塑"作业观"

理念引领行动，认知驱动发展。提升教师作业设计能力的首要关键是要引导教师重塑"作业观"，在教研过程中通过引导教师学习相关政策文件、文献，采取拼接阅读、小组交流等形式，使教师在理念上有所更新。

同时，在教研过程中引导教师系统学习北京市《初中物理作业设计指

导手册》，使教师们对诊断类作业、巩固类作业和建构类作业❶的功能和设计结果有直观认识，并从作业结构上做统一要求，包括作业设计蓝图、具体试题、习题答案等。此外，也进一步明确教师作业设计能力的发展层级。

(二) 初步设计：体验作业设计历程，形成整体思考

本阶段是从理论学习过渡到作业设计的实操，让教师体验从"设计初试、聚焦改进到单元整体规划"的设计历程，逐步实现分级目标，践行作业设计策略与操作要点，推动实践的深化。

在初步尝试设计阶段，针对初中物理某一课时的诊断类、巩固类和建构类作业，分工给区内各个学校的备课组完成设计，并明确作业设计实施策略与操作要点，体现理念向策略的转化。在集体聚焦改进阶段，利用教研活动时间，组织本年级物理教师对这一课时作业的设计成果进行线上交流，探讨三类作业的不同功能、设计作业的具体方法、习题的甄选与编制经验等，深化对作业功能的认知。在融合教学分析阶段，建立目标框架体系，从《义务教育物理课程标准》要求中定位单元教学目标，依据《基于学生发展核心素养的学业标准（初中物理）》❷定位具体的学习目标（这也是制定单元内各课时作业的目标依据），捋顺本单元各个课时之间、知识之间的逻辑关系，形成单元作业整体框架。

(三) 案例聚焦：量化使用效果，精进作业设计

本阶段将对形成的设计成果进行使用，同步设计改进，淬炼作业内容，研究课例反馈应用，并在个性化作业辅导等方面进行尝试。

---

❶ 诊断类作业是诊断学生是否具备学习下节课知识的方法和技能，了解前概念认识中的错误观念、已有知识的掌握程度，以便确定教学起点。巩固类作业和建构类作业是对课堂学习成果的巩固与提升。巩固类作业侧重直接应用，建构类作业则偏重理解应用，涉及高阶思维或综合能力。

❷ 秦晓文,等.基于学生发展核心素养的学业标准(初中物理)[M].北京:北京师范大学出版社,2020:18-20.

三、解决作业设计中重要问题的策略分析与实践案例

1. "轻而精"的作业形态，促进学生自主

问题1：什么样的作业能让学生喜欢做，从而促进自主学习呢？

策略：减少作业数量，提高作业质量，打造"轻而精"的作业形态。

"轻而精"作业设计的起点就是作业蓝图。作业蓝图是对整套作业设计的规划，即根据课程标准中的学业质量要求和教学内容分解出具体的要点，再挑选或改编相应的作业内容，最终做出对应表，不仅体现出作业设计的核心，也使作业中的每一项任务更具有针对性，还为学生自我评价提供了依据。

为了激发学生的兴趣，促进自主学习，设计的作业内容需要顺应学生特点，通过多种形式，使每位学生都有发挥长处的机会，让作业成为学生的舞台，尽情表现，相互欣赏，如物理小报、自编习题册、自制音频讲解、自录视频展示、小制作、小讲师等。

2. 系统规划作业，问题设置推动思考生成有深度

问题2：如何系统设计作业，体现知识的实质性联系？

策略：单元重组，系统设计，切实发挥不同类型作业的功能

作业设计的系统性体现在两个方面，一方面从单元的角度系统分工每课时的作业设计，另一方面是每个课时的三类作业之间也要有统筹。如按照欧姆定律这一主题构成的"重组单元"，将《探究影响电流的因素》《欧姆定律的应用》《测量电阻》作为一个单元，这三节的课时作业围绕着欧姆定律这一核心规律，从实验探究到定律的引出，再到应用解决问题，通过学生熟悉的情景、有层次的问题为学生思维搭建合理台阶，帮助学生建立起新旧经验的联系，同时还要通过提供"变式"情景，帮助学生抓住本质联系。

其中的课前诊断作业，通过复习思考、理解判断和实验设计等形式，为新课教学铺垫了即将应用的科学方法、物理知识；巩固类作业结合游戏的闯关模式，每关的题目设计情境各有变化。建构类作业则从实验评估和

反思的视角，回看课堂实验中出现的真实问题，引导学生综合应用本单元知识进行推理、分析、论证，提高学生的辩证思维能力。

3. 设计有时间跨度的课后实践作业，独立解决新问题

问题3：学生总是反映"课堂听得懂，作业不会做"，怎样设计作业以达到切实提升学生运用已学知识灵活解决新问题的能力？

策略：从微型课题研究的视角，设计实践类、探究类作业，引导学生发现新问题，设计并实施完整的研究过程。

设计有时间跨度的探究类作业的目的，是让学生"会思考""会做""会表达"，能够以探究性思维方式独立解决新问题。这种类型作业的设计起点，源于对课堂教学实践中及时生成问题的深刻挖掘。

如在"质量和密度"单元作业中，设计了制作彩虹水的主题探究作业。❶ 作业由四个实践活动组成。

活动1：制作一杯"彩虹水"，学生按照实验步骤进行实验。

活动2：阅读材料，分析"彩虹水"的形成原因，学生根据阅读材料，尝试分析"彩虹水"分层（或实验失败）的原因。

活动3：请你利用手边的器材设计一个实验方案，验证你的分析。学生自主设计完整的实验方案、进行实验，并记录遇到的问题和困惑，或者新的发现。

活动4：制作新款"彩虹水"，学生尝试用其他饮品做出一款新的"彩虹水"，并将制作成果拍成短视频进行分享。

此作业针对学生存在的思维、操作和表达问题，帮助学生学会规范表达探究的问题、过程和结果。这个过程学生需要经历系统的科学探究过程，是对前两个作业活动的迁移和深化，体现作业设计层次的螺旋上升。同时，利用视频等将作业结果进行立体化呈现，也是对作业结果形式的一种探索与体验。此外，作业设计也要力图推动学生与社会发生实时链接，使学生能够学会在生活情境下自主调动知识储备，审视各类社会现象，有独立的

---

❶ 节选自同文中学初二年级物理作业设计案例。设计者：宋丹丹，马宁。

科学判断能力,"让学生学会像科学家一样思考"❶。

四、结语

通过一段时间的作业设计改进,教师对作业的观念发生了深刻变化,能够用审视的态度对待试题,作业设计水平得到提升;从对学生问卷调查的结果也可看出,学生较之前更愿意并喜欢完成物理作业,对物理的兴趣逐渐浓厚。教研后续将继续深化初中物理作业设计研究已有成果的应用与改进,增强系统分析,不断完善作业设计内容,使设计成果更适合学生学习特点、教师教学需求,以作业设计实践推动物理教学的深度变革。

---

❶ 李春密.《义务教育课程标准(2022年版)》课例式解读(初中物理)[M].教育科学出版社,2022(6).

基于核心素养的高中生物学模块情境化试题命制

刘晓昕

《普通高中生物学课程标准（2017年版）》（以下简称《生物课程标准》）中提出的命题原则：命题应以课程标准中的内容要求、学业质量标准为依据，指向生物学学科核心素养的发展水平。试题素材应贴近学生生活实际，以真实情况情境组织命题，应注重考查学生综合运用所学的知识和技能解决问题的能力。[1] 该原则指明了命题的依据、素材来源和题目的具体呈现方式。其中对于素材明确指出应该来自真实情况和情境。

原创试题的命制过程主要包括命题素材的选择、素材信息的遴选与整合、问题的设置等环节。选择素材的过程就是要将素材中的现象阐述或研究过程创设为恰当情境。本文以选择性必修2《生物与环境》的一道试题命制过程为例，从情境创设、问题设置、试题评价等角度，阐述基于核心素养的情境化试题命制策略。

一、《生物与环境》模块命题思路

《生物与环境》模块主要的命题思路：创设环境污染治理、生物多样性保护、生物防治等与生物和环境有关的问题情境，要求学生能识别生态系

---

[1] 中华人民共和国教育部.普通高中生物学课程标准(2017年版 2020年修订)[M].北京:人民教育出版社,2020:63.

统中的不同成分，并分析其在物质循环、能量流动或信息传递过程中所起的作用，运用数学模型、概念模型等表征和说明种群或群落的特征、结构及变化规律；从生物与环境的关系、生态可持续发展、经济效益等多个角度进行综合考虑，提出研究思路或可能的解决方案。试题的考查方式和设问角度、语言表述方式和素养考查点等均应尽可能接近本地高考试题。

二、《生物与环境》模块命题策略与实践

（一）情境创设：关注社会热点，选择恰当的素材

课程标准中指出，试题情境应围绕现实问题（包括热点问题）展开，尽量做到新颖、真实、科学、恰当，有一定的信息量和适当的复杂度，能够成为学生运用学科知识分析和解决实际问题的载体。《生物与环境》模块中所涉及的生态、环境问题与实际生活密切联系。生态问题既是每一个公民所面对的现实问题，也是应关注的社会热点，关于环境保护、污染防治、生态工程等新闻层出不穷，而这些问题中蕴含的生态学有关的概念可以用来考查学生的生命观念和社会责任，为试题命制提供了很好的素材。

比如，笔者偶然在电视中看到了一个报道：2021年2月，中宣部授予空军某运输搜救团一大队"时代楷模"称号。39年来，他们用飞机将草籽或树种撒播在荒山或沙地上，为沙漠治理、促进地方脱贫攻坚做出了重要贡献。从他们的事迹介绍中马上联想到，其中涉及群落演替和关于沙漠治理的生态工程，包括土壤的沙漠化反映了生态系统的抵抗力稳定性是有一定限度的，因此可以作为一个生态学试题情境。

（二）问题设置：聚焦核心素养，体现四个维度

关于沙漠飞播带来的变化直接涉及生态学中群落演替和关于沙漠治理的生态工程等概念。可如果仅仅是叙述一下事实，考查其对应的几个知识点以及此壮举造福当地人民、为沙漠治理做出巨大贡献，则只是考查了学生关于生态系统的平衡原理等生命观念，以及人与自然和谐共处的可持续发展理念与社会责任，而对于科学思维和科学探究方面并没有涉及。此时

就需要进一步上网搜集相关的研究论文，寻找其对应考查点。笔者很快在知网中搜到了题为《毛乌素沙地沙漠化演变、飞播恢复评估及其对生态系统服务的影响》的博士论文，在通读全文的基础上对其中适合用于命制高中生态学试题的部分进行挖掘和提升。试题的具体考查设问角度和涉及的具体核心素养见表1。

表 1　以沙漠飞播为情境的原创试题

题目设置	考查素养及水平
题干：2021年2月，中宣部授予空军某运输搜救团一大队"时代楷模"称号。39年来，他们用飞机将草籽或树种撒播在荒山或沙地上，作业面积达2600余万亩，播撒种子万余吨，为促进地方脱贫攻坚做出了重要贡献。	—
（1）毛乌素沙漠飞播的主要对象为流动沙地，飞播撒下的种子，一旦有降水就可以萌发和生长。随着飞播年限的延长，播区从常年寸草不生的沙地演变为植被组成越来越丰富的绿洲，这种演替属于_____演替。演替过程中生态系统的_____能力逐渐增强。(答案：(1) 初生　自我调节)	生命观念 水平一、二
（2）演替过程中，植物、土壤微生物多样性以及土壤肥力（反映了土壤中可吸收氮、磷及有机碳等的含量，含量越高，肥力指数越大）均随着飞播年限的增加而_____。 ①研究者分析了植物与土壤肥力的相关性，结果如下图。 结果表明，_____与土壤肥力呈显著正相关。 ②研究者还发现，土壤中的微生物种类和数量与土壤肥力也呈显著正相关。分析其原因是_____。	科学思维 水平二

续表

题目设置	考查素养及水平
③请将下列选项排序，以解释植物和微生物对土壤肥力的影响。 　A. 高度多样化的植物可提供更多样的凋落物 　B. 植物凋落物的分解速率加快 　C. 植物根系释放更多数量和种类的分泌物 　D. 土壤中的微生物多样性增加 　E. 土壤微生物有更多可利用性资源 ＿＿ ↘ 　　　＿＿ → ＿＿ → ＿＿ → 土壤肥力增加 ＿＿ ↗ 答案：（2）升高 ①植物多样性和植物地下部分生物量 ②微生物能将动植物残体和凋落物分解成无机物 ③ A ↘ 　　　E → D → B 　 C ↗	科学探究 水平三 科学思维 水平四 科学思维 水平三
（3）近百年来，飞播造绿和其他各种植树造林工程，使80%的毛乌素沙漠变成绿洲，实现了当地居民的脱贫致富，达到生态效益和经济效益的同步发展。请各举一例说明生态效益和经济效益的具体表现。 答案：（3）生态效益包括以下几方面内容：生物多样性增加；改善环境；降水量增加；减少沙尘暴等。经济效益包括：由于在播区内饲草数量增加，降低牲畜饲养成本；对沙生植物进行深加工，收获珍贵药材；生态环境的改善会带动旅游业的发展等。	社会责任 水平二

第（1）问为群落演替、系统的自我调节能力等生态学基本概念在具体情境中的再现。第（2）问中则给出了科研人员的具体研究结果，考查学生逻辑推理与综合分析的科学思维品质，使解题的思维过程指向即时建构的问题解决能力。第（3）问则上升到社会责任的维度，引领学生分析和探讨人类活动对自然生态系统动态平衡的影响及带来的生态和经济效益。

(三) 试题评价：精准分析数据，反馈学生问题

"沙漠飞播"试题作为生态题在 2021 年 3 月石景山区高三模拟考试中进行了实测。本次考试参考人数为 408 人，试题整体难度系数为 0.59，与 2021 年北京等级考生态大题的难度基本持平。有两道小题的区分度达到了 0.3 以上，并且排序"以解释植物和微生物对土壤肥力的影响"这道考查科学思维水平三的小题区分度达到了 0.43，说明此题能很好地区分不同水平的受试者。

三、结语

总之，基于核心素养的生态学原创试题命制，需要命题者对学科核心素养的深入研究，对命题情境素材的深入挖掘，对已有高考试题的深入剖析和对教学实践的深入思考不断总结。在命制试题过程中，要确保试题命制质量，反复对标课程标准中的核心素养考查水平和高考评价体系，促进生物学学科素养的真正落实。

第六章

多维度实施课后服务的实践与反思

2021年国家"双减"政策的出台，进一步强化了教育主阵地的作用，同时强化了课后服务在减负增效中的重要地位。而推进课后服务是实现"双减"工作目标的重要举措，是体现学校办学特色，提升教师专业发展，促进学生全面而富有个性发展的重要组成部分。为了更好地加强区域课内课后课程一体化的建设，满足学生发展的需求，提高服务质量，我们对石景山区中小学课后服务方案及实施情况做了全面调研，由此发现在推进课后服务进程中，课内、课后一体化课程建构意识缺乏、资源供给不足等新问题亟待解决。为此，石景山区教研部门带领教研员围绕"整合课后服务学校课程一体化建设"这一专题展开研究。

我们从三个关键问题实施重点突破，寻找问题解决的基本路径。首先，从课程顶层设计出发，促进学校一体化课程体系建构，发挥整体育人功能。我们以点带面，加强目标导向：一方面，引导学校努力构建内容丰富，优质多元，分类分层的课程内容体系，使课内课后相辅相成，形成一个整体，使育人目标的达成贯穿始终；另一方面，引导学校明确"双减"对育人方式变革的要求，着力进行教与学方式变革、单元教学与作业整体设计及跨学科整合研究，促进师生在思与行、学与练、知与用的整合中提升素养，落实立德树人根本任务。其次，引领区校两级开发和利用系列化课程资源，丰富课后服务供给。我们既从学科角度出发，挖掘资源点，拓宽学习渠道，又利用区域独有的在地课程资源，以解决课后服务供给不足、内容单一、创新性不够等问题，努力将课后服务活动内容、资源开发与课内学习形成有效对接，同时起到拓展延伸的作用，将综合素养有效落位。最后，加强一体化课程设计培训，实现课程领导力的提升。在典型引路的基础上，全区力求通过培训引领每所学校面对新时期、新任务，迎接新挑战，能不断与时俱进，提高认识，提高干部教师的课程领导力，使学校教育教学更能符合"双减"政策的要求，真正达到"减负提质"。

"整合课后服务学校课程一体化建设"的实践研究，开启了"双减"背景下课程改革问题的破冰之旅。在过程之中，区域、学校、教研员、教师形成合力，共谋发展，在学习中转变，在实践中探索，在反思中提高，让减负增效、质量提升，并将培育新人作为一种使命担当，努力实现回归教育本真，服务学校、教师、学生全面、健康、持续发展的目标。

小学语文"理字本"作业的设计与运用

崔静

随着"双减"政策将作业设计纳入教研体系,再次强调未来的基础教育要关注学生的认知规律,关注学生对知识的获取及能力的培养,避免机械训练、死记硬背。因此,优化语文作业设计,特别是对字词类作业的设计,将更有利于学生正确地掌握、运用汉字这套符号系统,以了解、分析、推断、继承汉民族的思维、情感、生活模式等丰盈的文化内涵,进而增强民族自信心。

一、对"理字本"作业的设计与运用的研究

(一)"理字本"作业针对的主要问题

1. 教师方面

基于"双减"背景,我们对实验基地校 10 位不同教龄的老师进行了访谈。访谈中发现,青年教师常常会逐字讲解,占用过多的课堂时间;中老年教师则会采取"蜻蜓点水"的方式,只讲重点字,其他全部放手自学;同时,对字词的作业设计也是以抄写为主。一刀切的作业模式无疑让师生走进了汉字学习的"怪圈"。

2. 学生方面

通过对基地校 268 名学生的汉字学习现状调查,48% 的学生认为汉字只

是一种符号系统，31%的学生认为汉字是交流工具，仅有20%的学生能意识到汉字起到了传承文化的作用，需要深入了解。由此可以看出，因为教学模式及作业设计的一刀切，造成学生对汉字的学习兴趣不高，识字方法不足，对汉字的文化价值缺少认同感。

（二）"理字本"作业

看似简单的识字、写字作业，学生学习起来却缺少兴趣，甚至错误百出，到底是什么原因造成的呢？

北京师范大学的王宁教授指出："小学中高年级的学生，已经有了大量的识字基础，进入了识字的中后期积累阶段。随着单字数量的增加，在使用过程中，同音字、同形字频率上升，学生缺少辨异的方法，自然需要结合多种识字方法，提高使用效率。"[1]"只有在识字教学中注重教法、注重学理，遵循汉字自身的规律，给予汉字学指导，学生才能真正提高学习效果，激发学习兴趣，形成汉字思维能力。"[2]基于此，我们在北京教育学院卓越教师字课工作室导师吕俐敏博士的指导下，进行了"小学语文'理字本'作业的设计与运用"的研究。

何为"理字本"呢？这个概念来源于一百多年前的蒙学课本——《澄衷蒙学堂字课图说》。当时的学生学习和梳理汉字音、形、义关系的记录本、整理本，被称为"理字本"。

"理字本"重在一个"理"字，既重视将汉字进行归类整理，也关注据形探义的字理探究。当"理字本"和语文作业相结合，学生就会为了完成识字、写字教学目标，在教师有计划的引导下，将教材内的生字进行梳理、归类，从字源、字理的角度更好地理解汉字音、形、义间的关系，进行自主探究，从而走近祖国的语言文字，在文化熏陶下产生价值认同感。同时，"理字本"作业打破了传统作业本的模式，以"梳理与探究"的语文实践活动伴随始终，将作业转化为"产品"，最终助力其语文核心能力的养成。

---

[1] 王宁.汉字教学的原理与各类教学方法的科学运用（上）[J].课程·教材·教法，2002（10）：2.

[2] 同[1]：24.

二、"理字本"作业的设计与运用

（一）平面化"理字本"作业的设计与运用——尝试梳理与探究

实验团队的教师利用课堂学习平台，针对学生当堂听写出现的错别字进行问题归因，开展了"古人教我识汉字"的汉字书阅读活动。在汉字书的帮助下，学生越来越喜欢从字源、字理的角度尝试理清汉字的构字规律。因此教师顺势提出了设计平面化的"理字本"作业。识字、写字作业居然可以自己设计，这极大地激发了学生的学习热情。因此，他们在教师的引领下，设计出了"寻根溯源"汉字档案、"火眼金睛"捉虫记、"图说字卡"、"有趣的部首字"等平面化作业。

（二）立体化"理字本"作业的设计与运用——华丽变身"小先生"

有了汉字学基础，教师鼓励六年级学生将"图说字卡"的平面化作业立体化——以"小先生"字课为驱动任务，引导他们为一年级小同学设计符合其年龄特点的图说字课。为了完善这份特殊的"作业"，学生们乐此不疲地查阅资料，互相听评课，努力将"字源"变为"字画"，利用每周二、四下午的课后服务时间送到一年级的教室里。这种立体化的"理字本"作业，让高年级学生在交流、讲解、评价中锻炼了思维能力、沟通能力和表达能力。

（三）网络化"理字本"作业的设计与运用——游戏学习两不误

团队教师还利用学生爱玩游戏的心态，开发出"网络游戏化"的"理字本"作业模式。学生除了可以在自己的"理字本"上设计"汉字开花""汉字谜语""汉字侦探"等游戏，还在班级公众号或抖音等网络平台制作汉字游戏推广视频，如"识字大转盘""汉字对对碰""汉字飞行棋""记忆力大挑战"等。他们随时将零散的汉字知识"联系"起来，感受汉字在构音、构形方面的强大的系统性。

三、"理字本"作业实施的效果及反思

（一）"理字本"作业实施的效果

随着本研究的不断深入与推广应用，切实在"理字本"作业锻炼下，提升了语文核心素养。从基地校 4 个实验班回收的 124 份后测问卷分析中可以看到，54.84% 的学生最喜欢运用汉字游戏来进行生字词梳理，借助汉字故事、结合字源字理知识学习生字词的方法也受到了广大学生的欢迎。同时，借助线下线上相结合的授课模式，"理字本"作业设计的交流，也让学生在"课堂"上"玩转"汉字。

（二）"理字本"作业实施的反思

随着实践的深入，学生能够借助不同造字法，更加明晰汉字形、音、义间的关系，借助汉字强大的构形系统提高了独立识字的能力，但这样的研究热情随着实验的进行并不能保持稳定。

1. 专业化的探究过程造成变相的机械"搬运"

"理字本"作业的实践探究主要是围绕学生的易错字或易混淆字进行的字源、字理探究与整理。但学生为了证明自己的作业更具专业性，会花费大量时间创作，时间久了，就容易产生疲惫感，无形中又回到了机械抄写的老路上。

2. 对已有的"理字本"作业成果的固化与推广

经过一年多的实践，基地校中高年级已初步形成了较成体系的"汉字档案""汉字微课""汉字游戏"等"理字本"作业成果。但在研究成果的推广过程中，由于对教师的汉字学基础有一定要求，所以有些老师望而却步，害怕在作业设计引领中出现知识性或科学性错误。

基于以上反思，虽然小学语文"理字本"作业的设计与运用的研究改

变了传统基础类作业一刀切的抄默形式，激发了学生汉字学习的兴趣，提高了识记汉字的能力，改变了学习汉字的态度，但万里长征我们只走出了一小步。如何发挥基地校教师团队的核心力量，带动区域教师转变汉字教学理念，合理设计"理字本"作业，固化、推广研究成果，助力每一位学生把梳理与探究的乐趣转化为习惯，把对汉字文化的热爱从课堂延伸到生活，才是我们最终想要达成的目标。

基于课程整合的高中地理实践力培养策略探索

张爱弟

地理实践力是地理学科重要的核心素养。目前在国家课程课堂教学和校本课程实践教学中进行地理实践力的培养存在如下问题：国家课程中地理实践力教学资源特别是基于学生身边真实情境的教学资源匮乏，培养手段单一；校本课程实施全员参与不足，研究问题不深入；教学与评价中对地理实践力素养分水平、分层次研究不充分，对学生地理实践力素养培养效果的学习评价方面定性表述较多，数据量化分析少，研究效果还需进一步通过调查验证。这些问题的产生主要受设施条件、安全因素、时间因素、教师因素、课程资源、评价方式等因素影响。笔者针对地理实践力培养方面的问题，在教学研究实践中进行了基于课程整合的高中地理实践力培养策略探索，并取得一定成效，具体策略及实施如下。

一、贯穿地理实践力培养的高中地理课程整合框架设计

高中地理课程整合是以育人为核心，以高中地理课程标准和地理核心素养培养为基本点，对高中地理校本选修课程和国家地理课程进行整合，使高中地理课程成为育人有机整体。围绕地理实践力的培养，既可以单独开设相关校本选修课，又可以通过再设计将校本课程内容嵌入国家课程的教学中，对国家课程进行适当的补充、拓展和整合，实现国家地理课程与学校地理校本课程的动态融合（见表1）。

表1 课程优化整合框架（高中地理人教版必修1部分举例）

课标要求	教材内容	校本课程教学内容	地理实践力水平
1.4 野外观察或运用视频、图像，识别3~4种地貌，说明其景观的主要特点	主要地貌类型；地貌观察	运用模式口地区等高线地形图及GPS、卫星影像图，实地辨识地形，进行地貌观察，分析地貌与人类活动的关系。利用模式口地区冰川地质博物馆实践基地，学习考察冰川形成过程、冰川地貌	水平一：能在他人指导下，使用地理工具对地貌、土壤等自然要素和相关自然现象进行初步观察。水平二：能够辨识某些自然地理要素与人类活动相互作用的主要方式和结果
1.5 运用图表等资料，说明大气的组成和垂直分层，及其与生产和生活的联系。1.6 运用示意图等，说明大气受热过程与热力环流原理，并解释相关现象	大气的组成和垂直分层，大气受热过程和大气运动	课前参观模式口气象园，了解气象观测内容、气象数据的获取和气象观测器材的工作原理等。运用模式口周边地区两个海拔不同的气象站的气象数据，绘制气温日变化曲线图、气压日变化图。分析两个气象站在一日内的气温和气压变化异同。依托气象数据，绘制风频图，分析风向的特征，设计热力环流实验演示，探讨首钢搬迁的原因	水平一：合作完成绘图任务，掌握基本绘图技巧，并能分析出所绘图形的特点；通过观察实验过程，能绘制热力环流示意图，简单解释气温、气压和气流三者关系，并能用学科术语表述。水平二：能独立承担绘图任务，进行数据汇总和处理，能较全面总结图形特点；通过观察实验过程，能准确绘制热力环流示意图，合理解释气温、气压和气流的关系，并能用科学准确的学科术语表述

二、进行学科大概念下的地理实践内容整体构建

地理实践活动不仅是地理实践力素养培养的主要途径，也是学科大概

念形成的必要路径。进行学科大概念下的地理实践内容整体设计，通过学科大概念链接一系列相关的实践活动主题（见表2），从不同的视角有组织地引导学生在真实情境中探索，感悟学科核心概念与日常生活的关系，有意识地将对现实世界中的地理现象和地理问题的理解置入大概念中，从而形成正确的学科观念。

表2 "人地关系"大概念下高中地理实践内容构建

"人地关系"概念构建	课标整合	活动主题示例	活动内容示例
自然环境是一个统一的整体，组成自然环境的地形、气候、水文、土壤、生物之间相互联系、相互影响、相互作用。	野外观察识别3~4种地貌，说明其景观的主要特点。结合实例，解释内、外力因素对地表形态变化的影响。野外观察说明土壤的主要形成因素。野外观察识别主要植被，说明其与自然环境的关系。分析气候对自然地理景观形成的影响。结合实例，分析自然环境的整体性和地域分异规律	模式口地区自然景观的观察与思考	通过观察、识别，分析模式口地区地貌、土壤、植被等景观特点及成因，分别说明其对人类活动的影响
		析地质演化过程，赏家乡地貌之美	通过观察、描述模式口地区岩石类型、地质构造的特点，分析其地质演化过程，并说明其对当地人类活动的影响
		第四纪冰川地质博物馆探秘	利用模式口地区冰川地质博物馆，学习考察冰川及冰川地貌，了解地质历史时期模式口地区地理环境的变化
地球上的自然条件和自然资源是人类赖以生存的基本条件，自然环境是人类生存发展的基础	说明常见自然灾害的成因和对人类活动的影响，了解避灾、防灾的措施	自然灾害对模式口文化街区的影响	能依据模式口地区气候资料、地形地貌特点，判断模式口文物所在地区的自然灾害类型、危害，并提出防御措施
	运用图表资料，说明大气的组成和垂直分层，及其与生产生活的联系。运用示意图等，说明大气受热过程与热力环流原理，并解释相关现象	分析气象数据，探讨首钢搬迁	依托气象数据，绘制风频图，分析风向的特征，设计热力环流实验演示，探讨首钢搬迁的原因

续表

"人地关系"概念构建	课标整合	活动主题示例	活动内容示例
人类活动已经影响整个地理环境，表现出不同的方式、强度，产生不同的结果	结合实例，说明地域文化在城乡景观上的体现。结合实例，从地理环境整体性和区域关联的角度，比较不同区域发展的异同，说明因地制宜对区域发展的重要意义	京西古镇里的地域文化探析	对模式口地区地域文化特点及在城镇景观上的体现、地域文化保护与传承情况进行调研分析，对世界及中国古镇保护与开发的典型案例进行分析，寻找模式口地区文化街区改造中出现问题的解决对策
人类社会要更好地发展，必须尊重自然规律、协调好人类活动与地理环境的关系	结合实例，说明工业、农业和服务业的区位因素。结合实例，说明运输方式和交通布局与区域发展的关系。以某产业转型地区为例，分析该类地区产业结构变化过程及原因。运用资料，描述人类面临的主要环境问题，解释协调人地关系和可持续发展的主要途径及其缘由	首钢园区的旧颜与新貌	对首钢园进行实地考察，调研首钢园区产业类型、分布的变化，分析其原因
		为什么要在模式口新修地铁11号线？	利用卫星影像图、市区交通规划图等相关地图，结合实地调研，对模式口地区交通建设与区域发展关系进行分析
		模式口地区改造对地理环境的影响	考察模式口地区改造前后的变化，分析模式口地区改造对地理环境的影响。寻找模式口地区文化街区改造中出现问题的解决对策

三、指向地理实践力培养的高中地理作业系统构建与实施

笔者依据按照时间阶段划分的作业过程类型、依据多元智能理论划分的作业智能类型，与依据作业情境和问题的复杂度划分的作业层次类型进行整合，构建了地理作业设计系统框架（见图1）。

地理作业的设计系统框架，可指导教师在实际教学过程中从系统的角度优化作业结构，因人、因时、因地设计和使用不同类型的作业，激发学

生学习兴趣，进一步提高作业在教学质量提升中的作用。

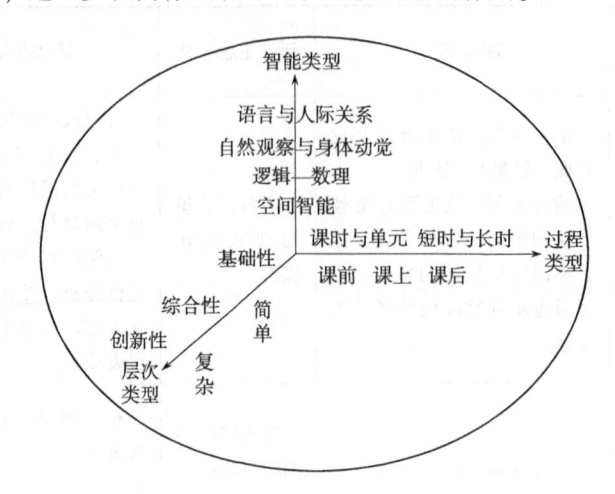

图 1　地理作业设计系统框架示意

例如，运用地理作业系统框架，以地理实践力培养为主线设计了"土壤"一节的作业系统。将课前作业、课上作业、课后作业与智能作业类型进行优化组合，课前土壤剖面观察实践和课后土壤剖面观察实践体现了地理实践力素养不同水平层次的要求，观察作业形式多样、趣味性强，能够有效实现作业的育人功能。

四、关注现实社会问题解决中地理实践力素养的发展水平进阶

进行高中地理课程整合设计要超越传统的知识整合视野，通过地理实践力分水平学习进阶的主题式教学设计，将国家课程中的知识、方法与校本选修课程中的资源和活动情境结合，以主题、情境、行动、生成为主线进行课程设计与实施，关注现实社会中问题的生成与解决。

例如，笔者带领高一学生在模式口地区进行"模式口地区地貌的观察"主题学习时，从时间和空间尺度分析模式口隘口及古道今昔巨变，在实地观察中发现了模式口隘口附近正在修建地铁 11 号线，提出为什么在这个地区修建地铁 11 号线的新问题并进行探究。这个问题的生成与探究激发学生

对新知识的自主学习与思考，在实际问题的解决过程中达到了地理实践力较高水平。

五、发挥地理实践力分水平多元测评作用

地理实践力由地理实践知识、地理实践能力和地理实践品质三个维度构成。地理实践力可分为地理实验实践力、地理考察实践力、地理调查实践力和其他类型实践力。我们依据课程标准和地理实践力的维度及类型，结合教学实际，将地理实践力划分成四个水平层次进行质量描述（见表3），为课程整合设计与实施及学生实践力水平测评提供依据，发挥地理实践力分水平多元测评作用。

表3　地理实践力分水平质量测评

水平级别	测评标准
一	能够在他人的帮助下进行定位和判定方向，能够观察单一地理要素。能够初步运用访问、问卷等调查方法，获取和处理简单信息，有探索问题的兴趣。能够在他人的帮助下或小组合作下，设计简单、粗略的实验步骤和方法，简单记录实验数据和现象，能够尝试表达实验结果，并给出初步结论。能够在他人的帮助下利用文字或图表等形式表达地理实践活动的研究结论。能够理解和接受不同的观点
二	能够独立进行定位和判定方向，能够观察单一地理要素，并在他人的指导下对地理多要素进行观察。能够运用访问、问卷等调查方法进行深入调查，获取和处理信息，有探索问题的兴趣。能够在他人的帮助下或小组合作下，设计完整、复杂的实验步骤和方法，选择合适的实验器材，合作完成实验过程并表达实验结果，讨论实验结论。能够独立简单地表达地理实践活动研究结论，并在他人的帮助下利用多种形式表达结论，能够在讨论中完善自己的结论。有自己的想法，有克服困难的勇气
三	能够独立进行定位和判定方向，能够观察多个地理要素。能够运用抽样调查、分类调查等方法进行实地调查，获取和处理较复杂的信息，主动发现和探索问题。能够独立设计简单的地理实验，简单记录实验数据和现象，准确表达实验结论，并给出简单解释。能够独立利用文字或图表等形式，准确地表达地理实践活动研究结论。有自己的想法，有克服困难的勇气和方法

续表

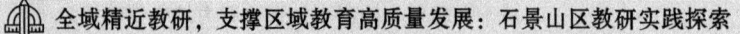

水平级别	测评标准
四	能够独立进行定位和判定方向,能够观察地理环境中的全部地理要素。能够运用合适的方法,进行较系统的调查,获取和处理复杂的信息,主动发现和探索问题。能够独立设计复杂的地理实验,选择合适的实验器材,设计合理的实验步骤和实验方法,科学记录实验数据和现象,准确表达实验结论并给出科学的解释。能够独立利用文字或图表等形式,准确、详细地表达地理实践活动研究结论。表达中使用的图像要素齐全、数据准确,语言简明专业、要点齐全、结构和逻辑合理。 能够提出有创造性的想法,有克服困难的勇气和方法

通过进行基于高中地理课程整合的地理实践力培养策略探索,学生和教师的地理实践力素养都有所提升。在访谈中学生说道:"实践让地理不再是抽象的知识,而是真正在生活中用地理做事情,解决地理问题。实践还能锻炼我们的动手能力、应用能力、知识迁移能力等,对其他科目学习也很有帮助。我相信,每一次地理实践都会有新的收获,都能体会到科学探索的乐趣。"研究活动也提升了教师参加地理实践活动的热情和能力,为进一步在地理实践力培养中落实深度学习奠定了扎实的基础。

"双减"背景下学校课内课后课程一体化建设的实践探索

杨红兵

2021年7月24日,中共中央办公厅、国务院办公厅印发的《关于进一步减轻义务教育阶段学生作业负担和校外培训负担的意见》,进一步强化了教育主阵地的作用,将减负、增效、提质和构建教育的良好生态作为重中之重,同时强化了课后服务在减负增效中的重要地位。而推进课后服务是实现"双减"工作目标的重要举措,是体现学校办学特色,提升教师专业发展,促进学生全面而富有个性发展的重要组成部分。通过前期调研,我们发现在推进课后服务进程中,课内、课后一体化课程建构意识缺乏、资源供给不足等新问题亟待解决。为了更好地加强区域课内课后课程一体化的推进,满足学生发展的需求,提高服务质量,石景山区教研部门带领教研员围绕"整合课后服务学校课程一体化建设"这一专题展开研究,从三个关键问题实施重点突破,寻找问题解决的基本路径。

一、促进一体化课程体系建构,发挥整体育人功能

在前期区域"课后服务安排"调研中,我们发现学校缺乏课内、课后一体化课程建构的意识,课后服务内容提供给学生的选择性不强。由此,我们以点带面,加强目标导向,促进学校一体化课程体系建构,努力发挥整体育人功能。我们引导学校在育人价值挖掘和育人方式改革两方面突破。

（一）一体化课程建构重在育人价值的挖掘

我们引领各中小学积极探索课程一体化的建构，更加突出立德树人，努力构建内容丰富、优质多元、个性选择、分类分层的课程内容体系，使课内课后相辅相成，形成一个整体，使育人目标的达成贯穿始终。

例如，石景山区古城第二小学在原有课程体系的基础上将课后服务纳入整个课程建构之中，形成"1+5+X"的课内课后一体化课程建构体系。这里所说的"一体化"并不是追求形式上的整合，而是注重内在的逻辑关联，实现内涵的深度整合。其一体化构建突出四个方面。

一是突出五育并举。以劳动教育为例，学校在引导学生学习国家课程的基础上，开设了校内劳动基地，在课后服务时段让学生在"田园农庄"的实践中进一步树立劳动意识，增强实践能力，懂得珍惜劳动成果，最终获得劳动最光荣的深刻感悟，让劳动教育贯穿课堂内外。

二是突出整体育人。学校一体化课程的建构，以课程、课堂、评价、资源这一育人链条为载体，为学生全面而富有个性的和谐发展做支撑；突出素养培养，聚焦特色发展；突出课程的独特育人功能，提升学生学习的获得感。学校把课程分为五大课程群，即人文社会课程群、科技创新课程群、体育增质课程群、艺术育美课程群、劳动实践课程群，课程群的建立凸显了五育并举、整体育人的课程理念。

三是突出文化育人。学校将中华优秀传统文化融入课程的各个层面，并从课内延伸至课后。例如，学校的"书旅课程"的开发就是以"爱"为主线，注重文化的浸润与传承，引导学生在阅读与实践中达到知行合一。学校为学生提供了资源支持，学生又在实践中生成新的资源，为延伸性的学习提供了可持续发展的空间，文化育人的目标也由此达成。

四是强调协同育人。协同育人就是有目的、有计划地把来自各方面对学生的影响加以组织调节，使其相互配合，协调一致，以实现教育效果最大化。学校充分利用家长资源，为课后服务提供新的视角，提供有特色的资源支持，实现教育的多元化，实现家校共育，通过合作促进学生的发展，共同承担学生成长的责任和义务。

（二）一体化课程实施重在育人方式变革

课内课后学校课程一体化的建构，不仅体现在课程的顶层设计之中，更体现在课程实施的过程之中。"双减"对育人方式的变革提出明确要求，强调从知识技能向素养培养转变，从被动接受学习向主动探究学习转变，从重复记忆向深度理解转变。具体体现在以下几个方面。

一是改变教与学的方式。石景山区古城第二小学在课程实施中注重课堂文化的建立，在"教与学"方式的变革中，突出教师的"教"，关注学生的"学"，使之呈现从学会走向会学、从"单打"走向合作、从固化走向开放的良性循环状态。这样的自主、合作、探究的学习，有利于实现课内外的有机整合。这种整合不仅体现在教与学的互动中，更体现在课堂与课后练习的相互关联中。有了这样的紧密关联，课堂质量与效率才能提升，才能减轻过重的作业负担，给学生更多的实践、创新的空间。

二是突出作业整体设计。学校还带领广大教师探索大单元作业的整体设计，呈现学生学习的梯度，将课堂上学生思维的进阶训练与课后的运用训练形成一个整体，进行精准深度对接，形成循序渐进的提升过程，形成不断拓宽的视野，在思与行、学与练、知与用的整合中提升素养，落实立德树人根本任务。

三是突出跨学科整合。学校在"书旅课程"的实践中，以"美丽的吉祥纹"为主题，将阅读、美术、劳动整合在一起，让学生在了解吉祥纹寓意的基础上，学习欣赏吉祥纹，同时又通过劳动进行文创作品的制作，使学生在解决问题的过程中综合素养得到提升，创新能力得到发展。

二、引领开发和利用系列化课程资源，丰富课后服务供给

课后服务是引导学生由课堂学习活动向课后学习活动的延伸，开发适合学生发展的课程资源尤为重要。为使学生实现知识的迁移、素养的综合提升提供载体与实践的空间，我们一方面从学科角度出发，挖掘资源点，拓宽学习渠道；另一方面，利用区域独有的在地课程资源，以解决课后服

务供给不足、内容单一、创新性不够等问题。

（一）以学科为主线的资源开发和利用

教研员以地理、语文、历史、综合实践等学科为依托进行资源开发的探索。其特点是创设学习情境，明确主体活动任务，在多样的实践中实现知识与方法的迁移和运用，利用多种资源深化认识。例如，小学语文学科教研员带领实验教师进行"汉字小先生"课程开发。教师在研究中发现，在语文学习中，学生学习了许多汉字，随着识字量的增加，会出现易混生字，也会出现记忆难度增加的现象，原因何在呢？其一，在于学生对汉字字理的认识不足，需要教师引导学生追根溯源，深入地了解汉字，为今后准确运用汉字奠定基础。其二，学生对于所学汉字缺乏归类的意识，增加了记忆的难度。《义务教育语文课程标准》也强调要培养学生的梳理与探究能力。由此，开启了"汉字小先生"课程的开发。高年级学生以汉字字卡、汉字游戏棋、汉字猜谜等多种方式了解汉字的由来，认识汉字的构成规律，讲述汉字背后的故事，并将这些学习成果录制成系列微课，在课后服务时间将这些微课带给低年级的小朋友。这一资源的开发，丰富了课后服务的内容，激发了孩子们学习汉字的兴趣，增加了文化底蕴，寻找到了识记汉字的规律，在语言能力发展的同时，思维能力、创造能力都得到相应的发展。

（二）跨学科在地课程资源的开发和利用

在地课程资源开发和利用体现了探究性、整合性、综合性、实践性、文化性等特点。其以文化为主线构建相应板块，突出从问题出发去发现问题、分析问题并解决问题，同时既依托学科又不唯学科，以综合实践能力的提升贯穿始终。小初高一体化的资源建设思路明确，体现了与能力目标的衔接。

为了在课后服务时段给区域学生更多探索实践的时空，课程教研员带领九中教育集团挖掘地域资源，开发、编写了《京西古道——模式口文化实践活动手册》（以下简称《手册》）。这一资源的开发贯穿小学、初中和高中，并以文化为主线，其内容分为历史文化、地理文化、艺术文化和建筑文化等多个领域，可引领学生加深对家乡文化的认识，增强对家乡热爱的情感，从而将文化自信的种子深植于心。《手册》每个单元分为研究发现、实验探究、分享交流、拓展延伸四大板块，引导学生从问题出发开展探究，并在探究中记录实践过程，同时加强交流，共享实践成果。其目的是在拓宽学生的视野，以科学家的思维去发现问题、分析问题和解决问题。更值得强调的是，在每个板块的实践中，学生解决问题时既有学科知识的延展，又有多学科知识的综合运用，从而实现跨学科的学习。每个板块的活动又为学生提供了做计划、搜集资料、搞调研、展开讨论等多种学习方式。在多种方式的学习中，学生解决问题的能力以及创新的能力得到锻炼。这一在地课程资源的开发，使课内学习与课后学习形成了有效的对接，给了学生进一步学习知识、运用知识的空间，使其在学用结合中提升综合素养。

三、加强一体化课程设计培训，实现课程领导力的提升

在典型引领的基础上，石景山区力求通过培训引导每所学校面对新时期、新任务，迎接新挑战，不断与时俱进，提高认识，提高干部教师的课程领导力，使学校教育教学更能符合"双减"政策的要求，真正达到减负提质。我们从课程思想领导力、课程开发与实施领导力、课程管理领导力三方面入手，促进理念、行为及管理领导力的提升。

（一）理念引领促改变

通过培训，从区域的角度引领学校课程负责人转变观念，以课程思维的方式，思考如何将课后服务的设计纳入学校整体课程框架中，使之形成横向关联、纵向贯通的课程结构，整体彰显学校的办学理念和育人目标。在课程内容的设置上突出五育并举，同时给学生更多选择的空间，使学生在整体课程实践中获得素养的提升。学校在培训过程中不断优化方案，逐渐将理念落实在具体的改革行为之中。

（二）实践探索促提升

区域"课内课后一体化，五育并举促发展"课程论坛，再次将学校课程领导者的目光聚焦于学校课程的整体建构，凸显学校育人方式的变革，为学生打通课后服务"最后一公里"，助力学生健康快乐成长。以古城教育集团的学校为例，我们看到了学校的较大转变。例如，古城第二小学分校自"双减"落地以来，围绕办学理念、学生的实际需求，把课后服务课程进行优化，在"生活+课程"的基础上，主动对接课后服务，建构横向关联的"基础服务型+素质拓展型"和纵向关联的五个维度（道德生活、求智生活、健康生活、审美生活和劳动生活）的课程领域，形成了课内课后一体化、五育并举的课程建构体系。在课程实施中，推出了六大儿童工作室的机制，整合多方资源，有效进行学科的综合。工作室的带领使课后服务成为五育并举的演练场，激发潜能的大舞台。又如，古城中学始终秉承立德树人、五育融通的理念，在课后服务时间根据不同层次的学生设计不同的指导策略，在各个年级开设领航课程和夯实课程，关注差异，使学有余力的学生，不断拓宽视野，增加学习的广度、深度、难度；对学习有难度的学生加强一对一辅导，激发兴趣，夯实基础。古城中学在此基础上又充分利用课后服务时间，搭建科研引领、中小衔接、放眼世界的创新特色课程体系，先后建立了科技教育课程群、艺术教育课程群、西语课程群等。这些课程群丰富了课后服务内容，支撑、推动了学校的特色发展，促进了学生的全面发展。

（三）总结梳理促发展

在石景山区的系列培训基础上，借助课改先进单位评选的契机，推动全区各中小学对"双减"政策实施以来的过往进行回顾总结，使每一所学校将梳理后的顶层设计与实施近况与同行交流，特别是在办学理念、育人目标、课程结构、课程评价等方面的梳理，是对学校课程领导力提升效果的检验。由此，我们感受到，多数学校课内课后一体化建构课程的意识在不断增强，五育并举的实施路径逐渐清晰，以评价促发展的策略更加具体精准，基本实现了由理念到行为、由局部到整体、由单一到整合的转变，让"双减"政策的落实更具实效性。

课后服务学校课程一体化建设的实践研究，开启了"双减"背景下课程改革问题的破冰之旅。在研究过程中，区域、学校、教研员、教师形成合力，共谋发展，在学习中转变，在实践中探索，在反思中提高，让减负增效、质量提升，把培育师资新人作为一种使命担当，将构建多元共赢的教育生态、回归教育的本真和服务学生的全面、健康、持续发展作为永远追求的教育目标。

"双减"视域下小学课内课后一体化实施探索*

张丹垚

"双减"背景下学校加强课内课后一体化建设，有利于落实"双减"政策、构建良好教育生态，满足多样化需求、提高课后服务吸引力、促进学生健康成长。这里所强调的课内课后一体化实施指的是课内教学时段与课后服务时段的整体设计与统筹安排，因此要充分认识并肯定课内课后一体化的建设意义，梳理当前课内课后在一体化统筹安排中存在的问题，进而对典型经验案例进行分析，探索课内课后一体化的实施路径，不断促进课内课后一体化服务水平。

一、课内课后一体化建设的意义

（一）满足多样化需求，促进学生成长

课后服务是充分利用课后时间开展丰富多样育人活动的时段，在该时间段提倡充分照顾每一位学生的个性发展需要。课内课后一体化将有利于整合学生多样化学习需求、多样化课程资源、多种课程样态，拓展学生学习的时空边界与内容边界，不断丰富学习内容，不断提高学生覆盖面。在

---

* 本文为北京市教育学会"十四五"教育科研 2022 年度课题"在地课程资源在课后服务中的应用实践研究"（编号：SJS2022-006）的阶段性成果。

此基础上能够更好地发挥课内教学与课后服务的育人功能，促进学生全面而健康成长。

(二) 提高课后服务吸引力，促进课程发展

高质量的课后服务是对课内教育的有益延伸，课后服务只有与课内教学一体化建设才能发挥其最大的育人功能。课后服务如何能够更好地吸引学生，留住学生，需要课后服务更加体系化的建设，做好学生课内学习的重要拓展和延伸，保证学生校内学习的连贯性并增加多种学习体验，减少课程学习的交叉、重复、割裂和碎片化等问题，促进学习的整体性。课后服务体系化建设有利于遵循教育规律，加强课程思维建设，整体提升学校的课程质量。

(三) 落实"双减"政策，改善教育生态

2021年7月24日，中共中央办公厅、国务院办公厅印发《关于进一步减轻义务教育阶段学生作业负担和校外培训负担的意见》，要求义务教育由注重量的积累转向注重质的提升，全面提高课堂教学和课后服务的质量。[1]这一政策的出台，明确指出了课后服务在减负增效中的重要地位。课后服务作为课堂教学的有益补充和延伸，加强其与课内环节的一体化建设，对于提升教育服务能力、改善教育生态具有重要意义。

二、课内课后一体化的问题

当前各学校努力探索优化课后服务环节，但还是存在很多问题，如内容单一、可选择性不强、教师资源分配不开、课后服务体系化不强等。本文重点谈课内课后一体化建设上遇到的问题与挑战。

(一) 课内课后体系化不强

当前一些学校在课内课程和课后服务的整体设计上还有所欠缺，一方

---

[1] 进一步减轻义务教育阶段学生作业负担和校外培训负担[N].人民日报,2021-07-25(1).

面，缺少整体的课程目标设计，对本校课后服务的育人方向和服务理念不甚清晰，而且不能与学校整体的育人目标形成呼应，导致课后服务课程与常规课程割裂为"两张皮"，课后服务活动因为缺乏目标规约而出现低效化、随意化问题。另一方面，在课程结构上，横向上缺乏联结，课后服务课程内部模块如何划分需要进一步厘清，纵向上没有很好地梳理课后服务与课内教学之间的逻辑关系。因此需进一步处理好基础发展与延伸拓展、共同基础与个性发展，以及不同课程领域、多种课程形式与学生身心发展和家长教育关切之间的关系，构建课内课外协同的课程连续体。

（二）课程供给选择性有限

在内容方面，部分学校的课后服务内容相对单一，较难满足学生多样化学习需求，无法促进学生在共同基础上全面而有个性地发展。同时有的学校没有意识到课后服务也是学校德智体美劳全面育人体系的重要组成部分，导致课后服务在活动领域和活动类型上不够丰富。

（三）课程实施规范性不够

一些学校将原有开发的课程直接搬入课后服务，不能将课内课后课程很好地进行区别，需进一步加强设计和审议，增强规范性和科学性。此外，部分学校在课后服务的时间安排上还需要进一步精准把握、统筹安排。

三、小学课内课后一体化实施的重点突破

只有将课内课后一体化实施，才能真正实现课后服务的教育功能和育人价值。为此，应从区域典型经验中探寻课内课后一体化的实施路径，梳理出可借鉴并有推广价值的实施方法。

（一）明确一体化育人目标

清晰的育人目标是学校课后服务课程建设的逻辑起点。基于课后服务课程的总体目标，可以进一步分析课后服务课程的分目标，每一类分目标

的确定依赖课后服务课程内容,要在具体的课后服务实践中依据服务内容、服务对象等变更和调整,但最终都应指向提升学生综合素养这一总体目标。[1] 其最直接的表现是学校的课程理念和课程文化,而学校课后服务课程目标需与学校整体规划目标一致。

(二) 形成一体化课程体系

课后服务课程不能脱离学校课程建设的"母体",而应被纳入学校整体课程规划当中,与常规课程一起共享素养目标,共建课程资源、共创机制平台。下面以石景山区某校为例做课程整体建构分析。该学校课程体系的建构为"1+5+X"模式,"1"指的是中华优秀传统文化,贯穿于三级课程之中,使文化得以传承、浸润。"5"指的是五大领域,五育并举,三级课程形成五大领域课程群。"X"指的是三方共育,校外延伸,通过家长导师、亲子互动、亲子共读三种途径来实现。在"双减"政策发布后,学校将课后服务也作为学校整体课程中的一部分进行全面架构,横向上三级课程形成五大领域课程群,即人文社会、科技创新、体育增质、艺术育美和劳动实践课程群;纵向上基础性课程、拓展性课程、实践性课程三个层面整体打通梳理,其中实践性课程则引导学生从课内学习转向课外实践,基本在课后服务时间落实,课内课后一体化构建,上下融通,内外延伸,实现课程整体育人价值。

(三) 加强一体化内容延伸

《中国教育现代化2035》中也旗帜鲜明地指出"更加注重全面发展,大力发展素质教育,促进德育、智育、体育、美育和劳动教育的有机融合",明确提出"五育融合"的教育发展目标。[2] 在此大背景下"五育融合"理念也应统领课后服务课程建设,应涉及多个领域,涵盖跨学科主题学习、综合实践活动、问题或项目式课程等,为学生构建多元融通的课后服务内

---

[1] 罗生全,卞含嫣.高质量课后服务课程的体系建构与实施路径[J].北京教育(普教版),2022(2):14-19.

[2] 宁本涛."五育融合"本质的再认识[J].清风,2021(4):5.

容体系。一方面解决学校课后服务内容单一的问题，另一方面满足学生多样化发展的需求。

(四) 实现一体化资源利用

当前石景山区很多学校利用在地资源做了一些校本课程的研发，鉴于此，可以在课后服务开展的过程中，更加有效地开发、整合和利用各种资源，形成资源合力。石景山区某小学"京西古道"在地课程整合利用课后服务时间与学校的区级实践活动相结合，变成学校课程的总体设计的一部分，统整了各科学习，实现了多学科的整合，将学科 10% 的实践活动落到了实处。学生通过"京西古道"课程的浸润式学习，学会表达，学会探究合作；通过对多学科融合课程开发和利用，优化课程教学方式，对祖国、对家乡的热爱之情得以升华，很好地诠释了润物细无声的教育理念。从人文、历史、科技等多个角度深入思考相关问题，将模式口地区得天独厚的教育优势最大限度地发挥出来，在"京西古道"课程学习的过程中学生"望得见山、看得见水、记得住乡愁"。

课内课后一体化将是当前及今后相当长时期内的热点，在实施的过程中也必然面临一系列的问题与挑战。接下来继续进行行动研究，对于现状和问题进一步做归因分析，寻找进一步解决问题的策略，不断将路径进行优化，将课内课后一体化向纵深的方向推进。

中小学校课后服务工作的发展阶段、概况、特点与反思*

武瑞

"课后服务"的概念首次以文件形式提出,是 2017 年 2 月教育部办公厅印发的《关于做好中小学生课后服务工作的指导意见》。2021 年以来,从中央到地方颁布了一系列的有关"双减"的政策文件,相关文件明确规定学校课后服务应纳入课表规范管理,要不断规范内容、丰富形式、注重实效。随着课后服务工作的逐步深化,石景山区课后服务工作发展也呈现出了不同的阶段特征。首先实现了课后服务在义务教育学段的全覆盖,在完成这一阶段任务后,课后服务提质增效便成为研究与思考的重点。在这个过程中我们不断探索课后服务课程化的路径及整合课后服务课程一体化建设的模式。这三个阶段的实践与研究过程并不是孤立的,它是相辅相成、逐渐深化的。

一、课后"服务"阶段

(一)基本情况:落实政策 全面覆盖

这一阶段的工作推进主要是落实政策,对标要求,实现课后服务在义

---

* 本文为北京市教育科学规划一般课题"五育融合视域下学校课后服务课程化的实践研究"(课题编号:CDDB22382)的阶段性成果。

务教育阶段的全覆盖。这一阶段全区义务教育学校第一时间制定了完整的课后服务方案，并且百分之百地落实了课后服务的各项政策要求。紧接着教育行政部门和课程研究部门组织开展了石景山区的课后服务检查工作并逐步推进各项课后服务相关研究工作。

基于对石景山区43所中小学校的课后服务内容安排的文本分析发现，全区所有义务教育阶段学校都已经实现了课后服务内容全覆盖。就具体工作而言，课业分层辅导是课后服务工作的重点，菜单式课后服务内容的供给是实施过程中的难点，如何结合学校及学生的实际去设计多样化的菜单式课后服务内容及科学合理的分层辅导方案，是各中小学校研究与探讨的重难点。

(二) 主要特点：对标要求，重点解决突出矛盾

课后服务从无到有，学校要面临许多新的问题。比如，服务内容菜单式供给问题、课业分层辅导问题、放学延时问题、一生一情况问题；增开晚自习问题、晚饭问题、放学安全问题；教师延时下班问题、弹性上下班问题，等等。这些问题都需要学校重新调整各职能部门及每个教师的职责，做好整体协调与规划。因此，在课后服务从无到有的过程中如何对标要求，解决好各种矛盾，是学校首要考虑的问题。

分层辅导答疑是课后服务的重要内容。针对课后辅导分层答疑的研究难点，石景山区不同学校依据各自的特点，进行了不同形式的创新实施。比如，按照学生意愿与能力进行整体分层；以教研组为依托分学科分年级设计辅导答疑内容，统一规划，系统构建；以学科为单位，进行学科内分层；各校因地制宜，进行校本化的探索与实践，等等。

在有限的资源条件下，如何实现资源供给的最优化，是各学校重点解决的另一难点问题。针对不同校情，各校因地制宜进行了多样化的尝试。比如，有的学校充分调动教师的积极性，开发丰富多彩的课后服务课程；有的学校结合周边优势资源，积极引进，丰富课后服务内容供给，有的学校为了克服场地劣势，分年级分时段进行错峰活动，等等。

(三) 阶段反思：课后服务场域转换带来新思考

这一阶段的课后服务工作重点在于有效落实市、区"双减"政策，保

质保量实现课后服务内容供给，实现课后服务从社会领域向学校场域的转移，切实解决社会及家长的实际需求。

课后服务是在学校教育结束之后，为学生提供的以培育兴趣爱好、启发智力情感、提高综合能力为指向的一种课后托管教育服务，又称课后托管、课后项目。课后服务这种形式的教育供给在社会生活中早已存在。有学者认为，英国是开展课后服务最早的国家，可追溯到中世纪时期："不同地区、不同国家的在校学生，在学校、家庭、社会各方需求的驱动下，都会不同程度地参加课后教育活动。课后服务自20世纪初在欧美一些发达国家产生以来，20世纪80年代起被正式纳入这些国家的教育发展体系，被视为一项带有公益性质的社会福利，受到相关法律法规保障。"❶

课后服务是社会生产生活发展下的必然产物，在不同历史时期有着不同的表现形式，其内涵与实质也有一定的差异性，同时，随着地域的不同，也表现出了不同的特征与方式。学校开展课后服务是近期我国由政府部门倡导实施的一种教育服务方式的变革。目前关于课后服务的理解、实施与评价等都还处于边实践边研究的阶段。

二、课后服务"课程化"阶段

（一）基本情况：深化理解，梳理课后服务课程群

如果说第一阶段的工作还停留在落实"双减"政策的层面，那么，这一阶段，学校更多地已经从课程化的角度，来思考课后服务工作的建设。课后服务课程化的思考体现了实践的进一步深化。随着课后服务工作的持续推进与深入，我们逐步将研究的重点聚焦到课后服务的提质增效上。课后服务课程化的思考体现了研究与实践的进一步深化。

在实践推进过程中，石景山区义务教育学校进行了不同形式的课程化的思考。比如，有的学校提出了"课后服务课程"这一概念，统筹各类活

---

❶ 都晓."双减"背景下的课后服务研究述论[J].新疆师范大学学报(哲学社会科学版),2022,43(4):24.

动,进行分层分类设计,形成完整的课后服务课程体系;有的学校将课后服务类课程与学校原有的课程如基础类课程、拓展类课程、研究类课程进行整体统筹设计,利用课后服务时间开设拓展类、研究类课程,从而将课后服务与其他类型课程有效整合。再比如,有的学校将辅导类课程与各类选修类活动进行关联设计,使课后服务类课程更具有整体性与规划性,避免零散杂乱与随机性。

(二) 主要特点:课程化思考重在整合

课后服务类课程这一概念的提出,体现了各学校积极将课后服务进行课程化的思考。

目前,中小学校更多的是从实施层面将课后服务统整为一类课程,这类课程又与原有的基础类课程、扩展类课程、研究类课程等交叉实施。所谓的课后服务课程并不是具有内容独立性质的课程群,而是从实施角度整合其他性质课程利用课后服务时间段去统整实施的课程的总称。

对于课后服务各类课程的目的、内容,实施与评价等课程要素还未做出成熟化的规定,更多的是统整各类社团活动、体育活动、学科实践类活动,综合实践活动,而未进行根本性质的区别。课后服务课程性质的界定与明晰是开发与实施课后服务课程的标准与依据,围绕什么开发,如何开发,如何实施与评价,都是需要学校在实践中去思考、去深化的。

(三) 阶段反思:课后服务"课程化"再思考

所谓课程化,是学校根据课后服务的育人目标,开设新的课程门类或者对原有各类活动按照特定的逻辑线索进行优化并使其相互联结形成有机的课程体系。课后服务的课程化是落实国家课后服务政策、提升课后服务品质的必要环节。课程化是创造性落实国家课后服务政策的内在要求,也是克服课后服务"高耗低效"困境、提升课后服务质量的现实之选。课后服务课程化的前提是合法化,要坚持教育逻辑与服务逻辑的有机统一,课

后服务课程与常规课程的深度整合,为儿童的美好生活服务。❶

从课后服务到课后服务课程化的转变是学校范围内对于提升课后服务质量的深化思考及有效保障路径,是将课后服务纳入学校领域内的一种创新型的实施。其一方面保证课后服务发挥托管的社会功效,另一方面又保障学校教育体系的完整,是教育质量高要求的体现。

三、课程一体化阶段

(一)基本情况:进行课内课后一体化课程建构

基于前期的实践推进与研究思考,我们思考如何能够将课后服务和原有的学校整体课程体系架构进行有机地融合,并尝试搭建课内课外一体化的整体课程体系,从而真正促进课后服务的质量提升。

关于整合课后服务课程一体化建设,可以将课后服务课程有机融入基础类课程、拓展类课程和研究类课程,将课后服务课程作为原有课程体系的重要补充及创新。

(二)主要特点:简单衔接,融入不够

整合课后服务课程一体化建设工作的主要特点表现在以下两个方面。

首先,学校虽然已经意识到自"双减"提出以来课后服务工作的重要性,但是还并未将课后服务很好地融入原有的学校整体课程体系架构,一些做的好的学校会在学校整体课程体系之外,单独将课后服务作为一个课程群进行表述,而大多数学校只是在实施层面提及课后服务,甚至不提。这也是未来一段时间需要石景山区所有课程研究者和学校共同去努力的。

其次,大部分学校依然是在五育融合的课程体系下进行课后服务工作的思考。五育课程体系是对我国新时期如何培养人这一教育根本问题的整体回答。其旨在通过德育、智育、体育、美育、劳动教育并举且融会贯通的方式,实现人的全面发展。这一思考方向与课内课程是一脉相承的,基

---

❶ 刘登珲,卞冰冰.中小学课后服务的"课程化"进路[J].中国教育学刊,2021(12):11.

于五育融合课程思想进行整体的统整与构建也是顺理成章的。

（三）阶段反思：整合课后服务的五育课程体系新思考

所谓课程体系是指在一定的教育价值理念指导下，将课程的各个构成要素加以排列组合，使各个课程要素在动态过程中统一指向课程体系目标实现的系统。课程体系是实现培养目标的载体，是保障和提高教育质量的关键。其本质是教学内容和进程的总和。

培养什么样的人是教育的首要问题。2018年，习近平总书记在全国教育大会上提出"我们的教育要培养德智体美劳全面发展的社会主义建设者和接班人"[1]。2019年发布的《中国教育现代化2035》进一步提出"更加注重学生全面发展，大力发展素质教育，促进德育、智育、体育、美育和劳动教育有机融合，"明确提出五育融合的教育发展目标[2]。从五育并举到五育融合已经成为新时代教育变革与发展的基本趋势。

五育的探讨，是关于培养什么样的人的一场深刻探讨，发展至今，培养德智体美劳全面发展的人已经成为共识，然而在实践领域，五育失衡、五育不均、五育割裂等问题还存在，因此从实施层面，五育融合的提法应运而生。五育融合是从事实层面对如何培养人进行的一场思考与实践探索。

课后服务作为育人的重要补充环节，目标指向一定是五育融合。五育融合也将是实现课后服务课程化的根本指导思想。无论是原有的课程体系，还是新增的课后服务活动，其目标是一致的，都是围绕着育人目标开展的，都是为了培养德智体美劳全面发展的社会主义建设者与接班人，因此其内在核心与实质是一致的。因此，课后服务活动体系的设计应该基于原有的成熟的课程体系去开展。课后服务活动体系是原有课程体系的延伸与补充、扩展与创新。原有课程体系也应该基于新的课后服务的内容与要求进行适当调整，最终使二者实现合理的链接，实现课程资源的效益最大化，避免重复浪费与零散杂乱，真正发挥课程的整体育人功能。

---

[1] 习近平.坚持中国特色社会主义教育发展道路 培养德智体美劳全面发展的社会主义建设者和接班人[N].人民日报,2018-09-11(1).

[2] 宁本涛."五育融合"本质的再认识[J].清风,2021(4):5.

在"双减"政策背景下，石景山初中校课后服务实践工作在推进过程中，经历了课后服务全覆盖、课程化思考及课内外一体化课程体系建构三个阶段的思考。这三个阶段是相互交叉、相互渗透的。在推进过程中，课业分层辅导和菜单式课后服务内容供给又是研究的重难点问题，在整个实践研究过程中课后服务提质增效始终是改革与实践的根本目的。课后服务有很长一段的发展历史，其内涵与外延也有不同的解释。就课后服务纳入学校而言，它是一个新事物，如何清晰地定义并理解课后服务的实质，并且将课后服务纳入学校的整体课程体系，是需要我们在实践中去持续实践与验证的。

学校课后服务中综合实践活动融合劳动教育的策略探究

甘育山　陈冬华

在"双减"背景下,将劳动教育融入综合实践活动是落实"五育并举"的重要举措,也是培养学生良好的劳动意识、劳动能力,促进学生全面发展的有力保障。其中,劳动教育不仅可以作为综合实践活动的重要内容,也可以成为该课程重要的组织实施方式。实现劳动教育与综合实践活动的融合,做到互促互融,具有加强学科互促整合、体现劳动育人价值的重要教育意义。

一、学校课后服务中综合实践活动融合劳动教育的意义

(一)学校课后服务中加强课程整合化的需要

在当前的"双减"政策下,我们迫切需要提升学校的课后服务水平,以满足学生的多样化需求。学校应充分利用资源优势,加强学科融合,为学生拓展学习空间。此外,学校还应将主题活动、学科实践、综合实践等活动充实到课后服务中,使其以课程形态存在。通过这种方式,我们可以将课后服务课程融合实施,从而确保学校的实践育人的主阵地得到保障。

另外,教育部门在中小学教育改革指导文件中多次强调了"劳动教育"的重要性,并要求调整综合实践活动内容,逐步增加劳动教育内容在综合

实践活动中的比例，以突显其地位。由此可见，将劳动教育融入综合实践活动已成为必然趋势，且在综合实践活动中，劳动教育的比例必将不断增加。这样不仅可以更好地推进劳动教育，还能提高学生的劳动意识与劳动素养。

（二）有利于借助综合实践活动强化劳动教育

学校在综合实践活动规划时坚持价值体认这一核心目标，强化劳动观念培养、劳动精神弘扬，在综合实践活动中有针对性地选择劳动教育的内容，凸显劳动育人的价值，让学生在劳动实践中，体认劳动不分贵贱，树立劳动最光荣、劳动最崇高、劳动最伟大、劳动最美丽的劳动观念，形成勤俭、奋斗、创新、奉献的劳动精神。[1]

（三）有助于培养学生的劳动素养

在综合实践活动设计中，融入劳动教育需要教师根据学生的生活经验、年龄特征、社会认知水平等提取劳动元素，设置劳动场景与条件，让学生将劳动与社会生活、日常生活联系起来。通过这种方式，可以逐步培养出适应个人终身发展和社会发展需要的劳动素养。

二、学校课后服务中综合实践活动融合劳动教育的合理性

（一）从育人价值看

劳动教育和综合实践活动都重视实践育人，并且都重视社会资源的利用，两者的融合度非常高。然而，它们的育人价值侧重点有所不同。劳动教育的关键点在于培养学生正确的劳动价值观及良好的劳动品质，而综合实践活动课的开设则有助于优化学生的学习方法，提升学生各方面的能力。

---

[1] 中共中央、国务院关于全面加强新时代大中小学劳动教育的意见[EB/OL].(2020-03-20)[2022-10-20]. http://www.moe.gov.cn/jyb_xxgk/moe_1777/moe_1778/202003/t20200326_435127.html.

（二）课程目标的融合

综合实践活动的总目标是：学生能够从个体生活、社会生活以及与大自然的接触中获得丰富的实践经验，并逐步提升对自然、社会和自我之间的内在联系的整体认识。而劳动教育的总目标是：形成基本的劳动意识，树立正确的劳动观念；发展初步的筹划思维，形成必备的劳动能力；养成良好的劳动习惯，塑造基本的劳动品质；培育积极的劳动精神，弘扬劳模精神和工匠精神。从字面表达上看，劳动教育与综合实践活动的目标有所不同，但它们都是为了全面贯彻党的教育方针，坚持教育与生产劳动、社会实践相结合的产物。在落实立德树人根本任务时，它们都强调实践育人，并具有明确的融合、互补的育人目标。

（三）课程活动内容的融合

从《义务教育劳动课程标准（2022年版）》中可以看出，劳动教育内容围绕日常生活劳动、生产劳动和服务性劳动，并对不同年龄段的学生提出了不同的要求，对小学生、中学生都规定了具体的劳动教育内容。从综合实践活动的开放性和生成性两大特点来看，综合实践活动课程没有固定的内容，而是从学生的真实生活情境中发现有价值的问题，将其转化为活动主题。因此，生产生活中的实际问题可能成为学生探究的主题，教师可以引导学生从劳动教育中选取与日常生活劳动、生产性劳动和服务性劳动相关的内容，并采用融入考察探究的方式实施；同时，通过社会服务、设计制作、职业体验等不同的活动方式，将劳动课程和综合实践活动有效融合开展。这样可以在综合实践活动中逐步融合劳动教育。

（四）通过综合实践活动实施方式的有机融合

1. 加强考察探究活动的有机融合

考察探究是学生基于自身兴趣，在教师的指导下，从自然、社会和学生自身生活中选择和确定研究主题，开展研究性学习，在观察、记录和思考中，主动获取知识，分析并解决问题的过程，如野外考察、社会调查、研学旅行等。例如，学生参与了对历史文化古街的劳动活动，包括开展环境整治和以"如何让改造后的历史古街更鲜活"为主题的探究活动。在活动开始之前，师生们通过实地考察、调查分析和走访专家等方式，了解了京西古道的来龙去脉。为了古街"模式口改造再现昔日繁华"，他们从实践探究到劳动整改，以及宣传环保等系列活动，充分体现了劳动教育与综合实践活动课程的深度融合。

2. 注重设计制作活动的有机融合

提高学生的动手能力是综合实践活动课程中设计制作活动方式的重要目标，也是劳动教育中涉及劳动教育技术方面的关键内容。它主要指学生运用各种工具、工艺（包括信息技术）进行设计，并动手操作，将自己的创意、方案付诸现实，转化为物品或作品的过程，如制作、编程、陶艺创作等。这些环节注重培养学生的技术意识、工程思维、动手操作能力等。在活动过程中，我们鼓励学生手脑并用，灵活掌握、融会贯通各类知识和技巧，提高学生的技术操作水平、知识迁移水平，并让他们体会工匠精神等。

3. 落实社会服务活动的劳动育人

社会服务是指学生在教师的指导下，走出教室，参与社会活动，以自己的劳动满足社会组织或他人的需求，如公益活动、志愿服务和勤工俭学等。在学校的社会服务活动中，我们注重引导学生树立正确的职业观、人生观和价值观。例如，我们组织献爱心活动、敬老院服务和关爱特殊儿童等活动。在具体的实施过程中，我们将个人活动、小组活动和班级活动有机地结合起来。通过这些社会服务活动，我们引导学生在满足被服务者需求的过程中，实现自我发展，促进相关知识技能的学习，提升实践能力，并培养他们成为尽职尽责、敢于担当的人。

4. 积极参与职业体验活动

生产性劳动是劳动教育的重要环节，学生结合自己感兴趣的职业开展生产性劳动，也是结合综合实践活动中职业体验来进行的。通过实施生涯规划教育，引导学生认识自我、他人和社会。职业体验是指学生在实际工作岗位上或模拟情境中见习、实习，体验职业角色的过程，如军训、学工、学农等。它注重让学生获得对职业生活的真切理解，发现自己的专长，培养职业兴趣，形成正确的劳动观念和人生志向，提升生涯规划能力。

在实施职业体验活动时，我们注重个性选择和全体参与。在实施形式上，我们鼓励家长、指导教师和专家团队协同参与，充分利用所在班级的家长资源，形成良好的家校合作氛围。在课程评价上，我们注重学生职业体验成果汇报，通过学生集中汇报的形式来相互交流，引导学生更多地认识不同种类的职业以及该职业背后的故事。通过职业体验，在各行各业优秀人才的榜样示范和引领下，能够促进学生努力提升和完善自己，为成长和发展奠基。

总之，将综合实践活动与劳动教育相融合，既是落实"五育并举"的重要举措，也是培养学生良好的劳动意识、劳动能力，促进学生全面发展的有力保障。我们以"知行相须"理念为指导，从学生的真实生活和发展需求出发，确定活动主题。通过探究、服务、制作、体验等方式，有效融入日常生活劳动、生产劳动和服务性劳动，让学生既探究又劳动。这样，我们能够实现树德、增智、强体、育美的综合育人目标，培养学生的社会责任感、创新精神和实践能力。

整合课后服务的中小学课程一体化设计策略与实施建议

王荣珍

2021年7月，中共中央办公厅、国务院办公厅印发的《关于进一步减轻义务教育阶段学生作业负担和校外培训负担的意见》（以下简称《"双减"意见》）指出，"学校要充分利用资源优势，有效实施各种课后育人活动，在校内满足学生多样化学习需求"[1]。《北京市关于进一步减轻义务教育阶段学生作业负担和校外培训负担的措施》要求"统筹课内课后两个时段，对学校教育教学安排进行整体规划，全面系统构建学校育人生态"[2]。要有效落实这样的目标和要求，需要学校将课后服务内容和课内课程内容整体考量、统筹规划，明确统筹原则，厘清系统构建的思路，明确课后服务的实施策略，为教师提供服务指南，为学生提供成长资源。

---

[1] 中共中央办公厅,国务院办公厅.关于进一步减轻义务教育阶段学生作业负担和校外培训负担的意见[EB/OL]. (2021-07-24)[2022-09-28]. http://www.moe.gov.cn/jyb_xxgk/moe_1777/moe_1778/202107/t20210724_546576.html.

[2] 中共北京市委,北京市人民政府.北京市关于进一步减轻义务教育阶段学生作业负担和校外培训负担的措施[EB/OL]. (2021-08-18)[2022-09-28]. http://www.beijing.gov.cn/zhengce/zhengcefagui/202108/t20210818_2470436.html.

一、中小学课程设计整合课后服务的底层逻辑

中小学课后服务在国内外的含义有所不同。从现阶段实施情况来看,国内课后服务由学校主导(适当引进校外机构)在校内完成,国外课后服务主要由家长自主选择社区或相关机构提供的资源结合学生实际需要完成,提质增效也因此表现为适当的资源选择、整合利用及规范管理问题。在本轮"双减"工作之前,2017 年 2 月教育部办公厅印发《关于做好中小学生课后服务工作的指导意见》(教基一厅〔2017〕2 号)后引发了一些研究、关注。本轮"双减"工作启动后,相较于前一阶段,研究者对课后服务实施的路径和策略研究更为关注,具体包括现状调研,系统规划、建构,课程化实施,课后服务供给模式,具体内容领域深化等。

国外的课后服务基本是脱离学校课程体系的,从现有研究情况来看,从关注对象的角度,大体可分为两种情况:一种是考察课后服务(after-school care,不同国家的表述有所不同)内容或方式对儿童或青少年发展的影响研究❶,即以服务对象为关注点;另一种是对课后服务项目的运作方式及成效的研究❷,即以具体的课后服务项目为关注点。可以看出,国外的课后服务有两个维度:一是学生监护人主导操作的课后"照管"(care),这种照管并不是按统一要求开展的,因而研究关注点差异也较大;二是以项目方式推进的,也就是有相对统一的规划和要求。由于服务主体不同,国外的相关研究在管理方面难以提供更多借鉴,但在课后服务实施方面能够提供一定借鉴。

从上述研究可以看出,我国当前的课后服务是完全由学校主导设计实施的,也就是说,学校能够也应该从课程整体育人的角度来系统规划和实施课后服务,将之纳入学校的课程体系,使之与课内内容一起,共同落实

---

❶ WIELAND M L,BIGGS B K,BROCKMAN T A,et al. Club fit:Development of a physical activity and healthy eating intervention at a boys & girls Club after school program[J]. The journal of primary prevention,2020,41(6).

❷ HOLLEMAN M A,SUNDIUS M J,BRUNS E J. Building opportunity:developing city systems to expand and improve after school programs[J]. American journal of community psychology,2010,45(3-4).

学校的办学理念和育人目标。

二、整合课后服务的中小学课程一体化设计策略

虽然从发展线索看,课后服务并不是新事物,但要扎实落实我国现阶段的课后服务目标,还需学校按照新要求系统规划、周密设计。在此过程中,以下几方面策略值得学校在规划和实施中加以思考。

(一) 调研需求,基于课程体系细化服务内容

课后服务的初衷是充分利用学校资源优势,"有效实施各种课后育人活动,在校内满足学生多样化学习需求"[1],这就需要学校通过调研明晰学生的个性化发展需求,以此为据提供相应的课后服务资源。研究过程中发现,有些学校的调研是有限菜单式,即列出几种活动内容供学生选择,会出现很多学生认为不符合自身需求因而拒绝参加课后服务的现象;有些学校的调研则相反,允许学生按兴趣意愿随意填报,结果是学生填报了,但学校无法提供相应内容,同样会导致学生不乐于参加课后服务的现象。因此,学校课后服务调研应明确以下几个维度的内容,即服务目标、服务内容和服务方式,进而让学生在参与调研的过程中,相较于常规学习更能明确自己的学习方向、内容和学习方式,既有助于增加学生的发展责任感,也便于课后服务活动的开展与管理。不难看出,这样的调研内容与我们现行的、以目标、内容、实施、评价四要素为基础的学校课程体系是相对应的(评价可后期跟进),因此也为后续将课后服务内容纳入课程体系打下了良好的基础。

(二) 纳入课程体系,一体化设计课程,为课后服务打好基础

从现阶段北京市各中小学的课程工作现状来看,随着上一轮课改工作中三级课程的规划与实施,每所学校都形成了自己的课程工作计划或方案。

---

[1] 中共中央办公厅,国务院办公厅.关于进一步减轻义务教育阶段学生作业负担和校外培训负担的意见[EB/OL].(2021-07-24)[2022-09-28].http://www.moe.gov.cn/jyb_xxgk/moe_1777/moe_1778/202107/t20210724_546576.html.

整体上，这些方案都能体现市、区课程工作的基本要求，但在是否切合本校实际以及体现学校自身的办学目标和思路方面，则存在着较大差异。针对这方面问题，本研究在常规工作过程中已经形成了学校课程方案的基本框架，总体内容围绕目标、内容、实施、评价四要素展开，并通过模板的形式提供给本区域中小学，供学校参照使用。此模板旨在引导学校将课内课后学习内容进行一体化设计，在整体把握学校课程建设基础、办学理念等内容的前提下，重点在课程管理、内容、实施和评价方面，将课后服务纳入学校原有课程体系进行整体考量，使之形成相互关联、相互支撑、彼此衔接的体系化格局，以便更好地落实学校的办学理念和育人目标。

（三）实践考察，了解方案落实情况，针对性改进

以学校已有课程方案和前述调研为基础的、包括课后服务的新课程方案落实情况如何，还需通过实践考察加以了解和检验。为此，需要专门的研究团队在了解学校新课程方案的基础上，实地访谈学校领导、教师和学生，到校考察学校课后服务开展情况，结合调研目标针对性地设计访谈问题，并设计、研发课后服务观察记录表，从主、客观两个维度具体了解学校课后服务工作规划的落实情况。结合课后服务总体要求，本研究设计、研发了如下的观察记录表（见表1）。

表1 ××学校课后服务调研观察记录

观察时间		观察学校	
观察内容1	课业辅导	观察地点	
观察发现			
思考与建议			
观察内容2		观察地点	
观察发现			
思考与建议			
观察内容3		观察地点	
观察发现			
思考与建议			

表1引导观察者观察记录学校在课后服务时段开展的课业辅导和学生活动开展情况，并结合观察到的内容提出自己的思考和建议。在后续研究过程中，需结合学校课后服务调研结果进行综合分析，具体考察学校课后服务开展的成效，并通过相应工作流程引导学校改进课后服务规划及实施。

三、整合课后服务的中小学一体化课程实施建议

《"双减"意见》将学校课后服务的工作目标确定为"学校课后服务基本满足学生需要，学生学习更好回归校园"❶，这就要求学校不仅要实现目标明确、体系清晰、"五育"并举、策略适当、评价规范的系统化、综合性课程体系，还需以这一体系为基础，统筹规划课内课后课程实施方式，为教师提供规范、高质量开展课后服务工作的指南，提高课后服务吸引力，使课后服务成为助力学生成长的优质资源。为落实这一目标，学校需考虑以下三方面内容。一是要明确课程实施原则，辐射课后服务。学校需依据本校办学理念和师生实际，明确课程实施的基本原则，探讨本校课堂教学所应具有的基本样态，并面向教师开展针对性培训，同时引导教师将这些原则和样态迁移到课后服务活动中，使学生在课内课后接受相同原则和同样高质量的学习和活动指导。二是要针对性设计课业辅导策略，落实育人理念。教师首先需了解辅导对象的具体情况，尽可能开展针对性指导；其次需关注学生的个性化发展需求，学校要提供相应的资源和辅助支持；最后是需重视同伴共学共读需求，课后时段的相应支持将对学生的个性发展及学习兴趣提升发挥重要作用。三是要校本化、课程化设计实施自选活动，提高育人实效。无论是校内还是校外资源❷，都建议学校结合本校实际情况

---

❶ 中共中央办公厅,国务院办公厅.关于进一步减轻义务教育阶段学生作业负担和校外培训负担的意见[EB/OL].(2021-07-24)[2022-09-28].http://www.moe.gov.cn/jyb_xxgk/moe_1777/moe_1778/202107/t20210724_546576.html.

❷ 学校购买课程服务时须考虑多种因素,并进行针对性管理,这方面的具体建议可参考文献:黄晓玲.中小学购买课程服务的现状审思及发展思考[J].教学与管理,2021(31):18-21.

及选课学生的实际情况进行有针对性的校本化设计,并通过课程化建设明确一项活动的学期目标、内容安排、实施方式、评价办法。可以将此安排借助校本课程纲要的形式进行明确和固化,并通过适当的方式向师生发布,以保障具体活动规划的落实。